공무원 9급 공개경쟁채용 필기시험

【시험과목】

과 목	영 어

응시자 주의사항

2024 심우철 실전 동형 모의고사 1회

심슨영어연구소

SEASON III

영 어

※ 밑줄 친 부분의 의미와 가장 가까운 것을 고르시오. [문 1. ~ 문 4.]

문 1.

> The musician found inspiration in the solitary moments and composed melodies.

① lone
② special
③ reflective
④ spontaneous

문 2.

> The humanitarian organization's efforts to provide aid in the regions severely affected by disasters or wars have earned much acclaim from all around the world.

① praise
② attention
③ credibility
④ cooperation

문 3.

> Stakeholders expressing discontent have called for his resignation.

① forced
② desired
③ asserted
④ requested

문 4.

> She always strives to be someone her colleagues can look up to for creativity.

① seek
② respect
③ nominate
④ encourage

문 5. 밑줄 친 부분에 들어갈 말로 가장 적절한 것은?

> The emerging political leader's speech appealed to the audience and thus achieved the _____ of public backing for her policies.

① elevation
② exemption
③ destruction
④ consumption

문 6. 밑줄 친 부분 중 어법상 옳지 않은 것은?

> Tutankhamun, known for his intact tomb, ① was discovered in the Valley of the Kings in 1922. His parentage remains ② uncertain, although black fragments ③ originating from the capital city of Akhenaten, who was the previous king, ④ names him as a king's son.

문 7. 밑줄 친 부분이 어법상 옳지 않은 것은?

① He got the residents motivating to support the local charity.
② We have a meeting every second week to discuss our progress.
③ The event began, with much interest focused on the special guest.
④ The movie had such a big impact that it left the audience speechless.

문 8. 우리말을 영어로 잘못 옮긴 것은?

① 그녀는 자신이 가진 것에 결코 만족하지 않는다.
   → She is never satisfied with what she has.
② 나는 식사 준비는커녕 라면도 거의 조리하지 못한다.
   → I can barely cook instant noodles, let alone prepare a meal.
③ 내가 방문한 카페는 활기차고, 자유롭고, 친절한 분위기였다.
   → The cafe I visited had a lively, freely, and friendly atmosphere.
④ 발표 이후에 질의응답 시간이 있었다.
   → Following the presentation, there was a question and answer session.

※ 밑줄 친 부분에 들어갈 말로 가장 적절한 것을 고르시오. [문 9. ~ 문 10.]

문 9.

> A: Dave's mad at me for using his laptop without his permission.
> B: Oh, did you apologize?
> A: No, it was only for a second! I don't get why he got so angry.
> B: Well, _____.
> A: You never side with me, do you?

① I'm sure you didn't mean any harm
② he is the one who invaded your privacy
③ I can see why he didn't accept your apology
④ you should show respect for others' belongings

문 10.

> A: Could you schedule an online meeting with our overseas manufacturing team based in India for next Friday?
> B: Sure. Should it be in the morning or afternoon?
> A: It doesn't matter for us, but _____.
> B: Oh, right. Let me see... Their morning is our afternoon, so the meeting would need to be in the afternoon for us. I'll contact them and arrange the exact time of the meeting.
> A: Great. Thank you.

① it depends on when our flight lands
② you should consider the time difference
③ we don't have enough time in the afternoon
④ they don't have the equipment for an online meeting

공무원 9급 공개경쟁채용 필기시험

응시번호	
성 명	

【시험과목】

과 목	영 어

응시자 주의사항

1. 시험시작 전에 시험문제를 열람하는 행위나 시험종료 후 답안을 작성하는 행위를 한 사람은 「공무원임용시험령」제51조에 의거 부정행위자로 처리됩니다.

2. 답안지 책형 표기는 시험시작 전 감독관의 지시에 따라 문제책 앞면에 인쇄된 책형을 확인한 후, 답안지 책형란의 해당 책형(1개)에 "●"와 같이 표기하여야 합니다.

3. 답안은 반드시 문제책 표지의 **과목순서에 맞추어** 표기하여야 하며, 과목순서를 바꾸어 표기한 경우에도 문제책 표지의 과목순서대로 채점되므로 유의하시기 바랍니다.

   - 특히, 선택과목의 경우 원서접수 시 선택한 과목이 아닌 다른 과목을 선택하여 답안을 표기하거나, 선택과목 순서를 바꾸어 표기한 경우에도 응시표에 기재된 선택과목 순서대로 채점되므로 유의하시기 바랍니다.

4. 시험이 시작되면 문제를 주의 깊게 읽은 후, 문항의 취지에 가장 적합한 하나의 정답을 고르며, 문제내용에 관한 질문을 하실 수 없습니다.

5. 답안을 잘못 표기하였을 경우에는 답안지를 교체하여 작성하거나 수정테이프만을 사용하여 수정할 수 있으며(수정액 또는 수정스티커 등은 사용 불가), 부착된 수정테이프가 떨어지지 않도록 눌러주어야 합니다.

   - 불량 수정테이프의 사용과 불완전한 수정처리로 인해 발생하는 모든 문제는 응시자 본인에게 책임이 있습니다.

6. 시험시간 관리의 책임은 응시자 본인에게 있습니다.

※ 문제책은 시험종료 후 가지고 갈 수 있습니다.

2024 심우철 실전 동형 모의고사 2회

심슨영어연구소

SEASON III

영 어

※ 밑줄 친 부분의 의미와 가장 가까운 것을 고르시오. [문 1. ~ 문 3.]

문 1.

> Uncontrolled mining activities can <u>deplete</u> mineral reserves, leading to long-term economic consequences.

① spoil
② detach
③ drain
④ extract

문 2.

> The flooding in low-lying areas required <u>immediate</u> action from authorities.

① instant
② preventive
③ suitable
④ comprehensive

문 3.

> The statements made by the spokesperson are <u>at odds with</u> the company's official stance.

① in doubt of
② in touch with
③ in line with
④ in conflict with

문 4. 밑줄 친 부분에 들어갈 말로 가장 적절한 것은?

> Tourists commonly _____ navigation apps when they first visit a place.

① lead to
② rely on
③ add up to
④ get on with

※ 어법상 옳지 않은 것을 고르시오. [문 5. ~ 문 6.]

문 5. ① An animal previously thought to be extinct found alive.
② The waiter said to the customers that he could take their order.
③ Walking home from school, Emily noticed flowers blooming on the street.
④ Hardly had I arrived at the airport when I realized I had forgotten my passport.

문 6. ① She looks forward to meeting her favorite idol.
② He has been traveling around Europe for the past six months.
③ We chatted with each other while awaiting the lecture to begin.
④ The house, that was built in the 18th century, has a lot of history.

※ 우리말을 영어로 잘못 옮긴 것을 고르시오. [문 7. ~ 문 8.]

문 7. ① 뉴욕에서 볼 수 있는 문화적 풍요를 제공하는 도시는 거의 없다.
→ A few cities offer the cultural richness found in New York.
② 나는 줄거리보다는 등장인물 때문에 소설을 즐긴다.
→ I enjoy novels not so much for the plots as for the characters.
③ 그가 그 조언을 들었다면 지금 실망하지 않았을 것이다.
→ If he had listened to the advice, he wouldn't be disappointed now.
④ 환자의 건강 상태에 따라 약의 용량을 조정해야 한다.
→ A dose of medicine has to be adjusted based on a patient's health status.

문 8. ① 그 대회에서 우승한 학생은 장학금을 받았다.
→ The student who won the contest was granted a scholarship.
② 그들은 그들이 머무는 동안은 소음 수준을 낮춰 달라고 요청했다.
→ They asked that the noise level be reduced during their stay.
③ 그녀는 부지런히 공연을 준비했으나 결국엔 취소했다.
→ She diligently prepared for the show only to have it canceled.
④ 그 우체부에게 잘못된 주소로 배달된 소포에 대한 책임이 있었다.
→ The postman was at fault for the package delivering to the wrong address.

문 9. 두 사람의 대화 중 가장 어색한 것은?

① A: Anna was all ears when I read a book for her.
B: Why did she have problems listening?
② A: It's been snowing an awful lot this winter.
B: Tell me about it. I'm tired of shoveling every day.
③ A: I can't help thinking about the mistake I made.
B: Don't let it bother you. It's not that big of a deal.
④ A: It's unfortunate you can't see Ms. Russo today.
B: I wish I could be there. Please send her my regards.

문 10. 밑줄 친 부분에 들어갈 말로 가장 적절한 것은?

> A: Hey, could you do me a favor and tell our boss I'm going to be 10 minutes late to work?
> B: No problem, but you probably need to contact him personally. You know he prefers it that way.
> A: _____
> B: Oh, okay. Then I'll tell him for you instead.

① Ah, you're right. I'll call him right now.
② I tried to, but he's not picking up his phone.
③ I will this time, but you shouldn't be late again.
④ But I already notified him that I'm going to be late.

문 11. 주어진 글 다음에 이어질 글의 순서로 가장 적절한 것은?

> Here is how death in space would be handled today: If it happened on the Moon, the crew could return home with the body in just a few days.

(A) Instead, the body would likely return to Earth along with the crew at the end of the mission, which could take years. In this case, preserving the body well could be difficult, so the crew would have to take special care of it.
(B) Because of that quick return, it's likely that preserving the body would not be a major issue. The priority would be making sure the remaining crew returns safely to Earth.
(C) Things would be different if an astronaut died during the 300 million-mile trip to Mars. In that scenario, the crew wouldn't be able to just turn around and go back to Earth.

① (B) — (A) — (C)
② (B) — (C) — (A)
③ (C) — (A) — (B)
④ (C) — (B) — (A)

공무원 9급 공개경쟁채용 필기시험

【시험과목】

과 목	영 어

응시자 주의사항

1. 시험시작 전에 시험문제를 열람하는 행위나 시험종료 후 답안을 작성하는 행위를 한 사람은 「공무원임용시험령」 제51조에 의거 부정행위자로 처리됩니다.

2. 답안지 책형 표기는 시험시작 전 감독관의 지시에 따라 문제책 앞면에 인쇄된 책형을 확인한 후, 답안지 책형란의 해당 책형(1개)에 "●"와 같이 표기하여야 합니다.

3. 답안은 반드시 문제책 표지의 과목순서에 맞추어 표기하여야 하며, 과목순서를 바꾸어 표기한 경우에도 문제책 표지의 과목순서대로 채점되므로 유의하시기 바랍니다.

   - 특히, 선택과목의 경우 원서접수 시 선택한 과목이 아닌 다른 과목을 선택하여 답안을 표기하거나, 선택 과목 순서를 바꾸어 표기한 경우에도 응시표에 기재된 선택과목 순서대로 채점되므로 유의하시기 바랍니다.

4. 시험이 시작되면 문제를 주의 깊게 읽은 후, 문항의 취지에 가장 적합한 하나의 정답을 고르며, 문제내용에 관한 질문을 하실 수 없습니다.

5. 답안을 잘못 표기하였을 경우에는 답안지를 교체하여 작성하거나 수정테이프만을 사용하여 수정할 수 있으며(수정액 또는 수정스티커 등은 사용 불가), 부착된 수정테이프가 떨어지지 않도록 눌러주어야 합니다.

   - 불량 수정테이프의 사용과 불완전한 수정처리로 인해 발생하는 모든 문제는 응시자 본인에게 책임이 있습니다.

6. 시험시간 관리의 책임은 응시자 본인에게 있습니다.

※ 문제책은 시험종료 후 가지고 갈 수 있습니다.

2024 심우철 실전 동형 모의고사 3회

심슨
LAB 심슨영어연구소

영 어

문 1. 밑줄 친 부분의 의미와 가장 가까운 것은?

A very small amount of bacteria in the food processing plant can contaminate the entire batch.

① pollute
② influence
③ occupy
④ endanger

※ 밑줄 친 부분에 들어갈 말로 가장 적절한 것을 고르시오. [문 2. ~ 문 4]

문 2.

The prolonged drought disrupted food supply chains, contributing to a severe _____ that left many communities in need of grain assistance.

① fatigue
② disease
③ famine
④ defiance

문 3.

Constraints in the real world, where face-to-face interactions take place, make it difficult to act out our _____ identities. In contrast, computer-mediated communication comes with anonymity for its users, providing a "clean slate" upon which to craft any image of ourselves we desire. On this digital "safe space," we find it easy and liberating to explore forms of ourselves that mirror our hopes and longings.

① social
② realistic
③ idealized
④ conventional

문 4.

During the backpacking trip, we had to _____ hot showers and comfortable beds, and then we could feel our bodies getting tired. They were all things we could easily take for granted without even realizing it. The challenges of the journey taught us to appreciate the simple pleasures of life.

① take in
② put back
③ catch on
④ do without

문 5. 밑줄 친 부분의 의미와 가장 가까운 것은?

Feedback is the evaluative or corrective information that is given to someone to say what can be done to improve a performance or product. It should be explicit, which is achieved by pinpointing the areas that need improvement and offering detailed instructions for revision.

① practical
② definite
③ beneficial
④ exquisite

※ 우리말을 영어로 잘못 옮긴 것을 고르시오. [문 6. ~ 문 7]

문 6. ① 그들이 사과하기를 기대해도 소용없다.
→ It is no use expecting them to apologize.
② 올해 시험은 작년보다 훨씬 더 어려웠다.
→ This year's exam was much more difficult than last year's.
③ 내가 매일 받는 이메일의 수가 압도적으로 많아졌다.
→ The number of emails I receive daily has become overwhelmed.
④ 폭풍이 지나간 후, 우리는 피해를 가늠하고자 밖으로 나갔다.
→ The storm having passed, we went outside to assess the damage.

문 7. ① 넘어져서 다친 등산객이 간호를 받았다.
→ The hiker injured in a fall was cared for.
② 그는 늦잠을 자지 않도록 항상 알람을 여러 개 맞춘다.
→ He always sets multiple alarms lest he oversleeps.
③ 나는 기차가 왜 예정보다 늦게 운행하는지 궁금했다.
→ I wondered why the train was running behind schedule.
④ 방문객들이 박물관 안에서 사진을 찍는 것은 금지되어 있다.
→ Visitors are prohibited from taking photographs inside the museum.

문 8. 어법상 옳은 것은?

① It is not John but Peter that is assigned the project.
② Shakespeare is one of the truly influential writer of all time.
③ She is planning to be in Tokyo next summer, and I am either.
④ The battery would be last for about ten hours on a full charge.

문 9. 다음 글의 제목으로 가장 적절한 것은?

Imagine a world without advertising. What would it be like? At first glance, it might seem like a relief not to have to deal with endless commercials, billboards, and pop-up ads. But upon closer inspection, we would quickly realize that this is not the case. In today's society, advertising informs us about new products, services, and events, and allows us to make informed decisions about what we buy and consume. Advertising also serves as a source of entertainment, with creative and witty campaigns capturing our attention and sparking conversation. While some may argue that advertising is intrusive or manipulative, it's hard to deny that it plays a crucial role in shaping our culture and economy. Advertising has become so integrated into modern society that it's impossible to imagine a world without it.

① Advertising Distorts Consumer Choice
② How to Make Advertisements More Appealing
③ Advertising as an Indispensable Part of Today's Society
④ The Evolution of Advertising Turning into Entertainment

공무원 9급 공개경쟁채용 필기시험

응시번호	
성 명	

문 제 책 형
다

【시 험 과 목】

과 목	영 어

응시자 주의사항

1. 시험시작 전에 시험문제를 열람하는 행위나 시험종료 후 답안을 작성하는 행위를 한 사람은 「공무원임용시험령」 제51조에 의거 부정행위자로 처리됩니다.

2. 답안지 책형 표기는 시험시작 전 감독관의 지시에 따라 문제책 앞면에 인쇄된 책형을 확인한 후, 답안지 책형란의 해당 책형(1개)에 "●"와 같이 표기하여야 합니다.

3. 답안은 반드시 문제책 표지의 **과목순서에 맞추어** 표기하여야 하며, 과목순서를 바꾸어 표기한 경우에도 문제책 표지의 과목순서대로 채점되므로 유의하시기 바랍니다.

   - 특히, 선택과목의 경우 원서접수 시 선택한 과목이 아닌 다른 과목을 선택하여 답안을 표기하거나, 선택 과목 순서를 바꾸어 표기한 경우에도 응시표에 기재된 선택과목 순서대로 채점되므로 유의하시기 바랍니다.

4. 시험이 시작되면 문제를 주의 깊게 읽은 후, 문항의 취지에 가장 적합한 하나의 정답을 고르며, 문제내용에 관한 질문을 하실 수 없습니다.

5. 답안을 잘못 표기하였을 경우에는 답안지를 교체하여 작성하거나 수정테이프만을 사용하여 수정할 수 있으며(수정액 또는 수정스티커 등은 사용 불가), 부착된 수정테이프가 떨어지지 않도록 눌러주어야 합니다.

   - 불량 수정테이프의 사용과 불완전한 수정처리로 인해 발생하는 모든 문제는 응시자 본인에게 책임이 있습니다.

6. 시험시간 관리의 책임은 응시자 본인에게 있습니다.

   ※ 문제책은 시험종료 후 가지고 갈 수 있습니다.

2024 심우철 실전 동형 모의고사 4회

심슨영어연구소

SEASON III

영 어

※ 밑줄 친 부분의 의미와 가장 가까운 것을 고르시오. [문 1. ~ 문 4.]

문 1.
> The <u>resolute</u> pursuit of equality empowers individuals to challenge systemic injustices.

① ongoing
② suspected
③ underlying
④ determined

문 2.
> The members-only club is known for its <u>prestige</u>. A lot of high-ranking officials and celebrities from various fields want to join it to gain access to its elite network.

① exclusion
② hierarchy
③ uniformity
④ reputation

문 3.
> Jessica tends to <u>dwell on</u> the happy memories of her childhood.

① adore
② search
③ ponder
④ magnify

문 4.
> Let me <u>take care of</u> booking the airline tickets for our upcoming trip.

① hasten
② handle
③ monitor
④ demonstrate

문 5. 밑줄 친 부분에 들어갈 말로 가장 적절한 것은?
> The ancient desert civilization developed ingenious techniques for efficient water management to _____ in the extremely dry climate.

① decay
② vanish
③ subsist
④ abound

문 6. 밑줄 친 부분 중 어법상 옳지 않은 것은?
> Though Helen Keller ① <u>had known</u> internationally by the time she was 24, some of the public still doubted ② <u>that</u> a blind and deaf person could successfully communicate with hearing people or ③ <u>graduate from</u> college, ④ <u>both of which</u> Keller had already achieved.

문 7. 밑줄 친 부분이 어법상 옳지 않은 것은?
① <u>A nursery nurse</u> as he is, he doesn't like kids very much.
② A man with language barriers <u>has difficulty expressing</u> himself.
③ The government let the matter <u>be settled</u> by the proper authorities.
④ The infected people <u>attending</u> a mass gathering triggered the pandemic.

문 8. 우리말을 영어로 잘못 옮긴 것은?
① 고맙다는 말을 꼭 해라, 그렇지 않으면 무례해 보일 것이다.
  → Be sure to say thank you, or you'll appear rude.
② 리더가 결정하는 것은 관련된 모든 사람에게 영향을 미칠 것이다.
  → That a leader decides will affect everyone involved.
③ 수정을 마치는 대로 문서를 보내드리겠습니다.
  → I'll send you the document as soon as I finish editing it.
④ 그녀는 온라인에서 사소한 일로 공격을 받자 완전히 당황했다.
  → Attacked online for something trivial, she was completely embarrassed.

※ 밑줄 친 부분에 들어갈 말로 가장 적절한 것을 고르시오. [문 9. ~ 문 10.]

문 9.
> A: Ben, are you still having headaches?
> B: Yes, I went to the hospital and got all sorts of tests, but they couldn't find the cause.
> A: Have you been under a lot of stress lately?
> B: Not at all. So it's not that either.
> A: Hmm. _____
> B: I've actually already made the arrangement.
> A: Good. Let me know the results later.

① What kind of tests did you receive?
② Maybe it's work that's causing you stress.
③ Do you have any other symptoms besides headaches?
④ You should seek a second opinion from another doctor.

문 10.
> A: Hi, I'm looking for a flower bouquet for my daughter's graduation.
> B: Congratulations to her! Feel free to take a look around and let me know if you need any assistance.
> A: _____
> B: Certainly. In that case, I'll start with showing you our most popular choices.
> A: That'd be great. Thank you.

① What's the price range of these bouquets?
② I'd prefer to browse through my options on my own.
③ Thank you. There's a bouquet I have in mind already.
④ Actually, I'd appreciate it if you could give me suggestions.

공무원 9급 공개경쟁채용 필기시험

응시번호	
성 명	

【시험과목】

과 목	영 어

응시자 주의사항

1. 시험시작 전에 시험문제를 열람하는 행위나 시험종료 후 답안을 작성하는 행위를 한 사람은 「공무원임용시험령」 제51조에 의거 부정행위자로 처리됩니다.

2. 답안지 책형 표기는 시험시작 전 감독관의 지시에 따라 문제책 앞면에 인쇄된 책형을 확인한 후, 답안지 책형란의 해당 책형(1개)에 "●"와 같이 표기하여야 합니다.

3. 답안은 반드시 문제책 표지의 **과목순서에 맞추어** 표기하여야 하며, 과목순서를 바꾸어 표기한 경우에도 문제책 표지의 과목순서대로 채점되므로 유의하시기 바랍니다.

 - 특히, **선택과목**의 경우 원서접수 시 선택한 과목이 아닌 다른 과목을 선택하여 답안을 표기하거나, 선택 과목 순서를 바꾸어 표기한 경우에도 응시표에 기재된 선택과목 순서대로 채점되므로 유의하시기 바랍니다.

4. 시험이 시작되면 문제를 주의 깊게 읽은 후, 문항의 취지에 가장 적합한 하나의 정답을 고르며, 문제내용에 관한 질문을 하실 수 없습니다.

5. 답안을 잘못 표기하였을 경우에는 답안지를 교체하여 작성하거나 수정테이프만을 사용하여 수정할 수 있으며(수정액 또는 수정스티커 등은 사용 불가), 부착된 수정테이프가 떨어지지 않도록 눌러주어야 합니다.

 - 불량 수정테이프의 사용과 불완전한 수정처리로 인해 발생하는 모든 문제는 응시자 본인에게 책임이 있습니다.

6. 시험시간 관리의 책임은 응시자 본인에게 있습니다.

 ※ 문제책은 시험종료 후 가지고 갈 수 있습니다.

2024 심우철 실전 동형 모의고사 5회

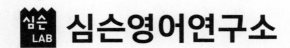

심슨영어연구소

영 어

※ 밑줄 친 부분의 의미와 가장 가까운 것을 고르시오. [문 1. ~ 문 3.]

문 1.
> The government tried to address the economic downturn by implementing a drastic policy shift.

① decent
② radical
③ internal
④ temporary

문 2.
> The theory is the most prominent explanation for the origin of the universe.

① famous
② probable
③ general
④ convincing

문 3.
> The aspiring singer was on a par with the world-class performers.

① far from
② familiar with
③ inferior to
④ equivalent to

문 4. 밑줄 친 부분에 들어갈 말로 가장 적절한 것은?

> The doctor advised him to _____ game participation until his health improved.

① go after
② put off
③ run out of
④ get down to

※ 어법상 옳지 않은 것을 고르시오. [문 5. ~ 문 6.]

문 5.
① My family found it rewarding to help others in need.
② This book isn't as interesting as the one I read last week.
③ The data was organized into graphs after obtaining in the lab.
④ I would rather suffer from loneliness than be in a bad relationship.

문 6.
① Not once did they complain about the workload.
② I can't but sing along whenever I hear that song.
③ The issue arose in charge the correct fees for the tickets.
④ The sky filled with stars twinkling in the darkness was so amazing.

※ 우리말을 영어로 잘못 옮긴 것을 고르시오. [문 7. ~ 문 8.]

문 7.
① 넌 누가 그와 결혼할 것 같아?
  → Who do you think is going to marry him?
② 진한 커피 한 잔이 내가 깨어 있도록 도와주었다.
  → A strong cup of coffee helped me staying awake.
③ 농구에서 성공하려면 큰 키와 지구력이 모두 필요하다.
  → Basketball requires both height and endurance to succeed.
④ 다양한 이국적인 동물들이 있던 동물원이 문을 닫았다.
  → The zoo which had a variety of exotic animals was shut down.

문 8.
① 그녀의 승소 가능성은 기껏해야 희박하다.
  → Her chances of winning the case are slim at best.
② 예술 분야에서 직업을 택하는 것은 종종 위험한 것으로 여겨진다.
  → Choosing a career in the arts is often seen as risky.
③ 시간이 늦어서 우리는 일을 끝내고 집에 가기로 했다.
  → It being late, we decided to call it a night and head home.
④ 각자의 의견이 모두 달라서 합의점을 찾기가 어렵다.
  → It's hard to find a consensus because all the different opinions each one holds.

문 9. 두 사람의 대화 중 가장 어색한 것은?
① A: I found there were a lot of errors in your paper.
   B: I'm flattered. I'll make sure to double-check next time.
② A: Could you stop shaking your legs? I can't stand it.
   B: I didn't even realize I was. Sorry about that.
③ A: Sorry to interrupt your meal, but we need to leave soon.
   B: Okay, I'll finish my meal in a snap.
④ A: Tomorrow's the day I hear back about my job application.
   B: Oh, it is? I'll keep my fingers crossed for you!

문 10. 밑줄 친 부분에 들어갈 말로 가장 적절한 것은?

> A: Do you know where my car key is?
> B: Don't you always leave it on your desk?
> A: Yeah, but it's not there. I really need to find it. I have an appointment with a client soon!
> B: _____
> A: I should do that. Could you maybe look for it while I'm gone?
> B: Of course. Don't worry about the key. Just hurry so you won't be late!

① You should cancel the meeting with the client.
② I think I saw it on the kitchen table, actually.
③ Why don't you take a taxi today instead?
④ What time is the appointment exactly?

문 11. 주어진 글 다음에 이어질 글의 순서로 가장 적절한 것은?

> Achieving perfect mastery over our desires is nearly impossible. Even Buddha retained basic desires like sleeping and eating.

(A) One sign is tranquility — a sense of contentment with our life, regardless of circumstances. This inner peace liberates us from obsessing over material gains, which we wrongly believe will bring lasting happiness.

(B) What we should, therefore, seek is *relative* mastery. This involves fulfilling some desires while suppressing others. Then, how will we know when our mastery has reached a sufficient level?

(C) And more importantly, it frees us from envying other people's lives. We become able to embrace and live our own lives fully.

① (B) — (A) — (C)
② (B) — (C) — (A)
③ (C) — (A) — (B)
④ (C) — (B) — (A)

공무원 9급 공개경쟁채용 필기시험

응시번호	
성 명	

【시험과목】

과 목	영 어

응시자 주의사항

2024 심우철 실전 동형 모의고사 6회

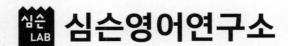
심슨영어연구소

영 어

문 1. 밑줄 친 부분의 의미와 가장 가까운 것은?

> The online platform utilizing user-friendly interfaces <u>converted</u> website visitors into active subscribers.

① sorted
② combined
③ inserted
④ transformed

※ 밑줄 친 부분에 들어갈 말로 가장 적절한 것을 고르시오. [문 2. ~ 문 4.]

문 2.

> _____ in family law cases aims to minimize adversarial approaches, allowing divorcing couples to negotiate terms related to child custody and asset division.

① Migration
② Mediation
③ Recognition
④ Obstruction

문 3.

> Though Qatar is making efforts to improve human rights in the country, immigrants in Qatar still remain unprotected. For example, Qatar's Labor Law allows only Qatari nationals the right to form workers' associations or labor unions. As a result, foreign workers, who make up 90 percent of the workforce, cannot _____ their rights to freedom of association and to form labor unions.

① violate
② assess
③ exercise
④ discriminate

문 4.

> When the Soviet Union collapsed, Ukraine _____ thousands of atomic weapons in exchange for security assurances from Russia, the United States, and other countries. The removal of these weapons is seen as a victory of arms control. Peace activists cast Ukraine as a model in a world of nuclear powers.

① gave up
② referred to
③ went for
④ came across

문 5. 밑줄 친 부분의 의미와 가장 가까운 것은?

> The principle of <u>consent</u> is fundamental in ethical journalism, respecting the privacy and dignity of individuals featured in news stories. This is especially important in the age of digital media, where information can be shared and spread so quickly and easily.

① morality
② empathy
③ approval
④ guarantee

※ 우리말을 영어로 잘못 옮긴 것을 고르시오. [문 6. ~ 문 7.]

문 6. ① 나는 그들이 무슨 뜻으로 그렇게 말하는 건지 모르겠다.
→ I don't understand what they mean by that.
② 그는 여가 대부분을 비디오 게임을 하는 데 보낸다.
→ He spends most of his free time playing video games.
③ Ann은 처음에는 의구심이 들었지만 자신의 대의에 확신을 가졌다.
→ Despite her initial doubts, Ann was convinced of her cause.
④ 그 빵집은 매일 제빵하여 제품을 신선하게 유지하려고 노력한다.
→ The bakery tries to keep its products fresh by baking it daily.

문 7. ① 모든 사람이 의료 서비스를 이용할 수 있는 것이 중요하다.
→ It is important that healthcare be accessible to everyone.
② 연구 결과를 정확히 제시하지 않는 것은 오해의 소지가 크다.
→ Not presenting the findings accurate is highly misleading.
③ 오래 공부할수록 시험 준비가 더 많이 될 것이다.
→ The longer you study, the more prepared you'll be for the exam.
④ 해변에서 열린 그 결혼식에는 그곳에 있던 사람이면 누구든지 참석했다.
→ The wedding held at the beach was attended by whoever was there.

문 8. 어법상 옳은 것은?

① Had I left earlier, I wouldn't be stuck in traffic last night.
② You have a meeting scheduled for tomorrow, haven't you?
③ We should submit our proposal by noon, modifying the entire form.
④ A person's popularity is influenced by the amount of followers on SNS.

문 9. 다음 글의 제목으로 가장 적절한 것은?

> Advances in technology are paving the way for countries to provide farmers with timely information about potential environmental risks that could affect crops during the growing season. In particular, the development of satellites plays an important role in this regard. They allow for accurate predictions of weather impacts on crops on a regional scale and give farmers time to protect their land. For instance, satellite weather surveillance offers early predictions of drought risks during the growing season. This enables farmers to apply chemical compounds to their crops in advance, thus providing protection against potential environmental stressors like high heat. Studies have shown that the productivity of a region's agricultural sector is positively affected when investment is made in a satellite program that provides remote sensing.

① Satellite in Farming: Weighing Its Costs and Benefits
② Impact of Environmental Stressors on Crop Production
③ Satellite Guards Agriculture from Environmental Threats
④ Factors to Consider in Collecting and Using Satellite Data

공무원 9급 공개경쟁채용 필기시험

응시번호	
성　명	

【시험과목】

과　목	영　어

응시자 주의사항

1. 시험시작 전에 시험문제를 열람하는 행위나 시험종료 후 답안을 작성하는 행위를 한 사람은 「공무원임용시험령」 제51조에 의거 부정행위자로 처리됩니다.

2. 답안지 책형 표기는 시험시작 전 감독관의 지시에 따라 문제책 앞면에 인쇄된 책형을 확인한 후, 답안지 책형란의 해당 책형(1개)에 "●"와 같이 표기하여야 합니다.

3. 답안은 반드시 문제책 표지의 **과목순서에 맞추어** 표기하여야 하며, 과목순서를 바꾸어 표기한 경우에도 문제책 표지의 과목순서대로 채점되므로 유의하시기 바랍니다.

   - 특히, 선택과목의 경우 원서접수 시 선택한 과목이 아닌 다른 과목을 선택하여 답안을 표기하거나, 선택 과목 순서를 바꾸어 표기한 경우에도 응시표에 기재된 선택과목 순서대로 채점되므로 유의하시기 바랍니다.

4. 시험이 시작되면 문제를 주의 깊게 읽은 후, 문항의 취지에 가장 적합한 하나의 정답을 고르며, 문제내용에 관한 질문을 하실 수 없습니다.

5. 답안을 잘못 표기하였을 경우에는 답안지를 교체하여 작성하거나 수정테이프만을 사용하여 수정할 수 있으며(수정액 또는 수정스티커 등은 사용 불가), 부착된 수정테이프가 떨어지지 않도록 눌러주어야 합니다.

   - 불량 수정테이프의 사용과 불완전한 수정처리로 인해 발생하는 모든 문제는 응시자 본인에게 책임이 있습니다.

6. 시험시간 관리의 책임은 응시자 본인에게 있습니다.

※ 문제책은 시험종료 후 가지고 갈 수 있습니다.

2024 심우철 실전 동형 모의고사 7회

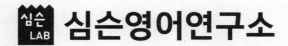
심슨 LAB 심슨영어연구소

영 어

※ 밑줄 친 부분의 의미와 가장 가까운 것을 고르시오. [문 1. ~ 문 4.]

문 1.
> Artificial intelligence's influence is pervasive across various industries, including healthcare, finance, and education.

① integral
② powerful
③ universal
④ substantial

문 2.
> The lecture offered attendees a unique opportunity to gain insights from a successful entrepreneur. During her candid speech, she openly shared her experiences.

① free
② frank
③ confident
④ informative

문 3.
> Creative expression through art has the power to bring about emotional catharsis.

① cause
② permit
③ release
④ cultivate

문 4.
> The governor followed through with a pledge to lower Florida's communication services tax.

① ensured
② retained
③ bolstered
④ accomplished

문 5. 밑줄 친 부분에 들어갈 말로 가장 적절한 것은?

> All the other students in the class ended up loving the math teacher, but Jake remained _____ in his dislike of him until he graduated.

① passive
② proficient
③ persistent
④ persuasive

문 6. 밑줄 친 부분 중 어법상 옳지 않은 것은?

> Many animals are getting used ① to be raised by humans, and some will be practically tame by the time they ② encounter hunters. The fact ③ that those animals don't instinctively flee at the sight of approaching humans makes them ④ easier to shoot than truly wild animals.

문 7. 밑줄 친 부분이 어법상 옳지 않은 것은?

① Can you tell me how long will it be closed?
② The performance is fascinating enough to see again.
③ On the hill stand splendid mansions that the rich live in.
④ It offers better amenities than all the other hotels in the area.

문 8. 우리말을 영어로 잘못 옮긴 것은?

① 급여가 더 높지 않으면 그 일을 맡지 않겠다.
→ I won't take the job unless the salary is higher.
② 그는 지하철에서 에어팟을 도난당한 게 틀림없다.
→ He must have been robbed of his Airpods on the subway.
③ 그 제품은 저렴할 뿐만 아니라 질도 좋다.
→ The product is not only affordable but also of high quality.
④ 우울증 진단이 나온 사람들에게 상담 서비스가 제공되었다.
→ Counseling services were provided to those diagnosing with depression.

※ 밑줄 친 부분에 들어갈 말로 가장 적절한 것을 고르시오. [문 9. ~ 문 10.]

문 9.
> A: Um, I ordered tomato pasta but received oil pasta.
> B: Oh, I'm so sorry. We'll make you tomato pasta right away, but it'll take another 15 minutes. Would that be okay?
> A: _____
> B: Ah, I see. I'm sorry you won't be able to have what you ordered. Instead, the meal will be on the house.
> A: Oh, thank you.

① Actually, I don't mind making a new one.
② Alright, I'll wait for the tomato pasta, then.
③ Is there any way you could speed up the order?
④ I don't have much time, so I'll just have the oil one.

문 10.
> A: Hello, this is Shimson Bank. How may I help you?
> B: Hi, I'd like to close one of my savings accounts.
> A: I'm sorry, but that matter cannot be addressed over the phone. You would need to visit our bank.
> B: _____?
> A: No, I'm afraid we can only handle it in person.

① Could you tell me when your hours are
② Which materials should I bring
③ Is it necessary to pay a visit
④ Is there any other way

문 11. 두 사람의 대화 중 자연스럽지 않은 것은?

① A: Excuse me, do you know where the nearest pharmacy is?
B: Sorry, I'm not from around here.
② A: Could you jot down your address for me?
B: Sure. Let me grab a pen.
③ A: The Jones seem well off, don't they?
B: They do. I could tell by what they're wearing.
④ A: Hey, what brings you here?
B: I didn't bring anything with me.

공무원 9급 공개경쟁채용 필기시험

응시번호	
성 명	

문제책형
©

【시험과목】

과 목	영 어

응시자 주의사항

2024 심우철 실전 동형 모의고사 8회

심슨 LAB 심슨영어연구소

SEASON III

영 어

※ 밑줄 친 부분의 의미와 가장 가까운 것을 고르시오. [문 1. ~ 문 3.]

문 1.

They were preoccupied with solving the complex case that revolved around a high-profile scandal.

① obsessed
② frustrated
③ associated
④ overwhelmed

문 2.

The scientist's experiments on his own body proved invaluable for disease research.

① ruthless
② harmless
③ priceless
④ worthless

문 3.

It's often wise to refrain from unnecessary debates when it comes to others' opinions.

① with regard to
② with a view to
③ in response to
④ in proportion to

문 4. 밑줄 친 부분에 들어갈 말로 가장 적절한 것은?

As a generational shift, the old guard finally _____ a new generation of leaders.

① held back
② blew away
③ got back at
④ gave way to

※ 어법상 옳지 않은 것을 고르시오. [문 5. ~ 문 6.]

문 5. ① Our team's morale is superior to that of other teams.
② The software doesn't allow files to acquire from outside.
③ He regretted not saving more money when he was younger.
④ Published monthly, the magazine covers a wide range of topics.

문 6. ① She is a colleague whom I believe has responsibility.
② It is wise of them to invest in renewable energy sources.
③ The debater strongly objects to smoking in public places.
④ The house belonging to the Smith family is located on Maple Street.

※ 우리말을 영어로 잘못 옮긴 것을 고르시오. [문 7. ~ 문 8.]

문 7. ① 당신이 한 행동의 결과를 피할 수는 없다.
→ There is no avoiding the results of your action.
② 나는 그 책자에서 설명하는 궁전에 가 본 적이 있다.
→ I have been to the palace described in the brochure.
③ 그녀는 러시아어를 수년간 공부해서 잘한다.
→ She speaks Russian well, having studied it for many years.
④ 한밤중 창밖에서 나는 발소리가 이상하게 들렸다.
→ The footsteps outside my window at midnight sounded oddly.

문 8. ① 그가 나타나지 않았다는 사실이 나를 걱정시켰다.
→ The fact that he didn't show up worried me.
② 그 기계들은 가끔 수리가 필요하다.
→ The machines need to be repaired once in a while.
③ 그 안경에 대한 선택지들 중 어느 것도 내게 매력적이지 않아 보인다.
→ Neither of the options of glasses seem appealing to me.
④ 많은 전문가가 Monet을 빛과 색의 대가로 여긴다.
→ Many experts consider Monet to be a master of light and color.

문 9. 두 사람의 대화 중 가장 어색한 것은?

① A: I think we should keep it down a little.
B: You're right. Let's not be too loud.
② A: I'd like to make an inquiry about a product.
B: Sure. You're welcome to ask anything.
③ A: Can you give me a ring later to discuss our plans?
B: Certainly. When will you be available?
④ A: Is it possible to push the presentation back one day?
B: You are correct. It was already held yesterday.

문 10. 밑줄 친 부분에 들어갈 말로 가장 적절한 것은?

A: Why have the sales for our top products fallen so rapidly?
B: Other companies have started to make very similar products that are priced lower.
A: _____
B: It would make sense to do that, but our executives are firm on maintaining our current prices.

① How similar are those products to ours?
② Shouldn't we lower our prices as well, then?
③ Let's come up with some ideas for a new product.
④ We should let consumers know they are copies of ours.

문 11. 주어진 글 다음에 이어질 글의 순서로 가장 적절한 것은?

AI, meaning artificial intelligence, has the power to do a lot of good.

(A) For example, it can be encoded with bias against certain groups of people. That causes problems when it is used to judge job applications or decide prison sentences.

(B) Still, today's AI is nowhere near as smart as people. Most AI systems often struggle to learn abstract concepts or explain their decisions. In some cases, using AI may even cause harm.

(C) Thinking machines could help diagnose diseases. Online AI moderators could screen hateful posts. Artsy AI is giving the world new paintings and songs.

① (A) — (B) — (C)
② (A) — (C) — (B)
③ (C) — (A) — (B)
④ (C) — (B) — (A)

문12. 주어진 문장이 들어갈 위치로 가장 적절한 곳은?

> This latter type of tourism can, however, occur in sensitive natural environments.

> Islands are highly desired as recreation and tourism destinations. Special social values can be associated with the journey and a sense of remoteness. (①) A boat trip can arouse a sense of adventure and this is particularly so if the island is uninhabited or if there is an element of danger, as with island volcanoes. (②) Another popular destination for tourism is the palm beaches of the humid tropics. (③) People who visit these sites are often in search of the 'recreational beach life' for a few weeks. (④) Examples include coral reefs, turtle nesting beaches and seabird breeding areas, and management based on ecological knowledge is therefore crucial.

문13. 다음 글의 제목으로 가장 적절한 것은?

> Various behaviors can trigger the release of Dopamine in our brains. One such behavior is computer programming. Spending endless hours staring at a computer screen, neglecting meals, losing track of time, observing gradual results — this sums up the experience of computer programming. Those who enjoy or are addicted to programming, enter a trance-like state, repeating these motions, eagerly waiting for that moment when they solve a problem and their code performs as intended. It's similar to the satisfaction one gets from solving puzzles for leisure. Furthermore, it's hard to predict when the puzzle will be solved, so there's a sense of nervous anticipation before each verification. When the puzzle is eventually solved, there's a feeling of pleasure, which quickly fades as the programmer moves on to the next puzzle and the next fix.

① How to Create Addictive Computer Games
② The Addictive Nature of Computer Programming
③ Dopamine Helps Programmers Overcome Addiction
④ Difficulties of Earning Satisfaction from Solving Puzzles

문14. 글의 흐름상 가장 어색한 문장은?

> Certain plants have adapted so they can withstand long periods without water. ① Yuccas, for instance, have deep root systems that can seek out water with incredible efficiency. ② Water lilies have large, flat leaves coated with a waxy layer that helps resist excess water, preventing them from becoming soaked with it. ③ Cacti have hairy thorns or leaves that limit the amount of water they lose to evaporation. ④ Aloe vera can store water in their fleshy leaves, allowing them to survive in dry conditions by using the stored moisture. There are also plants whose seeds can survive under the soil during drought seasons until conditions are favorable again.

※ 다음 글의 내용과 일치하지 않는 것을 고르시오. [문 15. ~ 문 16.]

문15.

> The actual term "lipstick" wasn't used until 1880, however, people were coloring their lips long before that date. It's been known that ancient Sumerian men and women were probably the first to wear lipstick, about 5,000 years ago. Egyptians like Cleopatra crushed bugs to create a color of red on their lips. Ancient Egyptians wore lipstick to show social status rather than gender. They extracted the red dye from brown algae, but this dye resulted in serious illness. The modern form of lipstick as we know it today can be traced to the late 19th and early 20th centuries. In the late 1800s, French perfumers began experimenting with tinted lip balms and waxes, primarily using natural dyes like carmine derived from insects. The breakthrough came in 1915 when Maurice Levy, a chemist, invented the first metal lipstick tube. This innovation allowed for easier application and portability.

① 고대 수메르인이 최초로 립스틱을 발랐을 것으로 추정된다.
② 고대 이집트에서 립스틱은 사회적 지위를 나타내었다.
③ 고대 이집트의 립스틱에 쓰인 염료는 질병을 일으켰다.
④ 1800년대 후반에 첫 금속 립스틱 튜브가 발명되었다.

문16.

> Zero-calorie sugar alternatives are often hundreds to thousands of times sweeter than ordinary sugar, but they don't increase your blood sugar levels. Common sugar substitutes such as aspartame, are often called artificial sweeteners because they're made from synthetic ingredients. There are others such as stevia that are naturally derived. While the U.S. Food and Drug Administration (FDA) has deemed sugar substitutes safe, some research connects diet soda use with a higher risk of Type 2 diabetes. It makes theoretical sense that replacing a higher calorie food or drink with a zero-calorie one would help with weight management. Yet, study results aren't clear. It seems that when you eat or drink something that contains sugar alternatives, you become hungrier and get stronger cravings. This is a scenario that could promote overeating and weight gain. Just because something has no calories doesn't make it healthy in the long run.

① Zero-calorie sugar alternatives don't raise blood sugar levels.
② There are sugar alternatives that are of natural origin.
③ The FDA has regarded sugar alternatives as harmful.
④ Food with zero-calorie sugar alternatives can make you hungrier.

문 17. 다음 글의 요지로 가장 적절한 것은?

Around the turn of the millennium, scientists noticed a subtle change in Earth's rotation. In time, a team of researchers linked this phenomenon to the shifting mass of glaciers and ice sheets. And now, a new study has uncovered another significant factor: groundwater depletion. Dr. Seo, the study's lead author, highlights that groundwater redistribution has the most substantial impact on the drift of the rotational axis. Groundwater has been used extensively for irrigation, potable water, and industrial activity. It's estimated that humans pumped out 2,150 gigatons of groundwater from 1993 to 2010. As the extracted groundwater often ends up in the oceans, continents become lighter, causing a shift in Earth's rotational axis. To achieve noticeable results in reducing the disturbances to Earth's rotation, it's been claimed that sustained efforts to conserve groundwater would be required over several decades.

① Melting glaciers cause global water redistribution.
② Groundwater depletion is linked to shifts in Earth's rotation.
③ Human progress has significantly relied on groundwater use.
④ Efforts to identify the cause of Earth's rotation shift are needed.

문 18. (A)와 (B)에 들어갈 말로 가장 적절한 것은?

It seems a deadly form of sex discrimination: When the National Weather Service records the deaths caused by lightning each year in the United States, an overwhelming number of the victims are male. Of 74 lightning-related deaths in 1990, females numbered only seven. Despite the surprising imbalance, little research has focused on the causes of the disparity.   (A) , it's acknowledged that men tend to be outdoors more than women, at work or at play, and are thus more vulnerable to a strike. Examining lightning fatalities from 1968 through 1985, the Centers for Disease Control found that 85 percent were male and that a third of them died while working. The victims included farm laborers, construction workers, and a land surveyor.   (B) , there were also those who were struck while engaging in recreational activities. Some were struck while fishing from boats, others while at the beach or on the golf course.

	(A)	(B)
①	However	Meanwhile
②	However	For example
③	Similarly	By contrast
④	Similarly	Therefore

※ 밑줄 친 부분에 들어갈 말로 가장 적절한 것을 고르시오. [문 19. ~ 문 20.]

문 19.

The easiest way to understand what economic models are is to view them as simplifications designed to show how specific mechanisms work by _____. A model focuses on particular causes and seeks to show how their effects work through the system. A modeler builds an artificial world that reveals only certain types of connections among the parts of the whole — connections that might be hard to see if you were looking at the real world in its complexity. Models in economics are no different from physical models used by physicians or architects. A plastic model of the respiratory system that you might encounter in a physician's office focuses on the detail of the lungs, omitting the rest of the human body. An architect might build one model to present only the landscape around a house, and another one to display the layout of only its interior. Economists' models are similar, except that they are not physical constructs but operate symbolically, using words and mathematics.

① placing them in complicated settings
② integrating different areas of study
③ highlighting their physical features
④ isolating them from other factors

문 20.

Scholar Pete Simi has interviewed over a hundred former members of various exclusive groups — groups that have limitations on who can join. Based on his findings, he emphasizes that most of the individuals don't initially seek out these groups for their core beliefs. Instead, their primary motivation often comes from the pursuit of _____. People tend to "slide into" these groups, guided by the desire for social connections rather than fully embracing the group's ideology from the beginning. Simi points out that while the group's ideology might exist in the early stages, it often remains secondary to the need for community. Rarely does someone first fully appreciate the ideology and then actively seek the group. The ideology becomes significant only after the person has bonded with the group members.

① fame
② ideology
③ belonging
④ individuality

문 12. 다음 글의 제목으로 가장 적절한 것은?

Critics often discuss the impact of the media on us as if it were a separate and distinct entity from our daily lives. The truth, however, is that it has become increasingly difficult to separate the media from our daily routines. From the moment we wake up to the moment we go to bed, we are surrounded by messages from various media outlets, whether it's news, social media or entertainment. The media shapes our opinions, beliefs, and attitudes and can even influence our behavior. In today's society, media is not only a source of information but also a way of communicating and a way of life. We use it to connect with others, to stay informed, and to entertain ourselves. Without media, we would be disconnected from the world around us and would not have access to the vast amounts of information that shape our lives.

① How Do We Prevent the Media from Invading Our Routines?

② Drowned in Data: Why Too Much Information Can Hurt Us

③ Media: An Essential Component of Modern Life

④ The Power of Media in Boosting Creativity

문 13. 다음 글의 주제로 가장 적절한 것은?

Where there is a big difference in status, disclosure tends to be in one direction. Thus, workers may disclose personal problems to their supervisors, but the reverse does not usually happen. This is because for a supervisor to disclose personal information to a subordinate could make him appear weak, which would affect the status relationship. But this doesn't mean that people of high status never disclose personal information. They do, in some cases. This may be to either underline existing status differences or to reduce them. For example, a senior manager in a corporation may attempt to reduce status differentials by disclosing details of his low socioeconomic family background to a shop floor employee.

① tendency of disclosure to widen status gap

② impact of disclosure on status relationships

③ importance of disclosing complaints to supervisors

④ risk of disclosing personal information in workplaces

문 14. 다음 글의 요지로 가장 적절한 것은?

When a company is strong, it not only pays taxes that provide for important services but also builds world-class facilities that meet safety and environmental standards. Healthy companies provide good and secure jobs that give their employees the time, the spirit, and the resources to give back to their communities. Weak and struggling companies, on the other hand, are often community liabilities. They have little or no profits and pay few taxes. The constant threat of layoffs breeds insecurity in employees whose worries about their own future affect their well-being. They're tempted to take shortcuts to save a dollar — investing little in the development of their employees and communities.

① Employee community service depends on their earnings.

② Healthy companies satisfy strict environmental standards.

③ Corporate layoffs are inevitable under certain circumstances.

④ Financial health of companies affects employees and communities.

문 15. 다음 글의 내용과 일치하지 않는 것은?

The Philippine-American War began in 1899 as a result of the Treaty of Paris, which transferred control of the Philippines from Spain to the United States. Filipinos had been demanding independence, but the United States nevertheless claimed control over the territory. This sparked the Philippine-American War, during which Filipino armies led by Philippine President Emilio Aguinaldo fought against American occupation. The war lasted until 1902, with the United States gaining victory and securing full dominance over the Philippines. The war resulted in at least 200,000 Filipino civilian deaths, mostly from famine and diseases such as cholera.

① 파리 조약은 필리핀에 대한 지배권을 스페인에서 미국으로 이양했다.

② 필리핀-미국 전쟁에서는 필리핀 대통령이 자국의 군대를 이끌었다.

③ 미국은 전쟁에서 승리했지만, 필리핀의 독립권을 일부 인정했다.

④ 전쟁 중 필리핀 민간인 대부분은 기근과 질병으로 사망했다.

문 16. 다음 글의 흐름상 어색한 문장은?

Snowpack, sea ice, and glaciers are melting around the world. One of the most visible effects of climate change is the rapid disappearance of glaciers in the Arctic. ① In fact, the Arctic is warming faster than any other place on Earth, at a rate of three to four times the global average. ② At this speed, scientists warn that the Arctic Ocean could be ice-free in summer by the 2030s. ③ Arctic ice grows dramatically each winter, reaching its maximum in March. ④ Also, the Arctic ecosystem is especially vulnerable to global warming as it includes organisms that have adapted to the extreme cold conditions of the Arctic. As temperature rises and the ice melts, many species like polar bears are at great risk of dying out.

문 17. 주어진 글 다음에 이어질 글의 순서로 가장 적절한 것은?

The more obviously available a product or service is, the more likely we are to try it.

(A) We may want to believe that those choices are made under our full control. When we choose one thing over another, we often assume it is because we *intended* it.

(B) The truth, however, is that many of the actions we take each day are shaped not by purpose, but by the most available option.

(C) For example, we drink Coca-Cola because it is in every convenience store and visit Starbucks because it is on every corner.

① (B) — (A) — (C)   ② (B) — (C) — (A)
③ (C) — (A) — (B)   ④ (C) — (B) — (A)

문 18. 주어진 문장이 들어갈 위치로 가장 적절한 것은?

But this process makes people guess, which generates inaccurate information that obscures the true memories about what really happened.

Some witnesses to crimes who have difficulty recalling them are told to let their minds wander freely and say whatever comes to mind, even if it is a guess. (①) However, the act of guessing about possible events causes people to provide misinformation, which, if left uncorrected, may later be remembered as "memories." (②) That is one reason why individuals who were interviewed under hypnosis are generally not allowed to testify in court. (③) Hypnosis typically encourages people to bring forth everything that comes to mind, in hopes of revealing hidden information. (④) As a result, the claims made by those who were put under hypnosis cannot be fully trusted, and hence may be invalid.

※ 밑줄 친 부분에 들어갈 말로 가장 적절한 것을 고르시오. [문 19. ~ 문 20.]

문 19.

To get the idea of time distortion in dreams, think of the last time you hit the snooze button on your alarm, having been woken from a dream. Mercifully, you are giving yourself another delicious five minutes of sleep. You go right back to dreaming. After the five minutes granted, your alarm clock faithfully sounds again. Yet that's not what it felt like to you. During those five minutes of actual time, you may have felt like you were dreaming for an hour, perhaps more. Unlike the phase of sleep where you are not dreaming, wherein you lose all awareness of time, in dreams, you continue to have a sense of time. It's simply not particularly accurate; more often than not, dream time is _____ relative to real time.

※ snooze button: 스누즈 버튼(알람을 다시 울리게 하는 버튼)

① repeated

② prolonged

③ removed

④ compressed

문 20.

People who have a growth mindset believe that even if they struggle with learning new skills, their abilities can improve over time. How can we apply this in practical terms? This can be done with _____ when pursuing an activity. Most people don't want to deal with the accompanying embarrassment or shame that is often required to learn a new skill. It's the possibility of appearing stupid or feeling humiliated that prevents us from getting started. But, we know that our lives will not be destroyed if that book we write doesn't sell or if we get turned down by a potential date or if we forget someone's name when we introduce them. The list of mistakes that you can never recover from is very short. To fully embrace the growth mindset, we need to take action in the face of these feelings which deter us.

① support from other people

② the willingness to look bad

③ starting with the small things

④ reflecting on past experiences

문 10. 주어진 글 다음에 이어질 글의 순서로 가장 적절한 것은?

> Different parts of the brain collaborate to help you understand the stories you read or listen to. Consider the sentence: "The apple was important because the cloth tore apart."

> (A) For example, from the word order, you can infer that the importance lies with the apple, not the cloth, and that it is connected *causally* to the cloth tearing apart. However, you still struggle to fully grasp its overall meaning. This is because our understanding of language has different levels.
>
> (B) The first one is solely based on the linguistic information within the sentence; the second one involves interpreting this information in the broader context of your knowledge about the world. Here, the reason the apple sentence feels weird is that there's a disconnect in the latter process.
>
> (C) While this is grammatically correct, you might feel somewhat puzzled after reading it. It's not that you fail to understand the sentence, as you likely know the meanings of all the words and can analyze how they relate to each other linguistically.

① (B) — (A) — (C)
② (B) — (C) — (A)
③ (C) — (A) — (B)
④ (C) — (B) — (A)

문 11. 밑줄 친 부분에 들어갈 말로 가장 적절한 것은?

> A: There's a stain on your shirt.
> B: Ugh, I know. It's not getting off.
> A: Did you spill something?
> B: _____ I only noticed the stain just a few minutes ago.
> A: I see. I'll lend you a stain remover stick I carry if you need one.
> B: No, it's okay. I'll just take it to the dry cleaners.

① Thanks for helping me remove it.
② I'm here to pick up the laundry.
③ How did you get the stain?
④ Not that I recall.

문 12. 두 사람의 대화 중 가장 어색한 것은?

① A: I'm sorry, mom. It was me that broke the vase.
　B: It's okay. I appreciate that you're owning up to your mistake.
② A: Will you stop bugging me? I'm trying to concentrate.
　B: Fine, I'll leave you alone.
③ A: It's time to clean our house. You know the routine, right?
　B: Yes, organize my bedroom, vacuum the floor, then mop it.
④ A: I was so anxious about the meeting, but it went really well.
　B: That's a shame. What a weight off your shoulders!

문 13. 다음 글의 내용과 일치하지 않는 것은?

> The panda, with its distinctive black and white coat, is adored by the world and considered a national treasure in China. Pandas live mainly in forests high in the mountains of southwest China, where they live almost entirely on bamboo. They must eat around 10 to 40 kg of it every day, depending on what part of the bamboo they are eating. They use their enlarged wrist bones that function as thumbs. Despite their natural tendency to live alone, pandas exhibit strong maternal instincts, with mothers diligently caring for their cubs until they reach maturity. A spring mating season and a fall birth season are seen in both wild and captive populations. The newborn panda is blind until 6 to 8 weeks of age, and is covered with only a thin all-white coat. Their development is slow during the early months. Nonetheless, males may grow up to 1.8 m in length and weigh more than 100 kg; females are usually smaller.

① 판다의 손목뼈는 엄지손가락 역할을 한다.
② 판다는 혼자 지내려는 성향이 있다.
③ 판다는 가을에 짝짓기하고 봄에 출산한다.
④ 암컷 판다는 수컷 판다보다 보통 크기가 작다.

문 14. 다음 글의 흐름상 적절하지 않은 문장은?

> The target market, made up of individuals with specific habits, is a critical factor in deciding the direction of marketing communications. ① Knowing where to direct promotive communications can be determined by understanding the habits of the target market. ② Habits indicate where people focus their attention; reading, writing, watching television, participating in sports and other activities are some of the habits that provide insight for marketers. ③ Habits define who we are and what we do, so developing healthy habits is essential for our overall well-being. ④ Once the target market has been identified, businesses will normally design their marketing tactics with the habits of the target in mind. They could, for example, plan the timing, frequency, or channel of their advertisements based on those habits to target that specific group.

문 15. 밑줄 친 부분 중 어법상 옳지 않은 것은?

> Hollywood, ① whose name is synonymous with the American film industry, is a district within California, U.S., ② lying northwest of downtown Los Angeles. Since the early 1900s, ③ which moviemaking pioneers found in southern California an ideal blend of mild climate, much sunshine, varied terrain, and a large labor market, the image of Hollywood as the fabricator of glittering cinematic dreams ④ has been shaped worldwide.

※ 밑줄 친 부분에 들어갈 말로 가장 적절한 것을 고르시오. [문 16. ~ 문 17.]

문 16.

In 1799, Napoleon's Egyptian expedition discovered a stone near the town of Rosetta in the Nile Delta. Replicas of the stone inscription soon began circulating among European museums and scholars. Based on three languages written on the stone, the ancient Egyptian scripts were interpreted in 1822. This became the essential key for us to _____ how the ancient Egyptians lived.

① cut down　　　　　② hand out
③ settle down　　　　④ figure out

문 17.

Today's currency holds no intrinsic value; it's the collective trust in the governmental declaration that gives it worth, operating on a mutual agreement of its value. In other words, money is backed by nothing more than faith. When you think about direct deposit, online bill payments, and debit cards, the idea of money is weirder still. You work, pay your bills, buy your groceries, and manage to survive and even thrive in the economy, yet you can go for days or weeks without even touching, seeing, or smelling money. Given all this, it can be said that money is _____. Think about your bank account. There are not little stacks of dollar bills sitting in the bank vault with your name on them. Instead, checking and savings accounts are simply information stored on computers.

① imaginary　　　　② destructive
③ momentary　　　　④ perceptible

문 18. 다음 글의 요지로 가장 적절한 것은?

It is important to approach our beliefs with an open and critical mind, and to periodically re-evaluate them in the light of new evidence or experience. While it can be difficult to let go of long-held beliefs, questioning old ways of thinking is necessary for personal growth and intellectual development. By challenging ourselves to examine our assumptions, we can gain a deeper understanding of the world around us and make more informed decisions. In some cases, this may mean challenging beliefs that have been passed down through generations or questioning societal norms and conventions. While this may be uncomfortable or even controversial, it is necessary to move forward.

① When challenging others' beliefs, we must show consideration.
② It is necessary to recognize how our beliefs are formed.
③ Questioning old beliefs is crucial for our advancement.
④ We should abide by traditional societal norms.

문 19. (A)와 (B)에 들어갈 말로 가장 적절한 것은?

Recent studies show that the effectiveness of AI to date has been exaggerated. Hopes that machine learning algorithms could overcome the limitations of humans by being more rational, neutral, and objective have been weakened by evidence that such systems can prolong human prejudices, increase bias, and make inaccurate predictions. ___(A)___, consider the app which, when presented with exactly the same set of symptoms, was found to suggest a heart attack as a possible diagnosis if the user was a man, but merely a panic attack if the user was a woman. This difference was explained by the "heart attack gender gap": the finding that the overrepresentation of men in the medical and research data means that women are up to 50 percent more at risk of receiving a misdiagnosis for a heart attack than men. ___(B)___, despite these flaws, doctors, nurses, and patients are unlikely to challenge the recommendations made by AI. This is because the technology is still being promoted to have superior decision-making abilities.

	(A)	(B)
①	However	Instead
②	For example	Yet
③	However	Similarly
④	For example	Thus

문 20. 주어진 문장이 들어갈 위치로 가장 적절한 것은?

All kinds of marketplaces, however, are more than just places for buying and selling: Markets have a social life.

Marketplaces range from small stands that appear in the morning and disappear at night, to huge multi-storied shopping centers. One common form is a periodic market, a site for buying and selling that takes place on a regular basis in a particular location but without a permanent physical structure. (①) Sellers appear with their goods, set up a table to showcase and sell them, then dismantle their display. (②) In contrast, permanent markets are structures that endure in fixed locations where buying and selling occur continuously over time. (③) Sellers try to attract customers, shoppers meet and chat, government officials drop by, and religious organizations may even hold services. (④) The particularities of how markets are structured spatially and socially have long provided rich material for study.

문 12. 주어진 문장이 들어갈 위치로 가장 적절한 곳은?

> This approach wasn't widely used, because it didn't make a distinction between those who died *from* the virus and those who died *with* the virus but from another cause.

> The most frightening figures publicized in 2020 were the coronavirus death counts. The COVID-19 dashboard maintained by Johns Hopkins University reported the numbers by country. (①) Yet comparing these numbers was challenging due to differing counting methods across countries. (②) Italy, for example, counted individuals who had died and had a positive COVID-19 test result. (③) To prevent this issue, countries like Austria used much stricter counts, counting only those who had tested positive and where they could establish that the death was due to the virus. (④) On the contrary, there were others like Belgium that reported COVID-19 deaths for those who had not even been tested.

문 13. 다음 글의 제목으로 가장 적절한 것은?

> The key feature of parental altruism is full empathy with the children. In other words, altruistic parents accept their children's own opinion of what is good for them — they look at their children through the children's eyes rather than imposing their own views on what is best. Since altruistic parents agree with their children's preferences, they would always let the children rule. Altruistic parents would never force their children to do anything they dislike, even under circumstances in which they would themselves make a different choice. For instance, if a child were told that eating sweets may cause tooth decay, and yet the child decided that their passion for sweets is so strong that it is worth taking the risk, a purely altruistic parent would support the child's choice.

① The Characteristics of Altruistic Parents
② Altruism vs. Control: When to Apply Each
③ Why Altruism Is the Best Parenting Method
④ How Altruistic Children Become Permissive Parents

문 14. 글의 흐름상 가장 어색한 문장은?

> There are three types of solar eclipses: total, annular, and partial eclipses. ① During a total eclipse, the Moon completely covers the Sun for as long as seven minutes. ② For that brief time, people can see the Sun's corona, or its outer atmosphere, behind the Moon's silhouette. ③ And an annular eclipse occurs when the Moon doesn't cover the entire disk of the Sun, leaving a ring of sunlight around the Moon. ④ The Moon has a very thin and weak atmosphere that does not provide any protection from the Sun's radiation. Finally, a partial eclipse occurs when the Moon blocks only a part of the Sun's disk, as the name implies.

※ 다음 글의 내용과 일치하지 않는 것을 고르시오. [문 15. ~ 문 16.]

문 15.

> The longest river in the world, the Nile flows 6,825 km northward through northeastern Africa and empties into the Mediterranean Sea. That's longer than the distance across the U.S. from coast to coast! The river has two main branches, the White Nile and the Blue Nile, which meet in Sudan. Then, as one, the river flows through Egypt. It is the Nile that made it possible for the Egyptian civilization to develop in the midst of a desert. The Nile flooded annually, which benefited Egyptians as that surge of water and nutrients turned the Nile Valley into productive farmland. This flooding was so important that the Egyptian calendar was based around the flooding. The Nile also enabled them to develop new skills and technology, and even contributed to the construction of the pyramids. Its role as a superhighway facilitated trade and communications, making Egypt a major center of commerce in the ancient world.

① 나일강은 미국의 양쪽 해안 사이의 거리보다 길다.
② 나일강의 두 주요 지류는 수단에서 합쳐진다.
③ 나일강의 범람은 이집트 농지를 훼손했다.
④ 나일강은 피라미드 건축에 이용되었다.

문 16.

> John F. Nash was an American mathematician who won the Nobel Prize for Economics for his work in game theory. He was born in West Virginia, in 1928. Instead of economics, John studied math at Carnegie Institute of Technology and later earned his doctorate in the same field from Princeton University at the age of 22. He made groundbreaking works in math and at the age of 30, he was named by *Fortune* magazine as one of the brightest mathematicians in the world. However, John was diagnosed with schizophrenia in 1959 and the condition affected his work severely, leading him to give up his teaching position at MIT. But despite the challenges, he continued his mathematical pursuits. In the later years of his life, John's mental health improved significantly, and he was able to reconnect with the mathematical community. Unfortunately in 2015, John and his wife Alicia were killed when the taxi they were riding in crashed in New Jersey. They were returning from Norway, where John had received the 2015 Abel Prize.

① John was awarded the Nobel Prize for Economics.
② John received his doctorate in math from Princeton.
③ John's mental condition got better in his later years.
④ John died in a car crash on his way to Norway.

문 17. 다음 글의 요지로 가장 적절한 것은?

A common misconception about jazz musicians is that they improvise without limits or structure, based purely on the inspiration that strikes them in the moment. While it is true that improvisation is an important aspect of jazz music, it is by no means the only one. Jazz musicians first learn the musical traditions — the established practices, styles, and techniques — that have developed over decades, if not centuries, before they can confidently improvise. It is only through learning these traditions that they can build a strong foundation necessary for their improvisational skills to develop. They must be familiar with the different genres of jazz and the works of the great jazz artists who came before them. By immersing themselves in the history and culture of jazz, they develop a deep understanding of the art form and learn to create their unique musical voice.

① The ability to improvise is gained through trial and error.

② Traditions in jazz music are fading despite their significance.

③ Jazz musicians learn musical traditions before they improvise.

④ Musical theory is not important in the creation of jazz music.

문 18. (A)와 (B)에 들어갈 말로 가장 적절한 것은?

The causes of cancer are becoming better understood. Lifestyle as well as genetics can contribute to a person's susceptibility to cancer.   (A) , certain choices, such as eating red meat, not engaging in physical exercise, or consuming alcohol, increase the likelihood of developing cancer. Many cancers tend to be caused by long-term exposure to cancer-causing agents, such as environmental toxins, rather than by a single incident. Environmental factors and lifestyle choices,   (B) , do not always predict the appearance of cancer; instead, they should be taken as indicators of a higher risk. Understanding how these things interact with genetic factors over the course of a person's life will be at the front line in future cancer research.

(A)	(B)
① By contrast	nevertheless
② By contrast	moreover
③ For example	however
④ For example	similarly

※ 밑줄 친 부분에 들어갈 말로 가장 적절한 것을 고르시오. [문 19. ~ 문 20.]

문 19.

People are rewarded not only for being correct but also for _____. The reward might be material, like improved prospects, or it might be non-material, like better relationships. In fact, people who reject the views of the majority might well find themselves less likely to be promoted and more likely to be disliked. They are considered as nonconformists — people who introduce disharmony. What organizations, groups, and governments prize is the opposite. More often than not, it is more important to be "on the team" than to be right. As one expert put it, "Sometimes, cultural groups adopt very high levels of norm enforcement that breeds conformity at the expense of individual variations, innovations, and 'errors' that cultures require to advance."

① being humble about it

② doing what other people do

③ surpassing cultural expectations

④ challenging the views of the majority

문 20.

Our _____ are often used as a source of reference when we make our judgments. For example, the background music we like, the attitude of the serving staff or the company we keep at the dinner table can influence our perceptions and evaluations of the food we're having. Studies show people rate their general long-term life satisfaction more positively when they are interviewed on a sunny day as opposed to a rainy one. A doctor might decide to send a patient home rather than order a set of tests, in part because it is late in the afternoon and she is a bit tired. And after experiencing a wonderful weekend with his family, a corporate executive may be more inclined to go forward with a risky project.

① moods

② memories

③ communities

④ stereotypes

문 11. 두 사람의 대화 중 자연스럽지 않은 것은?

① A: I'm sorry, but pets are off-limits here.
　 B: Okay. Is there somewhere I can leave my pet for a while?
② A: Your son seems to take after you.
　 B: Yes, he looks a lot more like me than my husband.
③ A: Your hard work is never going to pay off.
　 B: I hope you're right. I'm giving it my all.
④ A: I won't be available for tomorrow's meeting.
　 B: Alright. Thanks for the heads up.

문 12. 다음 글의 제목으로 가장 적절한 것은?

The gut-brain connection is no joke; it can link anxiety to stomach problems and vice versa. Have you ever had a "gut-wrenching" experience? Do certain situations make you "feel nauseous?" Have you ever felt "butterflies" in your stomach? We use these expressions for a reason. The digestive system is sensitive to emotion. Anger, anxiety, sadness, joy — all of these feelings can trigger symptoms in the gut. The brain has a direct effect on the stomach and intestines. For example, the very thought of eating can release the stomach's juices before food gets there. This connection goes both ways. A troubled intestine can send signals to the brain, just as a troubled brain can send signals to the gut. Therefore, a person's stomach or intestinal distress can be the cause or the product of anxiety, stress, or depression.

① The Intertwined Relationship of Brain and Gut
② Emotional Eating: Its Causes and How to Stop It
③ Brain Power and Gut Health as Keys to Healthy Living
④ What Are the Gut Signals That Indicate Health Warnings?

문 13. 다음 글의 주제로 가장 적절한 것은?

When presented with information, our brains are naturally drawn to visual cues such as colors, shapes, and patterns, which are processed by the visual cortex. This part of the brain is particularly adept at recognizing and remembering images, making visual information more effective at retaining memory than verbal information. In addition, visual information is processed faster and more efficiently than verbal information, making it more likely to be stored in long-term memory. Therefore, incorporating visual aids such as charts, graphs, and illustrations into learning and communication can significantly improve memory retention. Whether in the classroom or in the workplace, the use of visual aids can improve the effectiveness of presentations, training, and knowledge transfer by making information more memorable.

① types of visual cues that last long in memory
② precautions to take when incorporating visual aids
③ superiority of visual information in memory retention
④ necessity of providing verbal information in visual aids

문 14. 다음 글의 요지로 가장 적절한 것은?

Art has always been an integral part of human civilization, reflecting a society's culture, beliefs, and values. It has evolved and taken many forms throughout history, from ancient cave paintings to the latest digital art. But despite changes in style and medium, the essence of art remains constant. Great works of art have the ability to capture the essence of the human experience, which transcends time and cultural boundaries. Even as society changes, the basic human experience remains the same, and art has the power to capture and express that experience. As art persists as a representation of the fundamental aspects of human experience, it maintains its relevance across generations.

① Art is a timeless expression of our experience.
② Art faces limits in capturing the human experience.
③ Art has evolved and diversified throughout the ages.
④ Art should be experienced solely for its inherent beauty.

문 15. 다음 글의 내용과 일치하지 않는 것은?

Native to the rainforests of Indonesia, the Corpse Flower holds the title of the world's largest unbranched flower. When it blooms, it can reach an impressive height of over 3 m. It's named the Corpse Flower because of the filthy smelling odor, similar to rotten meat, when in full bloom. Whereas most flowers use their colors and sweet scents to attract bees, the Corpse Flower uses its smell to attract other insects like beetles and flies for its pollination. The Corpse Flower's bloom is a rare spectacle, occurring only once every few years and lasting for just a few days. This is because it only blooms when it has sufficient energy to do so.

① 시체꽃은 가지 없는 꽃 중에 크기가 가장 크다.
② 시체꽃은 만개할 때 나는 냄새 때문에 그 이름을 얻었다.
③ 시체꽃은 특유의 색으로 벌을 끌어들여 수분을 돕게 한다.
④ 시체꽃의 꽃은 피는 데 몇 년이 걸리지만 며칠 이내에 진다.

15 다음 글의 내용과 일치하지 않는 것은?

불일치

Manta rays are the largest rays in the world. "Manta" means blanket in Spanish, describing the look of the animals' large, flat, diamond-shaped bodies. For decades, scientists had thought there was just one species of manta ray, but in 2008, they discovered there are actually two distinct species. Despite their large size, manta rays are remarkably gentle and pose no threat to humans. They are curious and sociable creatures and are not ones to shy away from human divers. They have the largest brains of any fish, and are extremely smart. Studies have shown that they can recognize themselves in the mirror, an ability indicative of high cognitive function.

① 두 종의 만타가오리가 존재한다는 것이 2008년에 밝혀졌다.
② 만타가오리는 온순하며 인간에게 위협을 가하지 않는다.
③ 만타가오리는 예민한 성향이 있어 인간 잠수부를 기피한다.
④ 만타가오리는 거울에 비친 자기 모습을 인지할 수 있다.

해설 5번째 문장에서 만타가오리는 사교적인 동물이기 때문에 인간 잠수부를 기피하지 않는다고 언급되므로, 글의 내용과 일치하지 않는 것은 ③ '만타가오리는 예민한 성향이 있어 인간 잠수부를 기피한다.'이다.
① 두 종의 만타가오리가 존재한다는 것이 2008년에 밝혀졌다. → 3번째 문장에서 언급된 내용이다.
② 만타가오리는 온순하며 인간에게 위협을 가하지 않는다. → 4번째 문장에서 언급된 내용이다.
④ 만타가오리는 거울에 비친 자기 모습을 인지할 수 있다. → 마지막 문장에서 언급된 내용이다.

해석 만타가오리는 세계에서 가장 큰 가오리이다. 'Manta'는 스페인어로 담요라는 뜻으로, 이 동물의 크고 납작한 다이아몬드 모양의 몸통 모양을 묘사한다. 수십 년 동안 과학자들은 만타가오리의 종이 단 하나밖에 없다고 생각했지만, 2008년에 그들은 실제로 별개의 두 가지 종이 있다는 사실을 발견했다. 만타가오리는 큰 몸집에도 불구하고 놀라울 정도로 온순하며 인간에게 위협이 되지 않는다. 그것들은 호기심이 많고 사교적인 동물이며 인간 잠수부를 피하지 않는다. 만타가오리는 어류 중 가장 큰 두뇌를 가지고 있으며 매우 영리하다. 연구에 따르면 그것들은 거울에 비친 자기 모습을 알아볼 수 있는데, 이는 높은 인지 기능을 나타내는 능력이다.

어휘 ray 가오리 species 종 distinct 별개의 remarkably 놀라울 정도로 indicative ~을 나타내는 cognitive 인지의

정답 ③

16 다음 글의 흐름상 어색한 문장은?

일관성

Machines are not intelligent enough to determine the meaning of our actions. ① If we execute an action that is improper but fits the right format for a command, the machine does it, even if it is outrageously dangerous. ② This has led to tragic accidents, especially in health care, where mishandling of infusion pumps and X-ray machines allowed extreme overdoses of medication or radiation to be administered to patients. ③ In financial institutions, simple keyboard errors have led to huge financial transactions, far beyond normal limits. ④ The increasing prevalence of digital financial transactions is evident in the growing number of users who engage in money transfers. Even simple checks for reasonableness would have stopped all of these errors.

해설 기계는 사람이 실수했을 때에도 본래 의도를 파악하지 못하고 잘못된 명령을 그대로 실행하여 끔찍한 사고를 일으킨다는 내용의 글이다. 따라서 글의 흐름상 어색한 문장은 디지털 금융 거래가 점점 더 만연해지고 있다는 내용의 ④이다.

해석 기계는 우리가 하는 행동의 의미를 판단할 만큼 충분히 지능적이지는 않다. 우리가 부적절하되 명령의 형식에 맞는 행동을 실행하면, 그것이 터무니없이 위험할지라도 기계는 이를 실행한다. 이는 특히 의료 분야에서 약물 주입 펌프 및 엑스레이 기계에 대한 취급 부주의가 환자에게 약물이나 방사선이 과다 투여되도록 한 비극적인 사고로 이어졌다. 금융 기관에서는 단순한 자판 오류가 정상 범위를 훨씬 넘는 거액의 금융거래로 이어졌다. (디지털 금융 거래가 점점 더 만연해진다는 점은 송금에 참여하는 사용자의 수가 늘어나고 있다는 점에서 분명하다.) 간단한 합리성 점검만 있었어도 이 모든 오류를 막았을 것이다.

어휘 intelligent 지적인 determine 판단하다 execute 실행하다 improper 부적절한 command 명령(어) outrageously 터무니없이 tragic 비극적인 mishandling 취급 부주의 infusion pump (약물) 주입 펌프 overdose 과다 복용 administer (약을) 투여하다 institution 기관 transaction 거래 prevalence 널리 퍼짐 engage 참여하다 transfer 이체 reasonableness 합리성

정답 ④

17 주어진 글 다음에 이어질 글의 순서로 가장 적절한 것은? 순서배열

When I started my career as an entrepreneur, I would often work from my couch or at the kitchen table. In the evenings, I found it very difficult to stop working.

(A) Everything happened in the same place. A few years later, I finally moved to a home with a separate room for my office.

(B) Then, it was easier for me to turn off the professional side of my brain when I wanted to relax. There was a clear line between work life and home life. This taught me an important lesson: "One space, one use."

(C) There was no clear division between the end of work time and the beginning of personal time. Was the kitchen table my office or where I ate meals? Was the couch where I relaxed or where I sent emails?

① (B) - (A) - (C)
② (B) - (C) - (A)
③ (C) - (A) - (B)
④ (C) - (B) - (A)

[해설] 주어진 글은 저자가 사업가로서 커리어를 처음 시작했을 때 소파나 식탁에서 일하였으며, 저녁에도 일을 계속했다는 내용이다. 따라서 업무 시간과 개인 시간의 구분이 없었다고 말하며 주어진 글을 부연하는 (C)가 뒤에 와야 한다. 그다음으로, (A)에서 모든 것이 같은 장소에서 이루어졌다는 내용이 나오는데, 이는 (C)와 동일한 맥락이므로 (A)가 (C) 뒤에 이어지는 것이 자연스럽다. 마지막으로, 저자가 사무 공간이 분리될 수 있는 집으로 이사했다는 내용 뒤에는, 이로 인한 변화를 설명한 후 자신이 얻은 교훈을 언급하는 (B)로 글이 마무리되어야 한다. 따라서 글의 순서로 가장 적절한 것은 ③ '(C) - (A) - (B)'이다.

[해석] 나는 사업가로서 커리어를 시작했을 때 종종 소파나 식탁에서 일하곤 했다. 저녁에는 일을 멈추기가 매우 어렵다는 것을 느꼈다. (C) 업무 시간의 끝과 개인 시간의 시작 사이에 명확한 경계선이 없었다. 식탁은 내 사무 공간이었을까, 식사하는 곳이었을까? 소파는 내가 휴식을 취하는 곳이었을까, 이메일을 보내는 곳이었을까? (A) 모든 것이 같은 장소에서 이루어졌다. 몇 년 후 나는 마침내 사무 공간을 위한 방이 따로 있는 집으로 이사했다. (B) 그러자 내가 쉬고 싶을 때 내 뇌의 직업적인 면을 끄기가 더 쉬워졌다. 직장 생활과 가정생활의 사이 명확한 선이 있었다. 이는 내게 '하나의 공간, 하나의 용도'라는 중요한 교훈을 가르쳐 주었다.

[어휘] entrepreneur 사업가 separate 분리된 turn off 끄다 division 구분, 경계선

정답 ③

18 주어진 문장이 들어갈 위치로 가장 적절한 것은? 문장삽입

In contrast, uncertainty involves high levels of anxiety related to potential negative outcomes, combined with a sense of unease and the belief that one might struggle to cope with whatever happens.

Uncertainty arises when we are unsure about what lies ahead. (①) It is often associated with the negative unknown — undesirable outcomes stemming from potential unknown factors. (②) Positive unknowns, on the other hand, are typically associated with excitement rather than uncertainty. (③) For instance, looking forward to an enjoyable trip, wondering about a party invitation, or anticipating a new season of a favorite show generally evokes excitement, not discomfort. (④) Understandably, some people fear and find it intolerable because it often feels overwhelming, impacting our thoughts, emotions, and actions when we confront it.

[해설] ④ 앞은 긍정적인 미지의 것이 설렘과 연관된다는 내용인데, ④ 뒤는 우리가 두려워하고 압도되는 상황에 관한 내용이다. 즉, ④ 앞뒤로 흐름이 어색하게 끊긴다. 이때 주어진 문장을 보면 불확실성과 잠재적인 부정적 결과, 즉 부정적인 미지의 것과 관련된 불안감 간의 상관관계에 관한 내용으로, 역접의 In contrast가 있어 ④ 앞과 자연스러운 대비의 맥락을 형성한다. 따라서 주어진 문장이 들어갈 위치로 가장 적절한 것은 ④이다.

[해석] 불확실성은 우리가 앞에 뭐가 있는지 확신할 수 없을 때 발생한다. 불확실성은 종종 부정적인 미지의 것, 즉 잠재적인 미지의 요인들로부터 비롯되는 바람직하지 않은 결과와 연관된다. 긍정적인 미지의 것은 반면에 보통 불확실성보다는 설렘과 연관된다. 예를 들어, 즐거운 여행을 기대하는 것, 파티 초대에 관해 궁금해하는 것, 또는 좋아하는 쇼의 새로운 시즌을 기대하는 것은 일반적으로 불편함이 아닌 설렘을 불러일으킨다. 대조적으로, 불확실성은 잠재적인 부정적 결과들과 관련된 높은 수준의 불안을 수반하며, 이것은 불안감, 그리고 우리가 어떤 일이 생기든 그것에 대처하는 데 고군분투할 것이라는 생각과 결합되어 있다. 당연히도, 어떤 사람들은 그것을 두려워하고 참을 수 없다고 여기는데, 그것은 흔히 압도적으로 느껴져서, 우리가 그것에 직면할 때 우리의 생각, 감정, 행동에 영향을 미치기 때문이다.

[어휘] uncertainty 불확실성 anxiety 불안, 걱정 potential 잠재적인 unease 불안, 우려 struggle 애쓰다, 고군분투하다 cope with ~에 대처하다 associated 연관된 undesirable 바람직하지 않은 stem from ~에서 비롯되다 look forward to ~을 고대하다 wonder 궁금해하다 anticipate 기대하다 evoke 불러일으키다 discomfort 불편 intolerable 참을 수 없는 overwhelming 압도적인 impact 영향을 주다 confront 직면하다

정답 ④

19 밑줄 친 부분에 들어갈 말로 가장 적절한 것은? 빈칸완성

In a penalty situation in soccer, the ball takes less than 0.3 seconds to travel from the player who kicks the ball to the goal. There is not enough time for the goalkeeper to watch the ball's course. He must take a decision before the ball is kicked. Soccer players who take penalty kicks shoot one third of the time at the middle of the goal, one third of the time at the left and one third of the time at the right. Surely goalkeepers know this, but what do they do? They dive either to the left or to the right. Rarely do they stay standing in the middle — even though roughly a third of all balls land there. Why on earth would they give up these chances? The simple answer: _____. It seems more impressive and feels less embarrassing to dive to the wrong side than to freeze on the spot and watch the ball sail past. This is the *action bias*: look active, even if it achieves nothing.

① appearance
② probability
③ patience
④ training

해설 페널티킥 상황에 놓인 골키퍼를 예로 들어, 실제로 성과가 없더라도 일단 행동하는 것처럼 보이는 것을 중요하게 생각하는 경향인 행동 편향을 설명하는 글이다. 골키퍼들은 일단 행동하는 '인상'을 보이고자 가만히 가운데 서 있는 대신 왼쪽이나 오른쪽으로 움직이는 것이므로, 빈칸에 들어갈 말로 가장 적절한 것은 ① '모양새'이다.
② 확률 → 실제 공을 잡을 확률보다도 남이 보게 될 모습, 그리고 그로 인해 형성될 인상 때문에 어느 쪽으로든 움직이게 된다는 설명으로 보아 적절하지 않다.
③ 참을성 → 결과를 따지기도 전에 우선 행동하고 보는 것은 인내하는 행위와는 거리가 멀다.
④ 훈련 → 글에서 언급되지 않았다.

해석 축구의 페널티킥 상황에서는, 공을 차는 선수부터 골문까지 공이 이동하는 데 0.3초도 채 걸리지 않는다. 골키퍼가 공의 경로를 볼 수 있는 충분한 시간이 없다. 그는 공이 차이기 전에 결정을 내려야 한다. 페널티킥을 하는 축구 선수들은 3분의 1은 골문 중앙에서, 3분의 1은 왼쪽에서, 3분의 1은 오른쪽에서 공을 찬다. 골키퍼들은 당연히 이것을 알고 있지만, 이들은 어떻게 할까? 그들은 왼쪽이나 오른쪽으로 뛰어든다. 전체 공의 약 3분의 1이 중앙에 떨어지지만 그들이 중앙에 서 있는 경우는 거의 없다. 도대체 그들은 왜 이 확률을 포기하는 것일까? 간단한 대답은 모양새이다. 그 자리에 얼어붙어서 공이 지나쳐가는 것을 보느니, 잘못된 쪽으로 뛰어드는 것이 더 인상적으로 보이고 덜 창피하게 느껴진다. 이것은 '행동 편향'으로, 이는 아무것도 얻지 못하더라도 활동적으로 보이라는 것이다.

어휘 goal 골문 roughly 대략 why on earth 도대체 왜 give up 포기하다 impressive 인상적인 embarrassing 창피한 freeze 얼어붙다, 꼼짝 못 하다 on the spot 제자리에서 sail 나아가다, 돌진하다 bias 편향 achieve 달성하다

정답 ①

20 밑줄 친 부분에 들어갈 말로 가장 적절한 것은? 빈칸완성

The basic challenge for the airline industry is to separate business travelers, who are willing to pay a great deal for a ticket, from pleasure travelers, who are on tighter budgets. If an airline sells every ticket at the same price, the company will _____ no matter what price it chooses. A business traveler may be willing to pay $1,800 to fly round trip from Chicago to San Francisco; someone flying to their distant cousin's wedding will pay no more than $250. If the airline charges the high fare, it will lose all of its pleasure travelers. If it charges the low fare, it will lose all the profits that business travelers would have been willing to pay. Thus, airlines need to distinguish business travelers from pleasure travelers and then charge each of them a different fare.

① remain competitive
② earn reputation
③ attract none
④ lose money

해설 비행기 요금을 높게 청구하면 휴가 여행객을 전부 잃게 되고, 낮게 청구하면 휴가 여행객을 확보할 수는 있으나 출장 여행객이 원래 내려고 했던 만큼의 금액을 받지 못하므로 그 수익을 포기해야 한다. 따라서 두 집단에 서로 다른 요금을 청구해야 최대 수익을 낼 수 있으며, 이는 곧 동일한 요금을 청구하면 큰 금전적 손해를 보게 된다는 뜻임을 알 수 있다. 따라서 빈칸에 들어갈 말로 가장 적절한 것은 ④ '돈을 잃는다'이다.
① 경쟁력을 유지한다 → 돈을 잃게 되면 경쟁력을 유지하기 힘들 것이므로 옳지 않다.
② 명성을 얻는다 → 명성과 관련된 내용은 언급된 바 없다.
③ 아무도 끌어들이지 못한다 → 낮은 가격을 책정할 경우에 출장 여행객과 휴가 여행객 모두 끌어들일 수 있고, 높은 가격을 책정하더라도 출장 여행객은 이를 지불할 의향이 있으므로 적절하지 않다.

해석 항공업계의 기본적인 난제는 큰 비용을 지불할 의향이 있는 출장 여행객과 예산이 더 빠듯한 휴가 여행객을 구분하는 것이다. 만일 항공사가 모든 표를 똑같은 가격에 판다면, 회사는 어떤 가격을 선택하든 돈을 잃는다. 한 출장 여행객은 시카고와 샌프란시스코 왕복 여행에 1,800달러를 지불할 의사가 있을 수도 있지만, 먼 사촌의 결혼식에 참석하려는 휴가 여행객은 250달러 넘게 지불하지 않으려 할 것이다. 항공사가 높은 요금(1,800달러)을 청구하면 회사는 모든 휴가 여행객을 잃게 될 것이다. 만약 낮은 요금(250달러)을 청구하면 출장 여행객들이 기꺼이 지불하려 했을 모든 수익을 잃게 될 것이다. 그러므로, 항공사는 출장 여행객과 휴가 여행객을 구분하고 나서 그들 각각에 다른 요금을 청구해야 한다.

어휘 separate 구분하다 business traveler 출장 여행객 pleasure traveler 휴가
[자유] 여행객 tight 빠듯한 budget 예산 round trip 왕복 여행 charge 청구하다, 부담시키다 fare 요금, 운임 profit 수익, 이윤 distinguish 구별[분별]하다 reputation 명성

정답 ④

01	02	03	04	05
③	①	④	②	①
06	**07**	**08**	**09**	**10**
④	①	④	①	②
11	**12**	**13**	**14**	**15**
②	③	③	④	③
16	**17**	**18**	**19**	**20**
③	④	①	④	③

01 밑줄 친 부분의 의미와 가장 가까운 것은? [어휘]

Uncontrolled mining activities can <u>deplete</u> mineral reserves, leading to long-term economic consequences.

① spoil
② detach
③ drain
④ extract

해설 deplete는 '고갈시키다'라는 뜻으로, 이와 의미가 가장 가까운 것은 ③ 'drain(고갈시키다)'이다.
① 망치다 ② 떼어 내다 ④ 추출하다
해석 통제되지 않은 채광 활동은 광물 매장량을 <u>고갈시켜</u> 장기적인 경제적 결과를 초래할 수 있다.
어휘 mining 채광 mineral 광물 reserve 비축물

정답 ③

02 밑줄 친 부분의 의미와 가장 가까운 것은? [어휘]

The flooding in low-lying areas required <u>immediate</u> action from authorities.

① instant
② preventive
③ suitable
④ comprehensive

해설 immediate는 '즉각적인'이라는 뜻으로, 이와 의미가 가장 가까운 것은 ① 'instant (즉각적인)'이다.
② 예방의 ③ 적절한 ④ 포괄적인
해석 저지대 지역의 침수는 당국의 <u>즉각적인</u> 조치를 필요로 했다.
어휘 flooding 침수, 홍수 low-lying 낮은, 저지의 authority 당국

정답 ①

03 밑줄 친 부분의 의미와 가장 가까운 것은? [이디엄]

The statements made by the spokesperson are <u>at odds with</u> the company's official stance.

① in doubt of
② in touch with
③ in line with
④ in conflict with

해설 at odds with는 '~와 상충하는'이라는 뜻으로, 이와 의미가 가장 가까운 것은 ④ 'in conflict with(~와 상충하는)'이다.
① ~을 의심하는 ② ~을 접하는 ③ ~와 비슷한
해석 그 대변인의 발언은 회사의 공식 입장과 <u>상충한다</u>.
어휘 statement 발언, 성명 spokesperson 대변인

정답 ④

04 밑줄 친 부분에 들어갈 말로 가장 적절한 것은? [이어동사]

Tourists commonly _____ navigation apps when they first visit a place.

① lead to
② rely on
③ add up to
④ get on with

해설 초행길에 오른 관광객들에게는 내비게이션 앱이 필요하며 실제로 그들이 그것을 많이 사용할 것을 유추할 수 있으므로, 빈칸에 들어갈 말로 가장 적절한 것은 ② 'rely on(의존하다)'이다.
① 초래하다 ③ 결국 ~이 되다 ④ 계속하다
해석 관광객들은 보통 처음 어떤 곳을 방문할 때 내비게이션 앱에 <u>의존한다</u>.

정답 ②

05 어법상 옳지 않은 것은? [문법]

① An animal previously thought to be extinct found alive.
② The waiter said to the customers that he could take their order.
③ Walking home from school, Emily noticed flowers blooming on the street.
④ Hardly had I arrived at the airport when I realized I had forgotten my passport.

해설 (found → was found) 문맥상 문장의 본동사는 found인데, 주어인 An animal이 살아 있는 것으로 '발견한' 것이 아니라 '발견된' 것이므로 수동태인 was found로 쓰여야 한다. 참고로 동물이 멸종되었다고 '간주된' 것이므로 'A를 B로 간주하다'라는 뜻의 'think A to be B' 구문이 수동의 과거분사구로 쓰여 An animal을 수식하고 있는 것은 적절하며, 5형식 동사 find가 수동태로 쓰여 서술적 용법의 형용사 alive를 보어로 취한 것도 적절하다.

② say는 4형식으로 쓸 수 없는 3형식 동사이므로 간접목적어 앞에 전치사 to를 쓴 것은 적절하며, 접속사 that이 명사절을 이끌어 직접목적어 역할을 하고 있는 것도 적절하다.
③ 분사구문의 의미상 주어인 Emily가 '걷는' 것이므로 능동의 현재분사 Walking은 적절하게 쓰였으며, 지각동사 notice는 목적어와 목적격 보어의 관계가 능동이면 RV나 RVing를, 수동이면 p.p.를 목적격 보어로 취하는데, 여기서는 flowers가 '피는' 것이므로 목적격 보어에 blooming이 온 것은 적절하다.
④ '~하자마자 ~했다'라는 뜻의 'Hardly + had + S + p.p. ~ when + S + 과거동사' 구문이 적절하게 쓰였다. 완전자동사 arrive는 목적어를 취할 때 전치사를 함께 사용해야 하므로 뒤에 at이 온 것도 적절하며, 여권을 잊은 시점이 그 사실을 깨달은 시점보다 더 이전이므로 과거완료시제 had forgotten의 쓰임도 적절하다.
해석 ① 이전에 멸종된 것으로 여겨졌던 동물이 살아 있는 채로 발견되었다.
② 웨이터가 손님들에게 주문을 받아도 되겠냐고 말했다.
③ Emily는 학교에서 집으로 걸어가면서 거리에 꽃이 핀 것을 알아챘다.
④ 나는 공항에 도착하자마자 여권을 (가져온다는 것을) 잊어버렸다는 것을 깨달았다.
어휘 previously 이전에 extinct 멸종된 bloom (꽃이) 피다

정답 ①

---

06 어법상 옳지 않은 것은? 문법

① She looks forward to meeting her favorite idol.
② He has been traveling around Europe for the past six months.
③ We chatted with each other while awaiting the lecture to begin.
④ The house, that was built in the 18th century, has a lot of history.

해설 (that → which) 관계대명사 that은 콤마 다음에 계속적 용법으로 쓸 수 없으므로, 콤마 뒤에서도 사용할 수 있으면서 똑같이 불완전한 절을 이끄는 which가 와야 한다. 참고로 단수 명사인 주어 The house가 '지어진' 것이므로 관계사절 내 동사 was built의 수와 태는 적절하며, 본동사 has의 수 또한 적절하게 쓰였다.
① 'look forward to RVing'는 '~을 고대하다'라는 뜻의 동명사 관용 표현이다. 이때 to는 전치사이므로 뒤에 동명사 meeting이 온 것은 적절하다.
② for the past six months라는 기간을 나타내는 부사구와 현재완료진행시제인 has been traveling이 함께 쓰인 것은 적절하다.
③ while 이하의 분사구문에서 의미상 주어인 We가 강의를 '기다린' 것이므로 능동의 현재분사 awaiting의 쓰임은 적절하며, await는 전치사 없이 목적어를 바로 취하는 완전타동사로 적절하게 쓰였다. 참고로 to begin은 the lecture를 수식하는 to 부정사의 형용사적 용법으로 사용되었다.
해석 ① 그녀는 자신이 가장 좋아하는 아이돌을 만나기를 고대한다.
② 그는 지난 6개월 동안 유럽을 여행해 왔다.
③ 우리는 강의가 시작되기를 기다리는 동안 서로 이야기를 나누었다.
④ 18세기에 지어진 그 집은 많은 역사가 있다.
어휘 chat with ~와 이야기를 나누다

정답 ④

---

07 우리말을 영어로 잘못 옮긴 것은? 문법

① 뉴욕에서 볼 수 있는 문화적 풍요를 제공하는 도시는 거의 없다.
→ A few cities offer the cultural richness found in New York.
② 나는 줄거리보다는 등장인물 때문에 소설을 즐긴다.
→ I enjoy novels not so much for the plots as for the characters.
③ 그가 그 조언을 들었다면 지금 실망하지 않았을 것이다.
→ If he had listened to the advice, he wouldn't be disappointed now.
④ 환자의 건강 상태에 따라 약의 용량을 조정해야 한다.
→ A dose of medicine has to be adjusted based on a patient's health status.

해설 (A few → Few) a few는 '조금 있는'이란 뜻으로 긍정의 의미를 갖는 반면, few는 '거의 없는'이란 뜻으로 부정의 의미를 갖는다. 따라서 주어진 우리말에 맞게 Few가 쓰여야 한다. 참고로 few 뒤에는 복수 명사가 와야 하므로 cities와 그에 수일치한 offer가 쓰인 것은 적절하다. 또한 분사구 found in New York가 the cultural richness를 수식하고 있는데, 문화적 풍요가 뉴욕에서 '발견되는' 것이므로 수동의 과거분사 found의 쓰임도 적절하다.
② 'not so much A as B'는 'A라기보다는 B인'이라는 뜻을 지닌 표현이므로, 주어진 우리말에 따라 A와 B의 위치가 적절하게 놓여 있다.
③ if절과 주절의 시제가 다른 혼합가정법 구문이다. if절에는 과거의 사실과 반대되는 가정이, 주절에는 현재의 사실과 반대되는 가정이 나오므로, if절에 가정법 과거완료를 쓰고, 주절에 가정법 과거를 쓴 것은 적절하다. 또한 he가 '실망시킨' 것이 아니라 '실망한' 것이므로 수동태 be disappointed의 쓰임도 적절하다.
④ 단수 명사인 주어 A dose of medicine이 '조정되는' 것이므로 has to be adjusted의 수와 태는 적절하게 썼다. 또한 based on은 '~에 기반하여'라는 뜻의 분사형 전치사로 주어진 우리말에 맞게 적절히 썼다.
어휘 richness 풍부함, 풍요 disappoint 실망시키다 dose 복용량 adjust 조정하다

정답 ①

08 우리말을 영어로 잘못 옮긴 것은? 〔문법〕

① 그 대회에서 우승한 학생은 장학금을 받았다.
→ The student who won the contest was granted a scholarship.
② 그들은 그들이 머무는 동안은 소음 수준을 낮춰 달라고 요청했다.
→ They asked that the noise level be reduced during their stay.
③ 그녀는 부지런히 공연을 준비했으나 결국엔 취소했다.
→ She diligently prepared for the show only to have it canceled.
④ 그 우체부에게 잘못된 주소로 배달된 소포에 대한 책임이 있었다.
→ The postman was at fault for the package delivering to the wrong address.

〔해설〕 (delivering → delivered) delivering 이하는 명사 the package를 수식하는 분사구로 쓰이고 있다. 그런데 소포가 '배달한' 것이 아니라 '배달된' 것이므로 수동의 과거분사 delivered가 되어야 한다.
① 사람 명사인 The student를 선행사로 받는 주격 관계대명사 who가 주어 없는 불완전한 절을 이끌고 있는 것은 적절하다. 또한 학생이 장학금을 '받은' 것이므로 수동태 was granted의 쓰임도 적절하다.
② ask와 같은 주장·요구·명령·제안·충고·결정의 동사가 당위의 의미를 지니는 that절을 목적어로 취할 때, that절 내의 동사는 '(should) + RV'로 표현하며 소음 수준이 '줄여지는' 것이므로 be reduced는 적절하게 쓰였다. 또한 전치사 during 뒤에 명사구 their stay가 온 것도 적절하다.
③ 'only to RV'는 '결국 ~하다'라는 뜻의 to 부정사의 부사적 용법으로 주어진 우리말에 맞게 적절히 쓰였다. 한편 사역동사 have는 목적어와 목적격 보어의 관계가 능동이면 RV를, 수동이면 p.p.를 목적격 보어로 취한다. 여기서는 it이 가리키는 것이 the show이고, 공연이 '취소된' 것이므로 canceled의 쓰임은 적절하다.
〔어휘〕 grant 주다 scholarship 장학금 diligently 부지런히 postman 우체부 at fault for ~에 대한 책임이 있는

〔정답〕 ④

09 두 사람의 대화 중 가장 어색한 것은? 〔생활영어〕

① A: Anna was all ears when I read a book for her.
B: Why did she have problems listening?
② A: It's been snowing an awful lot this winter.
B: Tell me about it. I'm tired of shoveling every day.
③ A: I can't help thinking about the mistake I made.
B: Don't let it bother you. It's not that big of a deal.
④ A: It's unfortunate you can't see Ms. Russo today.
B: I wish I could be there. Please send her my regards.

〔해설〕 Anna가 열심히 귀를 기울였다는 A의 말에 대한 응답으로 그녀가 왜 잘 듣지 못했냐고 묻는 B의 말은 모순된다. 따라서 대화 중 가장 어색한 것은 ①이다.
〔해석〕 ① A: 내가 책을 읽어 줬을 때 Anna가 열심히 귀를 기울였어.
B: 그녀는 왜 듣는 데 문제가 있었어?
② A: 이번 겨울에는 눈이 너무 많이 왔어.
B: 내 말이. 매일 삽질하는 게 지겨워.
③ A: 내가 저지른 실수에 대해 생각을 안 할 수가 없어.
B: 그것에 대해 신경 쓰지 마. 그렇게 큰일도 아니잖아.
④ A: 오늘 네가 Russo 씨를 못 뵙는 게 유감스럽네.
B: 나도 갈 수 있으면 좋을 텐데. 그녀에게 내 안부를 전해 줘.
〔어휘〕 be all ears 열심히 귀를 기울이다 awful 지독한, 엄청난 shovel 삽질하다 bother 신경 쓰이게 하다 unfortunate 유감스러운 regards 안부

〔정답〕 ①

10 밑줄 친 부분에 들어갈 말로 가장 적절한 것은? 〔생활영어〕

A: Hey, could you do me a favor and tell our boss I'm going to be 10 minutes late to work?
B: No problem, but you probably need to contact him personally. You know he prefers it that way.
A: _____
B: Oh, okay. Then I'll tell him for you instead.

① Ah, you're right. I'll call him right now.
② I tried to, but he's not picking up his phone.
③ I will this time, but you shouldn't be late again.
④ But I already notified him that I'm going to be late.

〔해설〕 지각할 것이라는 사실을 직접 상사에게 알리는 게 나을 것이라는 B의 말에 A는 빈칸 내용으로 답하였다. 이에 B가 알겠다며 상사에게 대신 말을 전해 주겠다고 한 것을 보아, A는 빈칸에서 상사에게 직접 연락할 수 없는 이유를 언급했음을 알 수 있다. 따라서 빈칸에 들어갈 말로 가장 적절한 것은 ② '제가 시도해 봤는데 전화를 안 받으셔서요'이다.
① 아, 맞네요. 지금 바로 전화할게요.
③ 이번에는 제가 하겠지만 또 지각하시면 안 돼요.
④ 그런데 이미 제가 지각할 거라고 그에게 알렸어요.
〔해석〕 A: 저, 부탁이 있는데 사장님께 제가 10분 늦을 거라고 전해 주실 수 있나요?
B: 물론이죠, 그런데 사장님께 직접 연락하셔야 할 것 같아요. 사장님이 그 방식을 선호하시니까요.
A: 제가 시도해 봤는데 전화를 안 받으셔서요.
B: 아, 알겠어요. 그러면 제가 대신 말씀드릴게요.
〔어휘〕 do sb a favor ~의 부탁을 들어주다 pick up 전화를 받다 notify 알리다

〔정답〕 ②

11 주어진 글 다음에 이어질 글의 순서로 가장 적절한 것은? `순서배열`

Here is how death in space would be handled today: If it happened on the Moon, the crew could return home with the body in just a few days.

(A) Instead, the body would likely return to Earth along with the crew at the end of the mission, which could take years. In this case, preserving the body well could be difficult, so the crew would have to take special care of it.

(B) Because of that quick return, it's likely that preserving the body would not be a major issue. The priority would be making sure the remaining crew returns safely to Earth.

(C) Things would be different if an astronaut died during the 300 million-mile trip to Mars. In that scenario, the crew wouldn't be able to just turn around and go back to Earth.

① (B) - (A) - (C)
② (B) - (C) - (A)
③ (C) - (A) - (B)
④ (C) - (B) - (A)

해설 주어진 글을 보면 우주에서의 죽음이 다뤄지는 방식이 서술될 것임을 알 수 있다. 주어진 글에서는 달에서 사망이 발생하면 승무원들은 시신과 함께 빠르게 지구로 돌아올 수 있다고 하였는데, 이를 that quick return으로 받아 그러한 경우에 시신을 보존하는 일은 큰 문제가 되지 않을 것이라고 말하는 (B)가 뒤에 이어져야 한다. 그다음으로, 화성같이 먼 곳으로 비행하는 동안에 사망이 발생할 경우에는 상황이 다를 것이라는 내용의 (C)가 이어져 (B)와 대비되는 상황이 서술되는 것이 자연스럽다. 마지막으로, 승무원들이 비행 도중에 지구로 귀환할 수는 없을 것이라는 (B)의 내용을 Instead로 연결하여, 임무가 끝난 뒤에야 시신이 지구로 돌아올 수 있을 것이라고 하는 (A)가 와야 한다. 따라서 글의 순서로 가장 적절한 것은 ② '(B) - (C) - (A)'이다.

해석 오늘날 우주에서의 죽음이 어떻게 다뤄지는지는 다음과 같다. 만약 그것이 달에서 일어난다면, 승무원들은 단 며칠 내에 시신을 가지고 집으로 돌아올 수 있다. (B) 그 빠른 귀환으로 인해, 시신을 보존하는 것은 큰 문제가 되지 않을 가능성이 크다. 남은 승무원들이 안전하게 지구로 귀환하는 것을 확실히 하는 것이 우선순위가 될 것이다. (C) 3억 마일에 달하는 화성으로의 비행 동안 우주 비행사가 사망한다면 상황은 다를 것이다. 그 시나리오에서는 승무원들이 그냥 방향을 바꿔 지구로 돌아갈 수는 없을 것이다. (A) 대신, 그 시신은 수년이 걸릴 수도 있는 임무가 끝난 뒤에 승무원들과 함께 지구로 귀환할 가능성이 크다. 이 경우에는 시신을 잘 보존하기가 어려울 수 있으므로, 승무원들은 시신에 대해 각별한 신경을 써야 할 것이다.

어휘 handle 다루다 body 시체 crew 승무원 preserve 보존하다 priority 우선순위 remaining 남은 astronaut 우주 비행사

정답 ②

12 주어진 문장이 들어갈 위치로 가장 적절한 곳은? `문장삽입`

No effects on birds seem to have been noticed when those were used.

Reports from around the world invariably repeat the theme of death to wildlife in the wake of pesticides. Such are the stories of hundreds of small birds dying in France after vine stumps were treated with an arsenic-containing pesticide. (①) There was also a major problem for birds in England linked with the growing practice of treating seed with pesticides. (②) Seed treatment is not an entirely new thing, but in earlier years the chemicals principally used were fungicides. (③) However, in 1956, there was a change to the treatment; in addition to fungicides, pesticides were added to combat soil insects. (④) From then on, the situation took a darker turn for birds.

*fungicide: 살진균제, 곰팡이 방지약

해설 주어진 문장은 그것이 사용되었을 때는 새들에게 아무 영향이 없었던 것처럼 보인다는 내용으로, 글의 전체적인 맥락을 보면 those가 가리키는 대상은 살충제가 아닌 다른 약품일 것으로 추측할 수 있다. ③ 앞에서 종자에 약을 뿌리는 것이 새로운 것은 아니나 예전에는 주로 살진균제를 사용했었다는 내용이 언급되므로, 맥락상 주어진 문장의 those는 살진균제를 가리키는 것을 알 수 있다. 따라서 주어진 문장이 들어갈 위치로 가장 적절한 곳은 ③이다.

해석 전 세계 각지의 보고서는 언제나 살충제로 인한 야생 동물의 죽음이라는 주제를 반복해서 말한다. 프랑스에서 포도나무 그루터기를 비소가 함유된 살충제로 처리한 후 수백 마리의 작은 새들이 죽었다는 이야기가 그런 예이다. 영국에서도 종자를 살충제로 처리하는 관행이 늘어나는 것과 관련해 새들에게 큰 문제가 있었다. 종자의 (약품) 처리가 완전히 새로운 것은 아니지만, 예전에 사용했던 화학약품은 주로 살진균제였다. 이것을 사용했을 때는 새들에게 아무 영향이 없었던 것으로 보인다. 그러나 1956년에 그 처리법에 변화가 생겨 살진균제 외에 토양 해충을 방지하기 위한 살충제가 추가되었다. 그때부터 상황은 새들에게 더 암울해졌다.

어휘 invariably 언제나, 항상 in the wake of ~의 여파[결과]로 pesticide 살충제 vine 포도나무 stump 그루터기 treat 처리하다 arsenic 비소 practice 관행 entirely 완전히 chemical 화학약품 principally 주로 combat 방지하다 turn 전환

정답 ③

13 다음 글의 제목으로 가장 적절한 것은? [제목]

Fiction seems by its very nature to be predictable. The killer will be caught. The couple who despise each other will in the end walk down the aisle. A lone hero will slay the dragon and save the world. But no one wants stories to be predictable. The task in writing fiction, then, is to convince the reader, if possible, that things may not come out right. Create obstacles. Destroy the protagonist's will to carry on. Create a dark moment where they — and the reader — feel hopeless. When things then turn around and somehow the protagonist works their magic and succeeds, it feels like a surprise. The readers all know that most stories end in "happily ever after," but the imperative for writers is to fool them along the way. The fun lies in guessing how they will work the trick.

① Never Create Too Many Twists in Your Stories
② Predictability: Why We All Love Happy Endings
③ Playing with Expectations: The Art of Fiction Writing
④ Tendency of Readers to Become One with the Protagonist

[해설] 독자는 뻔한 이야기를 좋아하지 않기 때문에 소설 작가는 독자의 예상을 뒤집으며 예측 가능한 흐름을 깨는 방향으로 이야기를 전개해야 한다는 내용의 글이다. 거의 모든 소설이 행복한 결말로 끝나지만, 그렇지 않을 수도 있다고 독자를 속이는 것이 중요하다는 점을 서술하고 있다. 따라서 글의 제목으로 가장 적절한 것은 ③ '기대감을 가지고 놀기: 소설 쓰기의 기술'이다.
① 절대 당신의 이야기에 너무 많은 반전을 만들지 말아라 → 오히려 이야기에 반전을 넣어야 할 필요성을 주장하는 글이며, 어느 정도가 적당한 것인지에 관해서는 언급된 바 없다.
② 예측 가능성: 우리가 모두 해피엔딩을 좋아하는 이유 → 오히려 독자는 예측 가능한 것을 선호하지 않는다는 글의 내용과 반대된다.
④ 독자가 주인공과 하나가 되는 경향 → 글에서 언급되나, 그러한 경향이 이 글의 주제는 아니다.

[해석] 소설은 본질적으로 예측 가능한 것처럼 보인다. 살인범은 잡힐 것이다. 서로를 경멸하는 연인은 결국 결혼식을 올릴 것이다. 고독한 영웅은 용을 죽이고 세상을 구할 것이다. 하지만 아무도 이야기가 예측 가능하기를 원하지 않는다. 따라서 소설을 쓸 때의 과제는 가능하면 독자에게 일이 제대로 되지 않을 수도 있다고 설득하는 것이다. 장애물을 만들어라. 주인공의 계속하려는 의지를 무너뜨려라. 주인공, 그리고 독자가 절망감을 느끼는 암울한 순간을 만들어라. 그런 다음 상황이 반전되고 주인공이 어떻게든 솜씨를 부려 성공하게 되면, 그것은 뜻밖의 일처럼 느껴진다. 독자들은 모두 대부분의 이야기가 '그 이후 영원히 행복하게 살았답니다'로 끝난다는 것을 알고 있지만, 작가의 의무는 그 과정에서 독자들을 속이는 일이다. 그들이 어떻게 속임수를 쓸지 추측하는 데 재미가 있는 것이다.

[어휘] fiction 소설 predictable 예측 가능한 despise 경멸하다 walk down the aisle 결혼식을 올리다 lone 고독한 slay 죽이다 convince 설득하다 obstacle 장애물 protagonist 주인공 will 의지 carry on 계속하다 work one's magic 솜씨를 부리다, 능력을 발휘하다 imperative 의무, 원칙 fool 속이다 guess 추측하다 trick 속임수 twist 반전, 예상 밖의 전개 tendency 경향

[정답] ③

14 글의 흐름상 가장 어색한 문장은? [일관성]

Some neurons in your brain accept inputs from many neighbors, some from fewer. Those that receive messages from a small number of neighbors tend to be rather specialized. ① For example, some of your visual-system neurons fire only when you see a particular feature, such as a line or an edge. ② Some are yet pickier — they will respond only to a specific combination of features, such as a line at a particular angle. ③ They enable you to distinguish one object from another; without them, you couldn't tell a baseball from a tennis ball. ④ When neurons related to movement are impaired, your muscles can become stiff. On the other hand, the non-picky neurons help you see what a baseball and a tennis ball have in common: They are both balls.

[해설] 까다로운 뉴런과 그렇지 않은 뉴런에 관해 설명하는 글이다. ①~③은 까다로운 뉴런 중에서도 시각 기능에 관여하는 뉴런을 설명하는 내용이고, 글의 마지막 문장은 까다롭지 않은 뉴런을 설명하는 내용이나, 이 역시 시각 기능과 관련된 것을 알 수 있다. 따라서 글의 흐름상 가장 어색한 문장은 운동 관련 뉴런이 손상될 경우에 발생하는 문제점을 설명하는 ④이다.

[해석] 당신의 뇌에 있는 일부 뉴런은 많은 이웃 뉴런으로부터 입력 정보를 받고, 일부는 더 적은 뉴런으로부터 받는다. 소수의 이웃 뉴런으로부터 메시지를 받는 뉴런은 다소 특화된 경향이 있다. 예를 들어, 일부 시각 체계 뉴런은 선이나 가장자리처럼 특정한 형상을 볼 때만 발화(전기 신호를 생성 및 전달)한다. 일부는 더 까다로워서, 특정 각도에 있는 선과 같은 특정 형상의 조합에만 반응한다. 그것들은 당신이 한 물체를 다른 물체와 구별할 수 있게 해주는데, 그것들이 없으면 당신은 야구공과 테니스공을 구별할 수 없을 것이다. (운동과 관련된 뉴런이 손상되면 근육이 경직될 수 있다.) 반면에, 까다롭지 않은 뉴런들은 야구공과 테니스공이 어떤 공통점이 있는지, 즉 둘 다 공이라는 점을 알 수 있게 도와준다.

[어휘] input 입력 정보 specialized 특화된 particular 특정한 feature 특징, 모양 edge 가장자리 picky 까다로운 specific 특정한 distinguish[tell] A from B A와 B를 구별하다 impair 손상시키다 stiff 경직된

[정답] ④

15 다음 글의 내용과 일치하지 않는 것은? [불일치]

Legendary Argentine soccer player Diego Maradona faced many problems after his retirement from his playing career. He was hospitalized several times for heart problems, and had issues with his liver and kidney. He also suffered respiratory disorders like pneumonia. An Internet poll conducted by FIFA named Maradona the top player of the 20th century, but that was marked by controversy. Maradona was upset when he found out Pelé would be jointly honored, and then refused to share the stage with the Brazilian legend. In 2008, Maradona was hired to coach the Argentine national team. Although the Argentines had a talented squad headlined by Lionel Messi, they were eliminated from the 2010 World Cup, and Maradona's contract was not renewed. Maradona's addiction to drugs and alcohol was also widely publicized. Despite his multiple attempts to recover, he continued to struggle throughout his life.

① Maradona는 선수 생활을 은퇴한 이후 호흡기 질환을 앓았다.
② Maradona는 공동 시상식에서 Pelé와 함께 무대에 동행하지 않았다.
③ 아르헨티나는 2010 월드컵에서 탈락했지만, Maradona는 감독을 연임했다.
④ Maradona는 약물 중독을 극복하기 위해 여러 차례 시도했다.

해설 마지막 3번째 문장에서 아르헨티나가 2010년 월드컵에서 탈락한 뒤 Maradona의 계약이 갱신되지 않았다고 언급되므로, 그가 국가대표 감독을 연임하지 않았음을 알수 있다. 따라서 글의 내용과 일치하지 않는 것은 ③ '아르헨티나는 2010 월드컵에서 탈락했지만, Maradona는 감독을 연임했다.'이다.
① Maradona는 선수 생활을 은퇴한 이후 호흡기 질환을 앓았다. → 1, 3번째 문장에서 언급된 내용이다.
② Maradona는 공동 시상식에서 Pelé와 함께 무대에 동행하지 않았다. → 5번째 문장에서 언급된 내용이다.
④ Maradona는 약물 중독을 극복하기 위해 여러 차례 시도했다. → 마지막 두 문장에서 언급된 내용이다.

해석 아르헨티나의 전설적인 축구 선수 Diego Maradona는 선수 생활을 은퇴한 후 많은 문제에 직면했다. 그는 심장 문제로 여러 차례 입원을 했고 간과 신장에도 문제가 있었다. 또한 폐렴과 같은 호흡기 질환도 앓았다. FIFA가 실시한 인터넷 투표에서 Maradona가 20세기 최고의 선수로 선정되었지만, 이는 논란으로 얼룩졌다. Maradona는 Pelé가 공동으로 수상한다는 사실을 알고 화가 났고, 그 브라질의 전설과 무대를 공유하기를 거부했다. 2008년, Maradona는 아르헨티나 국가 대표팀 감독으로 고용되었다. 아르헨티나는 Lionel Messi를 주역으로 한 훌륭한 선수단을 보유하고 있었지만, 2010년 월드컵에서 탈락했고 Maradona의 계약은 갱신되지 않았다. Maradona의 마약과 알코올 중독도 널리 알려졌었다. 회복하기 위한 여러 차례의 시도에도 불구하고 그는 평생 고군분투하였다.

어휘 retirement 은퇴 hospitalize 입원시키다 liver 간 kidney 신장 suffer 앓다 respiratory 호흡기의 disorder 질환 pneumonia 폐렴 poll 투표 conduct 시행하다 controversy 논란 jointly 공동으로 refuse 거부하다 hire 고용하다 squad 선수단 headline 주역을 하다 eliminate 탈락시키다 contract 계약 renew 갱신하다 addiction 중독 publicize 알리다 attempt 시도 struggle 고군분투하다

정답 ③

16 다음 글의 내용과 일치하지 않는 것은? [불일치]

Coral reefs harbor the highest biodiversity of any ecosystem globally. Most people believe that corals are plants, but they are actually animals with stomachs and a mouth, much like jellyfish. They are most commonly found at shallow depths in tropical waters, but they exist in deep water on smaller scales. Despite covering less than 0.1% of the ocean floor, reefs are home to more than a quarter of all marine species. Unfortunately, they are one of the most vulnerable species to threats of global warming. When ocean temperature rises, algae, which provide food and oxygen for coral reefs, are forced to leave the reefs. Without algae, the coral turns white, and is more prone to illness and death. The rising ocean acidity is also threatening coral reefs by making it harder to build their skeletons. Given that the Earth has experienced the death of the coral reefs before every mass extinction event, we should keep in mind that the health of the coral reefs reflects the health of our planet.

① Contrary to popular belief, coral reefs are animals, not plants.
② Coral reefs generally live in shallow waters of tropical regions.
③ Increase in algae from global warming endangers coral reefs.
④ Coral reefs have perished before all mass extinction events.

해설 6, 7번째 문장에서 조류는 산호초에 먹이와 산소를 공급하는 유익한 존재로, 조류 없이 산호초는 죽을 수도 있다고 언급된다. 지구 온난화로 인해 조류가 산호초를 떠나는 것이 위험한 것이므로, 글의 내용과 일치하지 않는 것은 ③ '지구 온난화로 인한 조류의 증가는 산호초를 위험에 빠뜨린다.'이다.
① 보편적인 생각과는 달리 산호초는 식물이 아닌 동물이다. → 2번째 문장에서 언급된 내용이다.
② 산호초는 일반적으로 열대 지역의 얕은 바다에 서식한다. → 3번째 문장에서 언급된 내용이다.
④ 산호초는 모든 대량 멸종 사건 이전에 죽었다. → 마지막 문장에서 언급된 내용이다.

해석 산호초는 전 세계 생태계 중 가장 높은 생물 다양성을 품는다. 대부분 사람은 산호가 식물이라고 생각하지만, 사실 산호는 해파리처럼 위와 입을 가진 동물이다. 산호초는 열대 해역의 얕은 수심에서 가장 흔히 발견되지만, 심해에서도 작은 규모로 존재한다. 산호초는 해저의 0.1% 미만을 덮고 있지만, 전체 해양 생물 4분의 1 이상의 서식지이다. 안타깝게도, 산호초는 지구 온난화의 위협에 가장 취약한 종 중 하나이다. 해수 온도가 상승하면, 산호초에 먹이와 산소를 공급하는 조류가 산호초를 떠날 수밖에 없게 된다. 조류가 없으면 산호초는 하얗게 변하고 질병과 죽음에 더 취약해진다. 해양 산성도의 상승 역시 산호초가 골격을 형성하는 것을 어렵게 하여 산호초를 위협하고 있다. 지구는 모든 대량 멸종 사건 이전에 산호초의 죽음을 경험했다는 점을 고려할 때, 산호초의 건강은 지구의 건강을 반영한다는 사실을 명심해야 한다.

어휘 coral reef 산호초 harbor 품다, 집이 되다 biodiversity 생물의 다양성 ecosystem 생태계 stomach 위 jellyfish 해파리 shallow 얕은 tropical 열대의 scale 규모 species 종 vulnerable 취약한 threat 위협 temperature 온도 algae 조류(물속에 사는 하등 식물의 한 무리) prone to ~하기 쉬운 illness 질병 acidity 산성도 skeleton 골격 extinction 멸종 reflect 반영하다 endanger 위험에 빠뜨리다 perish 죽다

정답 ③

17 다음 글의 요지로 가장 적절한 것은? 〔요지〕

The concept of market autonomy is a fundamental feature of free market economies. It allows businesses to operate without excessive government interference, creating an environment of competition and innovation. However, governments still have a responsibility to ensure that markets operate in a fair manner. Without regulation, markets can become dominated by monopolies or oligopolies, leading to price manipulation and decreased consumer choice. Governments also address externalities — side effects of market activities such as environmental pollution or public health risks — by imposing taxes or setting limits on harmful activities. Their intervention helps promote not only transparency and responsibility but also a higher level of efficiency within the market.

① Free market economies stimulate greater economic growth.
② Government regulation is beneficial only if all parties agree.
③ The market has the power to correct itself without intervention.
④ Government should intervene to foster a healthy market economy.

〔해설〕 시장이 공정하고 효율적으로 작동하기 위해서는 적절한 정부의 개입이 필요하다고 주장하는 글이다. 따라서 글의 요지로 가장 적절한 것은 ④ '정부는 건강한 시장 경제를 조성하기 위해 개입해야 한다.'이다.
① 자유 시장 경제는 더 큰 경제 성장을 촉진한다. → 자유 시장 경제의 한계를 지적하며 정부 개입의 필요성을 주장하는 글이므로 적절하지 않다.
② 정부의 규제는 모든 당사자가 동의할 경우에만 유익하다. → 정부 규제의 유익성에 대한 '조건'을 거론하는 글이 아닐뿐더러, 모든 당사자의 동의에 관한 언급조차 없다.
③ 시장은 개입 없이도 스스로를 바로잡을 힘이 있다. → 정부가 시장에 개입하여 시장을 바로잡아야 한다고 했으므로 반대된다.

〔해석〕 시장 자율성이라는 개념은 자유 시장 경제의 근본적인 특징이다. 이는 기업이 정부의 과도한 간섭 없이 운영할 수 있게 하여, 경쟁과 혁신의 환경을 조성한다. 그러나, 정부는 여전히 시장이 공정한 방식으로 작동하도록 보장할 책임이 있다. 규제가 없다면 시장은 독점이나 과점에 의해 지배되어 가격 조작과 소비자 선택권 감소로 이어질 수 있다. 또한 정부는 세금을 부과하거나 유해한 활동에 대한 제한을 설정함으로써 외부효과, 즉 환경오염이나 공중보건 위험과 같은 시장 활동의 부작용을 해결한다. 정부의 개입은 투명성과 책임감뿐만 아니라 시장 내 높은 수준의 효율성을 촉진하도록 돕는다.

〔어휘〕 autonomy 자율성 fundamental 근본적인 feature 특징 operate 운영하다, 작동하다 excessive 과도한 interference 간섭, 개입 competition 경쟁 innovation 혁신 responsibility 책임 ensure 보장하다 regulation 규제 dominate 지배하다 monopoly 독점 oligopoly 과점 manipulation 왜곡 consumer 소비자 address 해결하다 externality 외부효과 side effect 부작용 pollution 오염 impose 부과하다 intervention 개입 promote 촉진하다 transparency 투명성 efficiency 효율성 stimulate 자극[촉진]하다 beneficial 유익한 correct 바로잡다 foster 조성하다

〔정답〕 ④

---

18 (A)와 (B)에 들어갈 말로 가장 적절한 것은? 〔연결사〕

Research carried out on tourist preferences in viewing wildlife has shown that the majority of people surveyed were interested in seeing mammals, then birds next, with reptiles being consistently ranked lower. ___(A)___ , there is much interest in familiar mammals like primates; they display many features of appearance and behavior that are of positive appeal to tourists. People also like to see dangerous animals such as predators and aggressive herbivores. These traits, coupled with easy viewing, explain why the observation of wildlife in African savannah ecosystems is so popular. ___(B)___ , tourism in tropical rainforest environments has been much slower to develop because it is more difficult to see animals due to the presence of dense vegetation and the nocturnal habits of many species — although there are many unique species that tourists would find captivating.

	(A)	(B)
①	Furthermore	By contrast
②	Furthermore	For instance
③	Nonetheless	However
④	Nonetheless	In addition

〔해설〕 야생 동물 관람 관광객의 동물 선호에 관한 내용의 글이다. (A) 앞은 야생 동물 관람 선호 순위를 소개하는 내용이고, (A) 뒤는 영장류와 같은 친숙한 포유류에 관한 관심이 높다는 내용이므로 동일한 맥락에서 앞 내용을 부연하고 있음을 알 수 있다. 따라서 (A)에 들어갈 연결사로 가장 적절한 것은 Furthermore이다. 또한 (B) 앞은 아프리카 사바나 생태계의 야생 동물 관람이 인기 있는 이유를 설명하는 내용이고, (B) 뒤는 이와 대조적으로 열대 우림 환경 관광의 발전 속도가 더딘 이유를 설명하는 내용이므로, (B)에 들어갈 연결사로 적절한 것은 By contrast이다.

〔해석〕 관광객의 야생 동물 관람 선호도에 관해서 실시된 연구는 조사 대상자의 대다수가 포유류, 그다음은 조류를 보는 것에 흥미가 있었으며 파충류는 지속적으로 낮은 순위를 차지한 것을 보여주었다. 게다가, 영장류와 같은 친숙한 포유류에 대한 관심이 높은데, 그것들은 관광객에게 긍정적인 매력을 주는 생김새와 행동의 특징을 보이기 때문이다. 사람들은 또한 포식자나 공격적인 초식동물과 같은 위험한 동물을 보고 싶어 한다. 이러한 특징이 관람의 용이함과 결합하여 아프리카 사바나 생태계에서 야생 동물을 관찰하는 것이 그토록 인기 있는 이유를 설명해 준다. 대조적으로, 관광객이 매료될 만한 독특한 종들이 많음에도 무성한 초목의 존재와 많은 종의 야행성 습성으로 인해 동물을 보기가 더 어렵기 때문에 열대 우림 환경의 관광은 훨씬 더디게 발전되어 왔다.

〔어휘〕 carry out 수행[실시]하다 preference 선호(도) wildlife 야생 동물 majority 대다수 mammal 포유류 reptile 파충류 consistently 지속적으로 rank 순위를 차지하다 familiar 친숙한 primate 영장류 feature 특징 appearance 외모, 생김새 appeal 매력 predator 포식자 aggressive 공격적인 herbivore 초식동물 trait 특성 coupled with ~와 결부되는 observation 관찰 ecosystem 생태계 tropical 열대의 develop 발전하다 presence 존재 dense 밀집한, 무성한 vegetation 초목 nocturnal 야행성의 unique 독특한 captivate 매료하다

〔정답〕 ①

19 밑줄 친 부분에 들어갈 말로 가장 적절한 것은? 　빈칸완성

My granddaughter used to use her index finger to specify all the objects in the world she found interesting. She delighted in doing so, particularly when her pointing called forth the attention of the adults surrounding her. Then as she grew up, she began to notice how the people close to her reacted. She seemed to realize that there is just not that much meaning in pointing to something that no one cares about. So, she aimed her index finger at something she found interesting and then looked around to see if anyone else cared. She was learning an important lesson at an early age. For your communication — even your very presence — to have any value, you need to be communicating about something that ＿＿＿＿＿＿＿＿. It was in this manner that she began to more profoundly explore the complex hierarchy of value that made up her family and the broader society surrounding her.

① builds trust
② challenges you
③ appeals to you first
④ engages other people

해설 당신이 어떤 것을 흥미롭다고 생각하더라도, 소통을 하기 위해서는 그것이 다른 사람들도 관심을 가지는 대상이어야 한다는 점을 한 일화를 통해 설명하는 글이다. 따라서 빈칸에 들어갈 말로 가장 적절한 것은 ④ '다른 사람들의 관심을 끄는'이다.
① 신뢰를 쌓는 → 다른 사람과 신뢰를 형성하는 것과는 무관하다.
② 당신에게 도전이 되는
③ 먼저 당신의 흥미를 끄는 → 어떠한 대상이 자신의 흥미를 끄는 것을 넘어 다른 사람의 흥미도 끌어야 의미 있는 소통이 이루어진다는 것이 글의 핵심이다.

해석 나의 손녀는 검지로 자신이 흥미롭다고 생각하는 세상의 모든 사물을 특정하곤 했다. 그녀는 특히 자신이 가리키는 행위가 주변 어른들의 관심을 불러일으킬 때면 더욱 그렇게 하기 즐거워했다. 그러다가 그녀는 자라면서 자신과 가까운 사람들이 어떻게 반응하는지 알아차리기 시작했다. 그녀는 아무도 신경 쓰지 않는 것을 가리키는 데는 큰 의미가 없다는 것을 깨달은 것 같았다. 그래서 그녀는 검지로 자신이 흥미롭게 생각하는 것을 가리킨 다음, 다른 사람이 관심을 가지는지 보려고 주위를 둘러보았다. 그녀는 어린 나이에 중요한 교훈을 배우고 있었다. 당신의 소통, 심지어 당신의 존재 자체가 가치를 가지려면 다른 사람들의 관심을 끄는 무언가에 대해 소통해야 한다는 것이다. 이러한 방식으로 그녀는 가족과 자신을 둘러싼 더 넓은 사회를 구성하는 복잡한 가치의 위계를 더 깊이 탐구하기 시작했다.

어휘 index finger 집게손가락, 검지 specify 특정하다, 명시하다 delight 매우 기뻐하다 point 가리키다 call forth (반응을) 불러일으키다 aim 겨누다 presence 존재 profoundly 깊이 hierarchy 위계 engage (관심을) 끌다

정답 ④

20 밑줄 친 부분에 들어갈 말로 가장 적절한 것은? 　빈칸완성

Technology broadens our scope of familiarity with what's happening in the world, but overfamiliarity has undesirable side effects. We may think we understand something, but the depth of our knowledge is more shallow. We often don't take time to stop and consider how what we're seeing or experiencing fits into the wider scheme of our life, because there's always something new to move on to. There is more opportunity for entertainment, but less of the insight that often comes from deep, purposeful reflection on our experiences. In *The Shallows*, Nicholas Carr rightly sheds light on how the human experience is being shaped by emerging technology: "What technology seems to be doing is undermining my capacity for ＿＿＿＿＿＿."

① creativity
② flexibility
③ contemplation
④ communication

해설 기술로 인해 우리 지식의 깊이는 더 얕아지고 있으며, 다른 것으로 넘어가기 바빠 잠시 멈추고 자기 경험에 관해 깊이 생각할 여유가 없어졌다는 내용의 글이다. 빈칸에는 기술에 의해 어떤 능력이 감소했는지가 와야 하므로, 빈칸에 들어갈 말로 가장 적절한 것은 ③ '고찰'이다.
① 창의성 → 기술에 의해 우리의 창의성이 감소했다는 취지의 글이 아니다.
② 유연성 → 글에 융통성에 관해 직접적으로 언급된 바가 없으며, 새로운 것으로 쉽게 넘어가는 경향을 유연적이라고 본다면 오히려 글의 내용과 반대되므로 적절하지 않다.
④ 소통 → 소통 능력에 관해서는 언급된 바 없다.

해석 기술은 세상에서 일어나는 일에 대한 우리의 친숙함의 범위를 넓혀 주지만, 지나친 친숙함은 바람직하지 않은 부작용을 낳는다. 우리는 무언가를 이해한다고 생각할 수 있지만 우리가 가진 지식의 깊이는 더 얕다. 넘어갈 새로운 것이 항상 있기 때문에 우리는 우리가 보거나 경험하고 있는 것이 우리 삶의 더 넓은 체계에 어떻게 들어맞는지 잠시 멈추고 생각할 시간을 갖지 않는 경우가 많다. 오락의 기회는 더 많아졌지만, 경험에 대한 깊고 목적의식 있는 심사숙고에서 비롯되는 통찰력은 줄어들었다. Nicholas Carr는 『The Shallows』에서 새로운 기술이 인간의 경험을 어떻게 형성하고 있는지에 대해 올바르게 비춘다. "기술이 하고 있는 것은 고찰에 대한 나의 능력을 약화시키는 것 같다."

어휘 broaden 넓히다 scope 범위 familiarity 친숙함 undesirable 바람직하지 않은 side effect 부작용 shallow 얕은 scheme 체계, 계획 move on to (새로운 주제로) 넘어가다 opportunity 기회 insight 통찰력 purposeful 목적의식이 있는 reflection 심사숙고 shed light on 비추다, 설명하다 emerging 최근 생겨난 undermine 약화시키다 capacity 능력

정답 ③

01	02	03	04	05
①	③	③	④	②
06	**07**	**08**	**09**	**10**
③	②	①	③	①
11	**12**	**13**	**14**	**15**
③	①	③	②	③
16	**17**	**18**	**19**	**20**
②	②	④	①	④

01 밑줄 친 부분의 의미와 가장 가까운 것은?　어휘

A very small amount of bacteria in the food processing plant can <u>contaminate</u> the entire batch.

① pollute
② influence
③ occupy
④ endanger

해설 contaminate는 '오염시키다'라는 뜻으로, 이와 의미가 가장 가까운 것은 ① 'pollute(오염시키다)'이다.
② 영향을 미치다 ③ 차지하다 ④ 위험에 빠뜨리다
해석 식품 가공 공장 내 극소량의 박테리아가 (식품) 전량을 오염시킬 수 있다.
어휘 plant 공장 batch 한 회분(한 번에 만들어 내는 음식 등의 양)

정답 ①

02 밑줄 친 부분에 들어갈 말로 가장 적절한 것은?　어휘

The prolonged drought disrupted food supply chains, contributing to a severe _____ that left many communities in need of grain assistance.

① fatigue
② disease
③ famine
④ defiance

해설 긴 가뭄으로 식량 공급망이 붕괴함에 따라 발생할 수 있으면서, 곡물 지원을 요구할 만한 현상은 굶주림일 것으로 추론할 수 있다. 따라서 빈칸에 들어갈 말로 가장 적절한 것은 ③ 'famine(기근)'이다.
① 피로 ② 질병 ④ 저항
해석 장기적인 가뭄은 식량 공급망을 붕괴시켜, 많은 지역 사회가 곡물 지원을 필요로 하게 된 심각한 기근의 원인이 되었다.
어휘 prolonged 장기적인 drought 가뭄 disrupt 붕괴시키다 contribute to ~의 원인이 되다 severe 심각한 assistance 지원

정답 ③

03 밑줄 친 부분에 들어갈 말로 가장 적절한 것은?　빈칸완성

Constraints in the real world, where face-to-face interactions take place, make it difficult to act out our _____ identities. In contrast, computer-mediated communication comes with anonymity for its users, providing a "clean slate" upon which to craft any image of ourselves we desire. On this digital "safe space," we find it easy and liberating to explore forms of ourselves that mirror our hopes and longings.

① social
② realistic
③ idealized
④ conventional

해설 대면 상호 작용이란 제약이 있는 현실 세계와 반대로, 컴퓨터를 매개로 하는 소통에서는 우리가 원하는 우리의 이미지를 만들 수 있다는 내용의 글이다. 빈칸 문장 뒤 In contrast에 유의했을 때, 현실 세계에서 실현해 내기 어려운 것은 우리가 원하는 이미지임을 알 수 있으므로, 빈칸에 들어갈 말로 가장 적절한 것은 ③ '이상화된'이다.
① 사회적인 → 사회적 정체성에 관한 언급은 없을뿐더러, 그것은 개인의 갈망이 반영된 정체성과 동일시하기 어려우므로 적절하지 않다.
② 현실적인 → 개인이 원하는 대로 만들어 낸 정체성은 사실적인 것과는 거리가 멀다.
④ 전통적인
해석 대면 상호 작용이 일어나는 현실 세계의 제약은 우리의 이상화된 정체성을 행동으로 옮기는 것을 어렵게 만든다. 반면, 컴퓨터를 매개로 한 소통은 사용자를 위한 익명성을 동반하여, 우리가 원하는 자신의 이미지를 만들 수 있는 '백지'를 제공한다. 이 디지털 '안전 공간'에서 우리는 우리의 희망과 갈망을 반영하는 우리 자신의 모습을 탐구하는 것이 쉽고, 그리고 해방감을 준다고 느낀다.
어휘 constraint 제약 face-to-face 대면하는 interaction 상호 작용 take place 일어나다 identity 정체성 computer-mediated 컴퓨터 매개의 anonymity 익명성 clean slate 백지 craft 만들다 liberate 해방시키다 longing 갈망

정답 ③

04 밑줄 친 부분에 들어갈 말로 가장 적절한 것은?　이어동사

During the backpacking trip, we had to _____ hot showers and comfortable beds, and then we could feel our bodies getting tired. They were all things we could easily take for granted without even realizing it. The challenges of the journey taught us to appreciate the simple pleasures of life.

① take in
② put back
③ catch on
④ do without

[해설] 빈칸 내용에 대한 결과로 몸이 지쳐갔다는 서술이 있고, 그러한 난관(The challenges)이 평소 당연시하던 사소한 기쁨에 대한 감사함을 가르쳤다고 하고 있으므로, 화자가 배낭여행 중엔 사소한 기쁨, 즉 온수 샤워와 편한 침대를 누리지 못했음을 추측할 수 있다. 따라서 빈칸에 들어갈 말로 가장 적절한 것은 ④ 'do without(~없이 지내다)'이다.

① 받아들이다 ② 되돌려 놓다 ③ 이해하다; 유행하다

[해석] 배낭여행을 하는 동안, 우리는 온수 샤워와 편안한 침대 없이 지내야 했고, 그러다 보니 우리는 우리의 몸이 지쳐가는 것을 느낄 수 있었다. 그것들은 모두 우리가 인식하지조차 못한 채 쉽게 당연히 여길 수 있는 것들이었다. 그 여행의 난관은 우리에게 삶의 소박한 기쁨들에 감사하도록 가르쳤다.

[어휘] comfortable 편안한 take sth for granted ~을 당연시하다 appreciate 고마워하다 pleasure 기쁨

[정답] ④

---

05 밑줄 친 부분의 의미와 가장 가까운 것은? [어휘]

> Feedback is the evaluative or corrective information that is given to someone to say what can be done to improve a performance or product. It should be explicit, which is achieved by pinpointing the areas that need improvement and offering detailed instructions for revision.

① practical ② definite
③ beneficial ④ exquisite

[해설] explicit는 '명확한'이라는 뜻으로, 이와 의미가 가장 가까운 것은 ② 'definite(명확한)'이다.

① 실용적인 ③ 유익한 ④ 정교한

[해석] 피드백은 어떤 성과나 결과물을 개선하려면 무엇을 할 수 있는지를 말하기 위해 누군가에게 제공되는 평가적 또는 수정적 정보이다. 그것은 명확해야 하는데, 이는 개선이 필요한 부분을 정확히 지적하고 수정을 위한 상세한 지시를 제공함으로써 달성된다.

[어휘] evaluative 평가의 corrective 수정의 pinpoint 정확히 지적하다 instruction 지시 revision 수정

[정답] ②

---

06 우리말을 영어로 잘못 옮긴 것은? [문법]

① 그들이 사과하기를 기대해도 소용없다.
  → It is no use expecting them to apologize.
② 올해 시험은 작년보다 훨씬 더 어려웠다.
  → This year's exam was much more difficult than last year's.
③ 내가 매일 받는 이메일의 수가 압도적으로 많아졌다.
  → The number of emails I receive daily has become overwhelmed.
④ 폭풍이 지나간 후, 우리는 피해를 가늠하고자 밖으로 나갔다.
  → The storm having passed, we went outside to assess the damage.

[해설] (overwhelmed → overwhelming) 2형식 동사로 쓰인 become이 분사형 형용사를 보어로 취하고 있는데, 여기서는 의미상 이메일의 수가 '압도된' 것이 아니라 '압도한' 것이므로 능동의 현재분사 overwhelming이 쓰여야 한다. 참고로 '~의 수'라는 뜻의 the number of 뒤에는 복수 명사가 와야 하고 The number가 주어이기에 동사의 수일치는 단수로 해야 하므로, emails와 has become은 각각 적절하게 쓰였다. 또한 emails와 I 사이에는 목적격 관계대명사가 생략되어 있어 receive 뒤 목적어 자리가 비어있는 것도 적절하다.

① 'it is no use RVing'는 '~해도 소용없다'라는 뜻을 갖는 동명사 관용 표현으로 주어진 우리말에 맞게 적절히 쓰였다.

② 비교급 표현 'more ~ than'이 쓰인 문장이다. 비교 대상이 '올해의 시험'과 '작년의 시험'이므로, than 이하에서 소유격 표현 last year's가 쓰인 것은 적절하다. 또한 비교급 강조 부사로 much가 쓰인 것도 적절하다.

④ 분사구문의 의미상 주어인 The storm이 주절의 주어(we)와 달라 남아 있는 형태이며, 폭풍이 지나간 시점이 폭풍의 피해를 파악하러 나간 시점보다 더 이전이므로 완료분사 having passed가 쓰인 것도 적절하다.

[어휘] apologize 사과하다 overwhelm 압도하다 assess 평가하다, 가늠하다

[정답] ③

---

07 우리말을 영어로 잘못 옮긴 것은? [문법]

① 넘어져서 다친 등산객이 간호를 받았다.
  → The hiker injured in a fall was cared for.
② 그는 늦잠을 자지 않도록 항상 알람을 여러 개 맞춘다.
  → He always sets multiple alarms lest he oversleeps.
③ 나는 기차가 왜 예정보다 늦게 운행하는지 궁금했다.
  → I wondered why the train was running behind schedule.
④ 방문객들이 박물관 안에서 사진을 찍는 것은 금지되어 있다.
  → Visitors are prohibited from taking photographs inside the museum.

[해설] (oversleeps → (should) oversleep) '~하지 않도록'이라는 뜻의 lest는 'lest + S + (should) RV'의 구조를 취하므로 oversleeps를 (should) oversleep으로 고쳐야 한다.

① 분사구 injured in a fall이 주어 The hiker를 수식하고 있는데, 등산객이 '다치게 한' 것이 아니라 '다친' 것이므로 수동의 과거분사 injured는 적절하게 쓰였다. 또한 care for는 '~을 돌보다'라는 뜻의 '자동사 + 전치사' 형태의 동사구이며, 수동태로 쓰일 때도 전치사 for가 생략되지 않는 것에 유의해야 한다.

③ 의문부사 why가 '의문사 + S + V' 어순의 간접의문문을 이끌어 wondered의 목적어로 적절하게 쓰였다. 참고로 여기서 run은 '운행하다, 다니다'라는 뜻의 자동사로 쓰이고 있다.

④ 'O가 ~하는 것을 금지하다'라는 뜻의 구문인 'prohibit + O + from RVing'이 주어진 우리말에 맞게 수동태로 적절히 쓰였다.

[어휘] fall 넘어짐 multiple 다수의 oversleep 늦잠 자다 behind schedule 예정보다 늦게

[정답] ②

08 어법상 옳은 것은?

문법

① It is not John but Peter that is assigned the project.
② Shakespeare is one of the truly influential writer of all time.
③ She is planning to be in Tokyo next summer, and I am either.
④ The battery would be last for about ten hours on a full charge.

해설 'It ~ that' 강조 구문을 이용하여 'A가 아니라 B'를 의미하는 상관접속사 구문 'not A but B'를 강조하고 있다. 또한 주어인 Peter가 프로젝트를 '맡게 된' 것이므로 수동태 is assigned의 쓰임은 적절하다.

② (writer → writers) one of 뒤에는 복수 명사가 와야 하므로 writer를 writers로 고쳐야 한다.

③ (either → too) either는 부정 동의를, too는 긍정 동의를 나타낼 때 쓰인다. 여기서는 앞 절에 긍정문이 나오고 있으므로, either가 아닌 too를 써야 한다. 참고로 미래에 대한 계획을 나타내는 plan의 현재진행형이 미래 시점 부사구 next summer와 함께 쓰인 것은 적절하다.

④ (be last → last) 맥락상 여기서 쓰인 last는 '지속되다'라는 뜻의 완전자동사이다. be동사와 일반동사의 원형은 함께 쓸 수 없으므로 be를 삭제해야 한다.

해석 ① 그 프로젝트를 맡은 사람은 John이 아니라 Peter이다.
② Shakespeare는 역대 진정으로 영향력 있는 작가 중 한 명이다.
③ 그녀는 내년 여름에 도쿄에 있을 계획이고, 나 또한 그러하다.
④ 그 배터리는 완전히 충전하면 약 10시간 동안 지속될 것이다.

어휘 assign 맡기다 influential 영향력 있는 of all time 역대 charge 충전

정답 ①

09 다음 글의 제목으로 가장 적절한 것은?

제목

Imagine a world without advertising. What would it be like? At first glance, it might seem like a relief not to have to deal with endless commercials, billboards, and pop-up ads. But upon closer inspection, we would quickly realize that this is not the case. In today's society, advertising informs us about new products, services, and events, and allows us to make informed decisions about what we buy and consume. Advertising also serves as a source of entertainment, with creative and witty campaigns capturing our attention and sparking conversation. While some may argue that advertising is intrusive or manipulative, it's hard to deny that it plays a crucial role in shaping our culture and economy. Advertising has become so integrated into modern society that it's impossible to imagine a world without it.

① Advertising Distorts Consumer Choice
② How to Make Advertisements More Appealing
③ Advertising as an Indispensable Part of Today's Society
④ The Evolution of Advertising Turning into Entertainment

해설 광고는 우리의 문화와 경제를 형성하는 데 중요한 역할을 하고 있으며, 광고 없는 세상을 상상할 수 없을 정도로 현대 사회에 통합되어 있다는 내용의 글이다. 따라서 글의 주제로 가장 적절한 것은 ③ '현대 사회에 없어서는 안 될 부분으로서의 광고'이다.

① 광고는 소비자의 선택을 왜곡한다 → 광고의 부정적인 효과를 서술하는 글이 아니다.

② 광고를 더 매력적이 되도록 만드는 방법 → 창의적이고 재치 있는 캠페인에 관한 언급이 있긴 하나 이는 현대 사회 내 광고의 역할을 설명하기 위한 것일 뿐, 광고를 더 매력적으로 만드는 방법을 구체적으로 다루고 있지 않다.

④ 오락으로 변모하는 광고의 진화 → 광고가 오락의 기능을 하기도 한다고 언급되나, 이는 광고의 많은 기능 중 하나에 불과하다. 또한 광고가 오락으로 변한 과정을 다루는 내용도 아니다.

해석 광고가 없는 세상을 상상해 보라. 그것은 어떤 모습일까? 언뜻 보기에는, 끝없는 상업 광고, 전광판, 팝업 광고를 상대할 필요가 없는 것이 안도할 만한 일처럼 보일 수도 있다. 하지만 더 자세히 살펴보면, 우리는 이것이 사실이 아니라는 것을 금방 깨닫게 될 것이다. 오늘날의 사회에서, 광고는 우리에게 새로운 제품, 서비스 및 이벤트에 대해 알려주고, 우리가 구매하고 소비하는 것에 대해 정보에 입각한 결정을 내릴 수 있도록 해준다. 창의적이고 재치 있는 캠페인이 우리의 관심을 끌고 대화를 촉발하면서, 광고는 오락의 원천으로 기능하기도 한다. 일부 사람은 광고가 방해가 되거나 (우리를) 조종한다고 주장할지도 모르지만, 그것이 우리의 문화와 경제를 형성하는 데 중요한 역할을 한다는 사실을 부인하기는 어렵다. 광고는 현대 사회에 너무 통합되어 있어서 그것이 없는 세상을 상상하는 것은 불가능하다.

어휘 advertising 광고(업) at first glance 언뜻 보기에는 relief 안도 deal with 처리[상대]하다 commercial 상업 광고 ad 광고 inspection 조사, 검토 realize 깨닫다 be the case 사실이다 inform 알려주다 informed 정보에 입각한 consume 소비하다 serve as ~의 역할을 하다 entertainment 오락, 연예 witty 재치 있는 capture 사로잡다 attention 관심 spark 촉발하다 conversation 대화 intrusive 방해가 되는 manipulative 조종하는 deny 부인하다 crucial 중요한 integrate 통합시키다 distort 왜곡하다 appealing 매력적인 indispensable 없어서는 안 될 evolution 발전, 진화

정답 ③

10 주어진 글 다음에 이어질 글의 순서로 가장 적절한 것은? `순서배열`

> When faced with difficult problems that lack clear solution procedures, we often rely on heuristics to solve them. Heuristics are mental shortcuts that allow people to make fast decisions.

(A) If you have a calculator handy, you could use that to get the answer. But what if you don't? You could laboriously work through the multiplication algorithm to arrive at the solution. But what if you're trying to figure out whether you can afford to buy 96 yards of carpeting that costs $58 a yard?

(B) They are not guaranteed to end in a result, nor do they guarantee correct results, but we often use them to get a sense of direction in solving all sorts of problems. What is the solution to the problem "96 times 58?"

(C) A heuristic would work just as well: Round 96 to 100. Now the problem is easy: Just add two zeroes to $58, and you've got your answer: $5,800. These simple heuristics take a mentally challenging problem and reduce it to a problem that is quickly solvable with very little mental effort.

① (B) - (A) - (C)
② (B) - (C) - (A)
③ (C) - (A) - (B)
④ (C) - (B) - (A)

`해설` 휴리스틱의 개념을 소개하는 주어진 글 이후에는, 휴리스틱을 They로 받아 이것이 흔히 쓰인다는 점을 언급하는 (B)가 와야 한다. 한편, (B)의 마지막 문장에서 수학 문제를 제시하는데, (A)에서 계산기가 있다면 그것을 이용해 그 답을 구할 수 있다고 하였다. 이때 the answer은 (B)에서 제시된 문제에 대한 답임을 알 수 있으므로, (A)가 뒤에 이어져야 한다. 이후 (A)의 마지막 문장은 이 문제를 카펫 예산을 따져보는 일상 상황에 대입하는 내용인데, (C)는 이에 대해 휴리스틱을 적용해도 (계산기와) 마찬가지로 효과적일 것이라고 언급하며, 반올림을 통해 어림셈만 해도 충분히 유용한 답을 얻을 수 있다고 결론짓는다. 따라서 글의 순서로 가장 적절한 것은 ① '(B) - (A) - (C)'이다.

`해석` 명확한 해결 절차가 없는 어려운 문제를 맞닥뜨렸을 때, 우리는 흔히 그것들을 풀기 위해 휴리스틱에 의존한다. 휴리스틱이란 사람들이 결정을 빠르게 내릴 수 있게 하는 사고의 지름길이다. (B) 그것들은 어떤 결과로 나오는 것을 보장하지도 않고, 정확한 결과도 보장하지 않지만, 우리는 종종 많은 문제를 해결하는 데 방향성을 잡기 위해 그것들을 이용한다. '96 곱하기 58'이라는 문제에 대한 답은 무엇일까? (A) 만일 당신의 수중에 계산기가 있다면, 당신은 그것을 이용해 답을 얻어 낼 수 있다. 하지만 그렇지 않다면 어떨까? 당신은 답에 도달하기 위해 곱셈 알고리즘을 힘들게 해나갈 수도 있다. 하지만 만일 당신이 1야드에 58달러인 960야드 크기의 카펫을 살 수 있는지 알아내려 하는 것이라면 어떨까? (C) 휴리스틱 또한 마찬가지로 효과적일 것이다. 즉 96을 100으로 반올림하는 것이다. 이제 문제는 간단하다. 58달러에 0을 두 개 더 붙이면 5,800달러라는 답을 얻게 된다. 이러한 단순한 휴리스틱은 정신적으로 부담이 되는 문제를 가지고, 그것을 아주 적은 정신적 노력으로 빠르게 해결할 수 있는 문제로 줄여 준다.

`어휘` lack ~이 부족하다 procedure 과정 rely on ~에 의존하다 heuristic 휴리스틱, 경험칙 shortcut 지름길 handy 가까운 곳에 있는 laboriously 힘들여서 multiplication 곱셈 afford to ~할 여유가 있다 cost ~의 비용이 들다 guarantee 보장하다 direction 방향 all sorts of 많은 times ~으로 곱한 round 반올림[반내림]하다 mentally 정신적으로 challenging 부담이 되는, 까다로운 solvable 해결할 수 있는

`정답` ①

---

11 밑줄 친 부분에 들어갈 말로 가장 적절한 것은? `생활영어`

A: Your math grades have been really improving lately.
B: Yeah, my sister has been helping me with my study.
A: But she's younger than you! _____
B: I know. But she's a lot better at math than I am.

① It makes more sense for you to learn math from her.
② So that's why your math grades went down.
③ Shouldn't it be the other way around?
④ Is she good at other subjects too?

`해설` B가 여동생한테 수학을 배우고 있다는 말에 A는 그녀가 더 어리지 않냐고 하면서 빈칸 내용을 언급했다. 이에 B는 자기도 알고 있지만 그녀가 자신보다 수학을 더 잘한다고 했으므로, 빈칸에는 오히려 B가 여동생에게 수학을 가르쳐 줘야 하지 않느냐는 취지의 내용이 들어가는 것이 자연스럽다. 따라서 빈칸에 들어갈 말로 가장 적절한 것은 ③ '반대로 되어야 하는 거 아니야?'이다.

① 그녀한테 수학을 배우는 게 더 말이 되네.
② 그래서 네 수학 성적이 떨어진 거구나.
④ 그녀는 다른 과목도 잘 해?

`해석` A: 요즘 네 수학 성적이 정말 좋아졌네.
B: 응, 여동생이 내 공부를 도와주고 있어.
A: 하지만 그 애는 너보다 어리잖아! 반대로 되어야 하는 거 아니야?
B: 나도 알아. 근데 그 애가 나보다 수학을 훨씬 더 잘해.

`어휘` improve 개선되다 make sense 말이 되다, 타당하다 the other way around 반대로, 거꾸로

`정답` ③

---

12 두 사람의 대화 중 가장 어색한 것은? `생활영어`

① A: Are your vacation plans still up in the air?
   B: Yes, I've perfectly planned out a trip abroad.
② A: You don't seem such a fan of horror movies.
   B: You bet. I'm more into comedies or dramas.
③ A: I can't handle it anymore. I am about to lose it.
   B: How about you take a deep breath and try to chill out?
④ A: Perfect timing! I have a list of things for you to do.
   B: Oh, give me a break. I've just arrived here!

`해설` 휴가 계획이 미정이라고 말하면서도 해외여행 계획을 완벽하게 세웠다는 말은 모순된다. 따라서 대화 중 가장 어색한 것은 ①이다.

`해석` ① A: 네 휴가 계획은 아직 미정이야?
B: 응, 난 해외여행 계획을 완벽하게 세웠어.
② A: 넌 공포 영화를 별로 좋아하지 않는 것 같아.
B: 당연하지. 난 코미디나 드라마를 더 좋아해.
③ A: 더는 못 견디겠어. 이성을 잃을 것 같아.
B: 심호흡을 하고 진정해 보는 게 어때?
④ A: 완벽한 타이밍이네! 네가 해야 할 일 목록이 있어.
B: 아, 나 좀 봐줘. 나 방금 도착했잖아!

`어휘` up in the air 미정인, 불확실한 plan out 꼼꼼하게 계획하다 abroad 해외로 be a fan of ~을 좋아하다 be into ~에 관심 있다 handle (상황, 감정을) 다스리다 lose it 이성을 잃다 chill out 진정하다 give sb a break ~을 내버려두다, 너그럽게 봐주다

`정답` ①

13 Hurricane Katrina에 관한 다음 글의 내용과 일치하지 않는 것은? 불일치

Hurricane Katrina was an Atlantic hurricane that originated from a tropical depression that formed on August 23, 2005. The depression strengthened into a hurricane, which quickly intensified into a Category 5 hurricane over the warm waters of the Gulf of Mexico. Although it weakened after and was a Category 3 hurricane when it hit the city of New Orleans, Louisiana, the largest loss of life took place there. This was due to flooding caused by engineering flaws in the city's flood protection system. The true extent of the devastation became painfully clear as the slow and inadequate response from local, state, and federal authorities magnified the humanitarian crisis. The hurricane and its aftermath claimed more than 1,800 lives and it still ranks today as the costliest natural disaster in U.S. history, with over $160 billion in total damages.

① 따뜻한 멕시코 만을 지나며 세력이 더욱 강해졌다.
② 루이지애나주 뉴올리언스를 강타했을 때 3등급이었다.
③ 뉴올리언스의 홍수 방지 시스템 덕분에 인명 피해가 줄었다.
④ 미국 역사에서 가장 큰 금전적 피해를 발생시킨 자연재해이다.

해설 3, 4번째 문장에서 뉴올리언스의 홍수 방지 시스템의 공학적 결함 때문에 가장 큰 인명 피해가 발생했다고 언급되므로, 글의 내용과 일치하지 않는 것은 ③ '뉴올리언스의 홍수 방지 시스템 덕분에 인명 피해가 줄었다.'이다.
① 따뜻한 멕시코 만을 지나며 세력이 더욱 강해졌다. → 2번째 문장에서 언급된 내용이다.
② 루이지애나주 뉴올리언스를 강타했을 때 3등급이었다. → 3번째 문장에서 언급된 내용이다.
④ 미국 역사에서 가장 큰 금전적 피해를 발생시킨 자연재해이다. → 마지막 문장에서 언급된 내용이다.

해석 허리케인 카트리나는 2005년 8월 23일에 형성된 열대성 저기압에서 비롯된 대서양 허리케인이었다. 이 저기압은 허리케인으로 강화되었고, 멕시코만의 따뜻한 바다에서 5등급 허리케인으로 빠르게 강화했다. 이후 이것은 약화되어 루이지애나주 뉴올리언스시를 강타했을 때 3등급 허리케인이었지만, 이곳에서 가장 큰 인명 피해가 발생했다. 이는 그 도시의 홍수 방지 시스템의 공학적 결함으로 인한 침수 때문이었다. 지역, 주, 연방 당국의 느리고 부족한 대응으로 인도주의적 위기가 확대되면서 피해의 실제 규모는 고통스러울 정도로 분명해졌다. 허리케인과 그 여파로 1,800명 이상이 목숨을 잃었으며, 총 피해액이 1,600억 달러가 넘으면서 현재까지도 그것은 미국 역사상 가장 손해 비용이 큰 자연재해로 기록되고 있다.

어휘 Atlantic 대서양의 originate 비롯되다 tropical 열대의 depression 저기압 strengthen 강해지다 intensify 심해지다, 강화하다 gulf 만 weaken 약화되다 flooding 침수 engineering 공학 (기술) flaw 결함 protection 보호 extent 정도, 크기 devastation 대대적인 파괴 painfully 고통스러울 정도로 inadequate 부족한 response 대응 state (미국 등의) 주 federal 연방 정부의 authorities 당국 magnify 확대하다 humanitarian 인도주의적인 crisis 위기 aftermath 여파 claim (목숨을) 앗아 가다 natural disaster 자연재해

정답 ③

---

14 다음 글의 흐름상 적절하지 않은 문장은? 일관성

Movable metal type consists of blocks of individual letters and symbols made of metal that can quickly be arranged and re-arranged to create text for printing. The Gutenberg Bible was the first European book published using this system — an innovation that marked a turning point in history. ① Before the publication of the Gutenberg Bible, all Western manuscripts had to be hand-copied, which could take years and cost the wages of an entire lifetime. ② In fact, the earliest surviving form of a book originates from Sumeria and dates back to around 2100 BCE. ③ With movable metal type, books could be produced much more quickly and inexpensively, making them more accessible and affordable. ④ This set off the so-called "Gutenberg Revolution" where the spread of knowledge was greatly facilitated. This contributed significantly to the transition from the medieval to the modern era.

*movable metal type: 금속활자

해설 유럽에서 최초로 금속활자를 이용하여 출판한 책인 구텐베르크 성경을 소개하며 금속활자로 인해 생겨난 혁신에 관해 서술하는 글이다. 따라서 글의 흐름상 적절하지 않은 문장은 현존하는 가장 오래된 책의 기원을 설명하는 내용의 ②이다.

해석 금속활자는 인쇄를 위한 글을 만들기 위해 빠르게 배열 및 재배열될 수 있는 금속으로 된 개별 문자와 기호 블록으로 구성되어 있다. 구텐베르크 성경은 이 시스템을 사용하여 출판된 최초의 유럽 책으로, 역사의 전환점을 나타낸 혁신이었다. 구텐베르크 성경 출판 전에는 모든 서양 문서는 필사본이어야만 했는데, 이는 수년의 시간이 걸리며 평생 받을 임금만큼의 비용이 들 수도 있었다. (사실, 현존하는 가장 오래된 책의 형태는 수메르에서 기원하며 기원전 2100년경으로 거슬러 올라간다.) 금속활자를 사용하면 책이 훨씬 더 빠르고 저렴하게 제작될 수 있었는데, 이는 책을 더 쉽게 접할 수 있고 저렴하게 만들었다. 이는 지식의 확산이 크게 촉진된, 이른바 '구텐베르크 혁명'을 일으켰다. 이것은 중세에서 근대로의 전환에 크게 기여했다.

어휘 individual 각각의 arrange 배열하다 bible 성경 publish 출판하다 innovation 혁신 turning point 전환점 manuscript 원고, 문서 copy 옮겨 적다, 복사하다 wage 임금 entire 전체의 originate 기원[유래]하다 date back to (시기가) ~까지 거슬러 올라가다 produce 제작하다 inexpensively 저렴하게 accessible 접근 가능한 affordable 저렴한 set off 일으키다 revolution 혁명 spread 확산 facilitate 촉진하다 contribute 기여하다 significantly 크게, 상당히 transition 전환, 이행 medieval 중세의 era 시대

정답 ②

15 밑줄 친 부분 중 어법상 옳지 않은 것은? <u>문법</u>

> The Industrial Revolution, the period ① <u>in which</u> agricultural and handicraft economies shifted rapidly to industrial and machine-manufacturing-dominated ② <u>ones</u>, began in the UK in the 18th century, ③ <u>altered</u> how people related both to one another and to the planet at large. This change in societal organization continues today, producing several effects that ④ <u>have spread</u> throughout Earth's political, ecological, and cultural spheres.

해설 (altered → altering) 문맥상 문장의 본동사는 began이고 따로 접속사가 없으므로 altered 이하는 분사구문으로 쓰였음을 알 수 있다. 그런데 여기서 분사구문의 의미상 주어는 The Industrial Revolution이고, 산업혁명이 사람들의 관계 맺는 방식을 '바꾼' 것이므로 수동의 과거분사 altered를 능동의 현재분사 altering으로 고쳐야 한다.
① which는 the period를 선행사로 받고 있으며, '전치사 + 관계대명사' 형태인 in which 뒤에 완전한 절이 온 것은 적절하다.
② 대명사 ones가 가리키는 것은 문맥상 앞에서 나온 economies이므로 수일치가 적절하게 되었다.
④ 주격 관계대명사 that의 선행사가 복수 명사인 several effects이므로, 그에 수일치한 복수 동사 have spread는 적절하게 쓰였다. 참고로 여기서 spread는 '퍼지다'라는 뜻의 자동사로 쓰이고 있다.

해석 18세기 영국에서 농업 및 수공예 경제가 산업 및 기계 제조업 중심 경제로 급속히 전환된 산업혁명이 시작되면서, 사람들이 서로 그리고 지구 전반과 관계를 맺는 방식이 바뀌었다. 이러한 사회조직의 변화는 오늘날에도 계속되고 있으며, 지구의 정치적, 생태적, 문화적 영역에 걸쳐 퍼지는 다양한 영향을 일으키고 있다.

어휘 revolution 혁명 agricultural 농업의 handicraft 수공예 rapidly 급속히 machine-manufacturing-dominated 기계 제조업 중심의 alter 바꾸다 at large 전체적인 ecological 생태(학)적인 sphere 영역

정답 ③

---

16 밑줄 친 부분에 들어갈 말로 가장 적절한 것은? <u>이어동사</u>

> Facing a series of logistical issues, the event organizers found themselves needing to think on their feet. They reached out to alternative suppliers and secured new partnerships. Despite the last-minute changes, the event _____, leaving attendees impressed with the organizers' adaptability.

① turned up   ② worked out
③ dropped off   ④ passed away

해설 물류 관련 문제가 생겼지만 행사 주최자들이 빠르게 대체 공급업체에 연락하는 식으로 대응하였고 참가자들이 그에 감명받았다는 내용이 나오고 있으므로, 해당 행사가 무사히 잘 마쳐졌을 것으로 유추할 수 있다. 따라서 빈칸에 들어갈 말로 가장 적절한 것은 ② 'worked out(잘 진행되다)'이다.
① (뜻밖에) 나타나다 ③ 잠들다, 줄어들다 ④ 죽다

해석 일련의 물류 문제에 맞닥뜨린 행사 주최자들은 빠르게 대응할 필요가 있음을 알게 되었다. 그들은 대체 공급업체들에 연락하여 새로운 협력 관계를 확보했다. 마지막 순간의 변경에도 불구하고 그 행사는 잘 진행되었고, 참가자들은 주최자들의 적응력에 감명받았다.

어휘 logistical 물류의 think on one's feet 빠르게 대응하다 reach out 접근하다, 연락을 취하다 alternative 대체의 secure 확보하다 adaptability 적응력, 융통성

정답 ②

17 밑줄 친 부분에 들어갈 말로 가장 적절한 것은? [빈칸완성]

Imagine a boy who employs a great strategy when he's triggered to play a video game to which he's addicted. The moment he's tempted or emotionally drawn to play, he pulls out his journal and writes down things he could do other than playing the game: cleaning his room, helping with his mom's grocery shopping, or taking a refreshing walk outside. He then puts these alternatives into practice. Without having this strategy in place, his default behavior would be to unconsciously respond to the cues in his environment. Unfortunately for him, a great number of cues in his current environment are associated with his video game, so he's constantly triggered to play. However, those environmental ties to his video games are becoming fewer and fewer as he reorients his automated response and replaces his addiction with something more beneficial. This is one reason self-regulatory strategies that help to create new habits are so crucial: You cannot actually overcome an addiction without _____.

① intimidation
② substitution
③ compliments
④ professionals

해설 비디오 게임을 하고 싶을 때마다 게임 대신 할 수 있는 일들을 적고 실행에 옮기는 예를 통해, 중독을 극복하려면 '다른 행동'을 대신 하는 것이 도움이 된다고 설명하는 글이다. 따라서 빈칸에 들어갈 말로 가장 적절한 것은 ② '대체'이다.
① 협박 → 협박을 당해야 행동을 바꾼다는 내용의 글이 아니다.
③ 칭찬 → 칭찬으로 행동을 바꾼다는 내용은 언급되지 않았다.
④ 전문가 → 전문가에 관한 언급은 없다.

해석 자신이 중독된 비디오 게임을 하도록 자극받았을 때 훌륭한 전략을 사용하는 소년을 상상해 보라. 그가 게임을 하도록 유혹되거나 감정적으로 끌리는 순간, 그는 일기를 꺼내 방 청소, 엄마 장 보는 것 도와드리기, 밖에서 상쾌한 산책을 하기 등 게임을 하는 것 대신 할 수 있는 일을 적는다. 그러고 나서 그는 이런 대안을 실행에 옮긴다. 이런 전략이 준비가 되어 있지 않다면, 그의 기본 행동은 자기 환경 속 신호에 무의식적으로 반응하는 것일 것이다. 그에게는 안타깝게도, 그의 현재 환경 속에 있는 많은 신호는 그의 비디오 게임과 연관되어 있어서, 그는 계속해서 게임을 하도록 자극받는다. 하지만 그가 자동화된 반응의 초점을 바꾸고 그의 중독을 더 유익한 것으로 대체하면서, 비디오 게임과의 그 환경적 연관은 점점 줄어들고 있다. 이것은 새로운 습관 형성에 도움이 되는 자기 통제적 행동이 매우 중요한 이유 중 하나이다. 즉, 당신은 (행동의) 대체 없이 중독을 정말로 극복할 순 없다.

어휘 strategy 전략 trigger 유발하다 addict 중독시키다 tempt 유혹하다 emotionally 감정적으로 alternative 대안 in place 가동 중인, 준비된 default 디폴트, 기본값 unconsciously 무의식적으로 environmental 환경적인 reorient 초점을 바꾸다 automate 자동화하다 beneficial 유익한 overcome 극복하다

정답 ②

18 다음 글의 요지로 가장 적절한 것은? [요지]

Are you the type of person who values the importance of maintaining an orderly and neat living space? If so, you may already be familiar with the positive impact it can have on your overall sense of well-being. When our living space is clean and well-maintained, we can experience a sense of control and accomplishment, which can boost our confidence and self-esteem. This, in turn, can lead to an increased sense of happiness and contentment. On the other hand, a cluttered and disorganized living space can create feelings of stress and anxiety, leading to a decrease in overall happiness. Prioritizing the cleanliness and organization of our living space is an essential component of leading a happy life.

① Our physical conditions can affect our happiness.
② The cleanliness of a room depends on one's habits.
③ Maintaining a neat living space takes a lot of effort.
④ A well-organized room enhances a person's well-being.

해설 깔끔한 생활공간이 우리에게 미치는 긍정적인 영향에 관해 서술하는 글이다. 따라서 글의 요지로 가장 적절한 것은 ④ '잘 정돈된 방은 사람의 행복감을 높여 준다.'이다.
① 우리의 신체 상태는 행복에 영향을 미칠 수 있다. → 신체 상태와 행복의 관계를 설명하는 글이 아니다.
② 방의 청결은 한 사람의 습관에 따라 달라진다. → 방을 청결하게 유지하는 것의 중요성을 강조할 뿐, 그것이 습관에 달려 있다는 점은 언급된 바 없다.
③ 깨끗한 생활공간을 유지하는 데는 많은 노력이 필요하다. → 깨끗한 생활공간을 유지하는 것의 어려움에 관한 내용이 아니다.

해석 당신은 질서정연하고 깔끔한 생활공간을 유지하는 것의 중요성을 가치 있게 생각하는 유형의 사람인가? 만약 그렇다면, 당신은 그것이 당신의 전반적인 행복감에 미치는 긍정적인 영향에 대해 이미 잘 알고 있을 수도 있다. 우리의 생활공간이 깨끗하고 잘 관리될 때, 우리는 통제감과 성취감을 느낄 수 있고, 이것은 우리의 자신감과 자존감을 높일 수 있다. 이는 결과적으로 행복감 및 만족감의 향상으로 이어질 수 있다. 반면, 어수선하고 정돈되지 않은 생활공간은 스트레스와 불안감을 유발하여, 전반적인 행복감을 떨어뜨릴 수 있다. 생활공간의 청결과 정리를 우선시하는 것은 행복한 삶을 영위하는 데 필수적인 요소이다.

어휘 maintain 유지하다 orderly 질서정연한 neat 깔끔한 familiar with ~을 잘 아는 impact 영향 overall 전반적인 well-being 복지, 안녕 accomplishment 성취 boost 높이다 confidence 자신감 self-esteem 자존감 in turn 결과적으로 contentment 만족 cluttered 어수선한 disorganized 정돈되지 않은 anxiety 불안 prioritize 우선시하다 cleanliness 청결 organization 정리 essential 필수적인 component (구성) 요소 physical 신체적인 affect 영향을 미치다 depend on ~에 달려 있다 habit 습관 effort 노력 enhance 높이다, 향상시키다

정답 ④

19 (A)와 (B)에 들어갈 말로 가장 적절한 것은?

연결사

In principle, groups have more resources than individuals — more information, experience, and perspective. __(A)__ , groups can operate as less than the sum of their parts when not all of those resources are utilized, not all information is expressed, and not all opinions are voiced. The march to consensus favors the majority and what the individual group members know and believe in common. It leads the individuals to view information and opinions through the prism of "the many" without taking any careful examinations, causing a rush to judgment. __(B)__ , what is often critically lost is any serious consideration of other options or reassessment of the preferred options. It should be no surprise, then, that the resulting decisions can be poor and can sometimes be deadly.

	(A)	(B)
①	Yet	Therefore
②	Yet	Nonetheless
③	So	For instance
④	So	In contrast

해설 (A) 앞은 집단이 개인보다 더 많은 자원을 가지고 있다는 내용이고, (A) 뒤는 집단이 부분의 총합에 미치지 못할 수 있다는 내용이므로, 둘은 상반되는 것을 알 수 있다. 따라서 (A)에 들어갈 연결사로 가장 적절한 것은 Yet이다. 또한, (B) 앞은 합의를 끌어 내기 위해 개인은 다수의 시각에서 신중한 검토 없이 성급한 판단을 내리게 된다는 내용이고, (B) 뒤는 다른 선택안에 대한 진지한 고려나 우선 선택안에 대한 재평가를 하지 못하게 된다는 내용이므로, 인과관계로 연결되는 것을 알 수 있다. 따라서 (B)에 들어갈 연결사로 가장 적절한 것은 Therefore이다.

해석 원칙적으로 집단은 개인보다 더 많은 정보, 경험, 관점 등 더 많은 자원을 가지고 있다. 그러나, 그러한 자원이 모두 활용되지 않고, 모든 정보가 표현되지 않고, 모든 의견이 표출되지 않을 때, 집단은 부분의 총합에 미치지 못하는 상태로 운영될 수 있다. 합의를 향한 행진은 다수의 의견과 개별 집단 구성원이 공통으로 알고 있고 믿는 것을 선호한다. 이는 개인이 신중한 검토 없이 '다수'라는 프리즘을 통해 정보와 의견을 바라보도록 유도하여 성급한 판단을 내리게 한다. 따라서, 종종 결정적으로 잃게 되는 것은 다른 선택안들에 대한 진지한 고려나 선호되는 선택안에 대한 재평가이다. 그렇다면 결과적으로 나온 결정들이 형편없을 수 있으며 때로는 치명적일 수 있다는 사실은 놀라운 일이 아닐 것이다.

어휘 in principle 원칙적으로 resource 자원 perspective 관점 operate 운영되다 sum 총합 utilize 활용하다 express 표현하다 voice 표출하다 march 행진 consensus 합의 favor 선호하다 majority 다수 opinion 의견 examination 검토 rush 돌진, 황급한 움직임 judgment 판단 critically 결정적으로 consideration 고려 reassessment 재평가 prefer 선호하다 deadly 치명적인

정답 ①

20 주어진 문장이 들어갈 위치로 가장 적절한 것은?

문장삽입

However, some remain concerned that Bitcoin ETFs could place too much risk on essential assets such as retirement savings, as cryptocurrencies are still unregulated and prone to manipulation.

The Securities and Exchange Commission has recently approved the first exchange-traded funds that hold Bitcoin, even though it showed a bit of reluctance in doing so. (①) An exchange-traded fund (ETF) is an easy way to invest in diverse groups of assets such as gold, bonds, and currencies without having to directly own the assets themselves. (②) Bitcoin ETFs could open the door to cryptocurrencies to many new investors who do not want to take the extra steps involved in buying actual Bitcoin. (③) Many experts believe that the ETFs will offer numerous advantages, including promoting stability in cryptocurrency prices and diversifying investment opportunities. (④) Furthermore, because Bitcoin ETFs introduce a less familiar spectrum of investment risks, they argue that the ETFs may lead to catastrophic financial consequences.

*cryptocurrency: 가상화폐

해설 주어진 문장은 역접 접속사 However로 시작하는, 비트코인 ETF에 회의적인 입장에 관한 내용이므로, 앞에는 비트코인 ETF를 찬성하는 입장이 나오는 것이 자연스럽다. 또한 ④ 앞까지는 비트코인 ETF의 장점들이 언급되는데, ④ 뒤에서 그것의 위험성이 언급되므로 Furthermore로 바로 연결되었을 때 맥락이 끊기는 것을 알 수 있다. 따라서 주어진 문장이 들어갈 위치로 가장 적절한 것은 ④이다.

해석 (미국) 증권거래위원회는 약간의 저항을 보이긴 했으나, 최근 비트코인을 보유하는 최초의 상장지수펀드를 승인했다. 상장지수펀드(ETF)는 자산 자체를 직접 소유하지 않고도 금, 채권, 통화 등 다양한 자산군에 투자할 수 있는 쉬운 방법이다. 비트코인 ETF는 실제 비트코인을 구매하는 데 따르는 추가 단계를 원하지 않는 많은 신규 투자자에게 암호화폐에 대한 문을 열어 줄 수 있다. 많은 전문가는 그 ETF가 가상화폐 가격의 안정성을 조성하고 투자 기회를 다각화하는 것을 포함한 많은 이익을 제공할 것이라고 믿는다. 하지만 일부는 가상화폐가 여전히 규제되지 않고 조작당하기 쉬우므로 비트코인 ETF가 노후 자금과 같은 필수적인 자산에 너무 큰 위험을 줄 수 있다고 계속 우려한다. 또한, 그들은 비트코인 ETF가 덜 익숙한 투자 위험 스펙트럼을 도입하기 때문에 파멸적인 재정적 결과를 초래할 수 있다고 주장한다.

어휘 concerned 우려하는 essential 필수적인 asset 자산 retirement savings 은퇴 저축 계좌, 노후 자금 unregulated 규제받지 않는 prone to ~당하기 쉬운 manipulation 조작 Securities and Exchange Commission (미국) 증권거래위원회 approve 승인하다 exchange-traded fund 상장지수펀드 reluctance 저항, 꺼림 bond 채권 currency 통화 numerous 많은 promote 조성[장려]하다 stability 안정성 diversify 다각화하다 familiar 익숙한 catastrophic 파멸[치명]적인 financial 금융[재정]의 consequence 결과

정답 ④

01	02	03	04	05
④	④	③	②	③
06	**07**	**08**	**09**	**10**
①	①	②	④	④
11	**12**	**13**	**14**	**15**
③	①	③	①	③
16	**17**	**18**	**19**	**20**
④	③	④	①	①

01 밑줄 친 부분의 의미와 가장 가까운 것은?   [어휘]

The resolute pursuit of equality empowers individuals to challenge systemic injustices.

① ongoing   ② suspected
③ underlying   ④ determined

[해설] resolute는 '단호한'이라는 뜻으로, 이와 의미가 가장 가까운 것은 ④ 'determined (단호한)'이다.
① 계속되는 ② 의심되는 ③ 근본적인
[해석] 평등에 대한 단호한 추구는 개인들이 제도적 불의에 도전할 수 있게 한다.
[어휘] pursuit 추구 equality 평등 empower ~할 수 있게 하다 systemic 제도적인 injustice 불의, 부정

[정답] ④

02 밑줄 친 부분의 의미와 가장 가까운 것은?   [어휘]

The members-only club is known for its prestige. A lot of high-ranking officials and celebrities from various fields want to join it to gain access to its elite network.

① exclusion   ② hierarchy
③ uniformity   ④ reputation

[해설] prestige는 '명성'이라는 뜻으로, 이와 의미가 가장 가까운 것은 ④ 'reputation (명성)'이다.
① 배타성 ② 계급제 ③ 획일성
[해석] 그 회원 전용 클럽은 명성이 자자하다. 다양한 분야의 고위 관료와 유명 인사들이 엘리트 네트워크에 접근하기 위해 그곳에 가입하고자 한다.
[어휘] high-ranking official 고위 관료

[정답] ④

03 밑줄 친 부분의 의미와 가장 가까운 것은?   [이어동사]

Jessica tends to dwell on the happy memories of her childhood.

① adore   ② search
③ ponder   ④ magnify

[해설] dwell on은 '곰곰이 생각하다, 곱씹다'라는 뜻으로, 이와 의미가 가장 가까운 것은 ③ 'ponder(곰곰이 생각하다)'이다.
① 매우 좋아하다 ② 탐색하다, 더듬다 ④ 과장하다
[해석] Jessica는 어린 시절의 행복한 추억을 곱씹는 경향이 있다.

[정답] ③

04 밑줄 친 부분의 의미와 가장 가까운 것은?   [이어동사]

Let me take care of booking the airline tickets for our upcoming trip.

① hasten   ② handle
③ monitor   ④ demonstrate

[해설] take care of는 '돌보다, 처리하다'라는 뜻으로, 이와 의미가 가장 가까운 것은 ② 'handle(처리하다)'이다.
① 서두르다 ③ 감시하다 ④ 보여주다, 설명하다
[해석] 곧 떠날 우리 여행의 항공권 예약은 내가 처리할게.
[어휘] airline 항공사 upcoming 다가오는, 곧 있을

[정답] ②

05 밑줄 친 부분에 들어갈 말로 가장 적절한 것은?   [어휘]

The ancient desert civilization developed ingenious techniques for efficient water management to _____ in the extremely dry climate.

① decay   ② vanish
③ subsist   ④ abound

[해설] 사막 문명이 효율적인 물관리 기술들을 개발한 목적은 극히 건조한 기후에서 살아가기 위함일 것으로 유추할 수 있다. 따라서 빈칸에 들어갈 말로 가장 적절한 것은 ③ 'subsist(생존하다)'이다.
① 쇠퇴하다 ② 사라지다 ④ 풍부하다
[해석] 그 고대 사막 문명은 극도로 건조한 기후에서 생존하기 위해 효율적인 물관리를 위한 기발한 기술들을 개발했다.
[어휘] ingenious 기발한 management 관리

[정답] ③

어휘 nursery nurse 탁아소 보모 settle 해결하다 authorities 당국 gathering 모임 trigger 촉발하다 pandemic 전 세계적인 유행병, 대유행

정답 ①

06 밑줄 친 부분 중 어법상 옳지 않은 것은?

문법

Though Helen Keller ① had known internationally by the time she was 24, some of the public still doubted ② that a blind and deaf person could successfully communicate with hearing people or ③ graduate from college, ④ both of which Keller had already achieved.

해설 (had known → had been known) 문맥상 Helen Keller가 국제적으로 '안' 것이 아니라 '알려진' 것이므로 수동태 had been known으로 쓰여야 한다.
② 동사 doubted의 목적어 역할을 하면서 뒤에 완전한 절을 이끄는 명사절 접속사 that이 적절하게 쓰였다.
③ 문맥상 등위접속사 or로 could communicate와 (could) graduate가 적절하게 병렬되어 명사절의 동사 역할을 하고 있다. 이때 완전자동사 graduate는 목적어를 취할 때 전치사를 함께 사용해야 하므로 뒤에 from이 온 것도 적절하다.
④ 콤마 앞의 절과 뒤의 절을 연결하는 접속사가 필요한 문장이므로, 접속사 역할을 하면서 전치사 of의 목적어 역할을 동시에 하는 관계대명사 which는 적절하게 쓰였다. 참고로 which가 가리키는 내용은 콤마 앞의 절에서 언급된 의사소통과 졸업이다.
해석 Helen Keller가 24살이 되었을 즈음 국제적으로 알려졌음에도 불구하고, 일부 대중들은 시각 장애와 청각 장애가 있는 사람이 성공적으로 들을 수 있는 사람들과 의사소통을 하거나 대학을 졸업할 수 있을지 여전히 의구심을 품었는데, 이 두 가지는 Keller가 이미 해낸 것이었다.
어휘 internationally 국제적으로 deaf 청각 장애가 있는

정답 ①

07 밑줄 친 부분이 어법상 옳지 않은 것은?

문법

① A nursery nurse as he is, he doesn't like kids very much.
② A man with language barriers has difficulty expressing himself.
③ The government let the matter be settled by the proper authorities.
④ The infected people attending a mass gathering triggered the pandemic.

해설 (A nursery → Nursery) '형용사/부사/무관사명사 + as + S + V'는 '비록 ~이지만'을 의미하는 양보 도치 부사절이다. be동사 is의 보어로 명사가 문두에 올 때 관사가 없어야 하므로 Nursery nurse가 되어야 한다.
② 주어가 단수 명사인 A man이므로 그에 수일치한 단수 동사 has의 쓰임은 적절하며, 'have difficulty (in) RVing'는 '~하는 데 어려움을 겪다'라는 의미의 준동사 관용 표현이므로 동명사 expressing도 적절하게 쓰였다.
③ 사역동사 let은 목적어와 목적격 보어의 관계가 능동이면 RV를, 수동이면 be p.p.를 목적격 보어로 취하는데, 여기서는 the matter가 '해결되는' 것이므로 be settled는 적절하게 쓰였다.
④ 맥락상 문장의 본동사는 triggered이고, attending a mass gathering은 주어 The infected people을 수식하는 분사구이다. 이때 감염자들이 집단 모임에 '참석한' 것이므로 능동의 현재분사 attending은 적절하게 쓰였으며, 완전타동사 attend가 전치사 없이 목적어를 바로 취하고 있는 것도 적절하다.
해석 ① 그는 탁아소 보모이지만 아이들을 별로 좋아하지 않는다.
② 언어 장벽이 있는 사람은 자신을 표현하는 데 어려움이 있다.
③ 정부는 그 문제를 적절한 당국이 해결하게 했다.
④ 집단 모임에 참석한 감염자들이 전 세계적인 유행병을 촉발했다.

08 우리말을 영어로 잘못 옮긴 것은?

문법

① 고맙다는 말을 꼭 해라, 그렇지 않으면 무례해 보일 것이다.
→ Be sure to say thank you, or you'll appear rude.
② 리더가 결정하는 것은 관련된 모든 사람에게 영향을 미칠 것이다.
→ That a leader decides will affect everyone involved.
③ 수정을 마치는 대로 문서를 보내드리겠습니다.
→ I'll send you the document as soon as I finish editing it.
④ 그녀는 온라인에서 사소한 일로 공격을 받자 완전히 당황했다.
→ Attacked online for something trivial, she was completely embarrassed.

해설 (That → What) 문장의 동사는 will affect이고 주어는 That a leader decides이다. 그런데 that은 관계대명사로 쓰일 땐 앞에 선행사가 있어야 하고, 접속사로 쓰일 땐 뒤에 완전한 절이 와야 한다. 여기서는 앞에 선행사가 없고 뒤에도 불완전한 절이 오고 있으므로, That을 동사 decides의 목적어 역할과 문장의 주어 역할을 동시에 할 수 있는 관계대명사 What으로 고쳐야 한다. 참고로 완전타동사 affect가 전치사 없이 목적어를 바로 취하고 있는 것은 적절하며, everyone이 '관련된' 것이므로 수동의 과거분사 involved가 수식하고 있는 것도 적절하다.
① '명령문, or S + V'는 '~해라, 그렇지 않으면 ~할 것이다'라는 뜻으로 우리말에 맞게 쓰였다. 또한 appear가 2형식 동사로 쓰여 형용사 rude를 보어로 취하고 있는 것도 적절하다.
③ send가 4형식 동사로 쓰여 you와 the document를 각각 간접목적어와 직접목적어로 취하고 있는 것은 적절하다. 또한 as soon as가 이끄는 조건 부사절에서는 현재시제가 미래시제를 대신하므로 finish의 쓰임은 적절하며, finish는 동명사를 목적어로 취하는 동사이므로 editing의 쓰임도 적절하다.
④ 분사구문의 의미상 주어인 she가 '공격받은' 것이므로 수동의 과거분사 Attacked의 쓰임은 적절하다. -thing으로 끝나는 부정대명사는 형용사의 후치 수식을 받으므로, something trivial의 어순은 적절하다. 또한 주어인 she가 '당황하게 한' 것이 아니라 '당황한' 것이므로 수동태 was embarrassed도 적절하게 쓰였다.
어휘 rude 무례한 document 문서 edit 수정하다 trivial 사소한 embarrass 당황하게 하다

정답 ②

09 밑줄 친 부분에 들어갈 말로 가장 적절한 것은?

A: Ben, are you still having headaches?
B: Yes, I went to the hospital and got all sorts of tests, but they couldn't find the cause.
A: Have you been under a lot of stress lately?
B: Not at all. So it's not that either.
A: Hmm. _____
B: I've actually already made the arrangement.
A: Good. Let me know the results later.

① What kind of tests did you receive?
② Maybe it's work that's causing you stress.
③ Do you have any other symptoms besides headaches?
④ You should seek a second opinion from another doctor.

해설 B는 병원에 가서 여러 검사를 받았지만, 두통의 원인을 찾지 못하는 상황이다. 이때 A가 빈칸 내용을 언급하자 B는 이미 그것이 예정되어 있다고 답했고, 이에 A가 잘됐다며 결과를 알려달라고 하였다. 따라서 빈칸에 들어갈 말로 가장 적절한 것은 ④ '다른 의사에게 다른 견해를 구해 봐.'이다.
① 어떤 검사를 받은 거야?
② 너에게 스트레스를 주는 게 일일 수도 있어.
③ 두통 외에 다른 증상은 없어?
해석 A: Ben, 너 아직도 두통이 있니?
B: 응, 병원에 가서 온갖 종류의 검사를 받았지만 원인을 찾지 못했어.
A: 최근에 스트레스를 많이 받았어?
B: 전혀. 그래서 그것도 아니야.
A: 흠. 다른 의사에게 다른 견해를 구해 봐.
B: 사실 이미 예정되어 있어.
A: 잘됐다. 나중에 검사 결과 알려줘.
어휘 headache 두통 all sorts of 많은 종류의 arrangement 예정, 계획 symptom 증상 seek a second opinion 다른 (전문가의) 견해를 구하다

정답 ④

10 밑줄 친 부분에 들어갈 말로 가장 적절한 것은?

A: Hi, I'm looking for a flower bouquet for my daughter's graduation.
B: Congratulations to her! Feel free to take a look around and let me know if you need any assistance.
A: _____
B: Certainly. In that case, I'll start with showing you our most popular choices.
A: That'd be great. Thank you.

① What's the price range of these bouquets?
② I'd prefer to browse through my options on my own.
③ Thank you. There's a bouquet I have in mind already.
④ Actually, I'd appreciate it if you could give me suggestions.

해설 꽃다발들을 둘러보고 도움이 필요하면 알려달라는 B의 말에 A는 빈칸 내용을 언급했다. 이에 B는 물론이라고 하며 그렇다면 인기 있는 꽃다발들을 보여주겠다고 했다. 따라서 빈칸에는 꽃다발을 보여 달라는 취지의 표현이 들어가야 하므로, 빈칸에 들어갈 말로 가장 적절한 것은 ④ '사실, 추천해 주실 수 있으면 감사하겠습니다.'이다.
① 이 꽃다발들의 가격대는 어떻게 되나요?
② 저 혼자서 옵션들을 둘러보고 싶어요.
③ 감사합니다. 이미 염두에 둔 꽃다발이 있어요.
해석 A: 안녕하세요, 딸의 졸업식을 위한 꽃다발을 찾고 있는데요.
B: 따님의 졸업을 축하드려요! 마음껏 둘러보시고 도움이 필요하시면 알려 주세요.
A: 사실, 추천해 주실 수 있으면 감사하겠습니다.
B: 물론이죠. 그렇다면 가장 인기 있는 종류를 보여 드리는 것으로 시작할게요.
A: 그러면 좋겠네요. 감사합니다.
어휘 graduation 졸업식 assistance 도움 price range 가격대 browse 둘러보다 have in mind 염두에 두다 appreciate 고마워하다 suggestion 제안

정답 ④

11 두 사람의 대화 중 자연스럽지 않은 것은? 생활영어

① A: I'm sorry, but pets are off-limits here.
   B: Okay. Is there somewhere I can leave my pet for a while?
② A: Your son seems to take after you.
   B: Yes, he looks a lot more like me than my husband.
③ A: Your hard work is never going to pay off.
   B: I hope you're right. I'm giving it my all.
④ A: I won't be available for tomorrow's meeting.
   B: Alright. Thanks for the heads up.

해설 B의 노력이 절대 성과를 내지 못할 것이라는 A에게 그 말이 맞았으면 좋겠다며 자기는 최선을 다하고 있다는 B의 응답은 모순된다. 따라서 대화 중 자연스럽지 않은 것은 ③이다.

해석 ① A: 죄송하지만, 이곳에는 반려동물 출입이 금지되어 있습니다.
B: 알겠습니다. 제 반려동물을 잠시 둘 수 있는 곳이 있을까요?
② A: 아드님이 당신을 닮은 것 같네요.
B: 네, 그 애는 남편보다 저를 더 많이 닮았어요.
③ A: 네 노력은 절대 성과를 내지 못할 거야.
B: 네 말이 맞았으면 좋겠어. 난 최선을 다하고 있어.
④ A: 난 내일 회의에 못 갈 거야.
B: 알겠어. 미리 알려줘서 고마워.

어휘 off-limits 출입 금지의 take after 닮다 pay off 성과를 내다 heads up 주의, 미리 알려주는 정보

정답 ③

---

12 다음 글의 제목으로 가장 적절한 것은? 제목

The gut-brain connection is no joke; it can link anxiety to stomach problems and vice versa. Have you ever had a "gut-wrenching" experience? Do certain situations make you "feel nauseous?" Have you ever felt "butterflies" in your stomach? We use these expressions for a reason. The digestive system is sensitive to emotion. Anger, anxiety, sadness, joy — all of these feelings can trigger symptoms in the gut. The brain has a direct effect on the stomach and intestines. For example, the very thought of eating can release the stomach's juices before food gets there. This connection goes both ways. A troubled intestine can send signals to the brain, just as a troubled brain can send signals to the gut. Therefore, a person's stomach or intestinal distress can be the cause or the product of anxiety, stress, or depression.

① The Intertwined Relationship of Brain and Gut
② Emotional Eating: Its Causes and How to Stop It
③ Brain Power and Gut Health as Keys to Healthy Living
④ What Are the Gut Signals That Indicate Health Warnings?

해설 소화 기관과 뇌는 양방향으로 연결되어 있어서 분노와 불안 같은 감정이 소화 기관에 증상을 유발할 수도 있고, 위나 장의 고통이 스트레스나 우울증 같은 뇌와 관련된 병증을 야기할 수도 있다는 내용의 글이다. 따라서 글의 제목으로 가장 적절한 것은 ① '뇌와 소화 기관의 서로 얽힌 관계'이다.
② 정서적 섭식: 그 원인과 이를 멈추는 방법 → 소화 과정이 감정의 영향을 받는다고 볼 수 있으나, 정서적 섭식에 관한 글이 아닐뿐더러, 이를 멈추는 방법은 언급되지 않았다.
③ 건강한 삶의 열쇠인 두뇌 능력과 소화 기관의 건강 → 두뇌와 소화 기관의 건강이 건강한 삶에 중요하다는 점을 주장하고자 하는 글이 아니다.
④ 건강상의 경고를 나타내는 소화 기관의 신호는 무엇일까? → 건강 상태가 좋지 않음을 나타내는 소화 기관의 문제를 소개하는 글이 아니다.

해석 소화 기관과 뇌의 연결은 간단하지 않다. 이것은 불안을 위의 문제로 연결시킬 수 있고, 반대의 경우도 마찬가지이다. 당신은 '속이 뒤틀리는' 경험을 한 적이 있는가? 특정 상황이 당신을 '구역질이 나게' 만드는가? 뱃속에서 '나비'가 파닥이는 것처럼 느낀 적이 있는가? 우리가 이런 표현들을 사용하는 데에는 이유가 있다. 소화계는 감정에 민감하다. 분노, 불안, 슬픔, 기쁨, 이 모든 감정은 소화 기관에 증상을 유발할 수 있다. 뇌는 위와 장에 직접적인 영향을 미친다. 예를 들어, 음식을 먹는다는 생각만으로도 음식이 위에 도착하기 전에 위액을 분비할 수 있다. 이러한 연결은 양방향으로 이루어진다. 문제가 있는 뇌가 소화 기관에 신호를 보낼 수 있듯이, 문제가 있는 장도 뇌에 신호를 보낼 수 있다. 따라서, 한 사람이 느끼는 위 또는 장의 고통은 불안, 스트레스 또는 우울감의 원인일 수도 있고 그 결과물일 수도 있다.

어휘 gut 소화 기관, 장 joke 아주 간단한 것, 농담 anxiety 불안, 걱정 stomach 위 vice versa 반대의 경우도 마찬가지 gut-wrenching 속이 뒤틀리는 nauseous 구역질 나는, 불쾌한 digestive system 소화계 trigger 유발하다, 촉발하다 direct 직접적인 intestine 장, 창자 distress 고통 product 결과물 depression 우울감 intertwine 서로 얽히게 하다 emotional eating 정서적 섭식 indicate 나타내다

정답 ①

13 다음 글의 주제로 가장 적절한 것은? [주제]

When presented with information, our brains are naturally drawn to visual cues such as colors, shapes, and patterns, which are processed by the visual cortex. This part of the brain is particularly adept at recognizing and remembering images, making visual information more effective at retaining memory than verbal information. In addition, visual information is processed faster and more efficiently than verbal information, making it more likely to be stored in long-term memory. Therefore, incorporating visual aids such as charts, graphs, and illustrations into learning and communication can significantly improve memory retention. Whether in the classroom or in the workplace, the use of visual aids can improve the effectiveness of presentations, training, and knowledge transfer by making information more memorable.

① types of visual cues that last long in memory
② precautions to take when incorporating visual aids
③ superiority of visual information in memory retention
④ necessity of providing verbal information in visual aids

[해설] 이 글은 우리의 뇌가 언어 정보보다 시각 정보를 더 잘 처리하기 때문에 시각 정보는 장기기억에 더 잘 저장되며, 따라서 시각적 보조 자료를 활용한다면 기억력을 향상시킬 수 있다는 내용이다. 따라서 글의 주제로 가장 적절한 것은 ③ '기억 유지에 있어 시각 정보의 우월성'이다.

① 기억에 오래 남는 시각적 단서의 유형 → 시각적 단서의 예시들이 글에서 언급되었으나, 그러한 예시 자체에 관한 글이라기보다는 그러한 시각적 단서의 특성과 기억력을 향상시키기 위해 이를 활용할 필요성에 관한 글이다.
② 시각적 보조 자료 활용 시 주의 사항 → 시각적 보조 자료를 활용할 때 주의해야 할 사항들을 설명하는 글이 아니다.
④ 시각적 보조 자료에서 언어 정보를 제공할 필요성 → '언어' 정보가 아닌 '시각' 정보를 제공할 필요성을 주장하고 있다.

[해석] 정보를 제공받을 때, 우리의 뇌는 자연스럽게 색상, 모양, 패턴과 같은 시각적 단서에 이끌리는데, 그러한 단서는 시각 피질에 의해 처리된다. 뇌의 이 부위는 이미지를 인식하고 기억하는 데 특히 능숙하여, 시각 정보가 언어 정보보다 기억을 유지하는 데 더 효과적이게끔 만든다. 게다가, 시각 정보는 언어 정보보다 더 빠르고 효율적으로 처리되어, 장기기억에 저장될 가능성을 높인다. 그러므로, 차트, 도표, 삽화와 같은 시각적 보조 자료를 학습과 의사소통에 포함하면 기억력 유지를 크게 향상시킬 수 있다. 교실에서든 직장에서든, 시각적 보조 자료의 활용은 정보를 더 기억하기 쉽게 만듦으로써, 발표, 교육 및 지식 전달의 효과를 향상시킬 수 있다.

[어휘] present 제공[제시]하다 visual cue 시각적 단서 process 처리하다 visual cortex 시각 피질 adept at ~에 능숙한 retain 유지하다 verbal 언어의, 말의 long-term 장기의 incorporate 포함하다 aid 보조 자료 illustration 삽화 retention 유지 transfer 전달 memorable 기억하기 쉬운

[정답] ③

14 다음 글의 요지로 가장 적절한 것은? [요지]

Art has always been an integral part of human civilization, reflecting a society's culture, beliefs, and values. It has evolved and taken many forms throughout history, from ancient cave paintings to the latest digital art. But despite changes in style and medium, the essence of art remains constant. Great works of art have the ability to capture the essence of the human experience, which transcends time and cultural boundaries. Even as society changes, the basic human experience remains the same, and art has the power to capture and express that experience. As art persists as a representation of the fundamental aspects of human experience, it maintains its relevance across generations.

① Art is a timeless expression of our experience.
② Art faces limits in capturing the human experience.
③ Art has evolved and diversified throughout the ages.
④ Art should be experienced solely for its inherent beauty.

[해설] 예술은 인간 경험의 본질을 포착하고 묘사하는 능력이 있기에, 세대를 초월하여 인류 문명과의 관련성을 유지한다는 내용의 글이다. 따라서 글의 요지로 가장 적절한 것은 ① '예술은 시대를 초월한 우리 경험의 표현이다.'이다.

② 예술은 인간의 경험을 포착하는 데 한계에 부딪힌다. → 예술이 인간 경험의 본질을 포착할 수 있음을 강조하는 글의 내용과 반대된다.
③ 예술은 시대에 따라 진화하며 다양해졌다. → 예술이 변화한 측면이 아닌, 예술의 변하지 않는 본질에 관한 글이다.
④ 예술은 오로지 그 고유의 아름다움으로만 경험되어야 한다. → 예술을 감상하는 올바른 방법을 설명하는 글이 아니다.

[해석] 예술은 항상 인류 문명의 필수적인 한 부분으로, 한 사회의 문화, 믿음, 가치관을 반영해 왔다. 그것은 동굴 벽화부터 최신 디지털 예술에 이르기까지, 역사를 통틀어 발전하며 많은 형태를 갖추어 왔다. 하지만 스타일과 매체의 변화에도 불구하고 예술의 본질은 변하지 않은 채로 남아 있다. 위대한 예술 작품에는 시간과 문화적 경계를 초월하는, 인간 경험의 본질을 포착하는 능력이 있다. 심지어 사회가 변화할 때도, 인간의 기본적인 경험은 같은 채로 남아 있으며, 예술은 그 경험을 포착하고 표현하는 힘을 가지고 있다. 예술은 인간 경험의 근본적인 측면을 묘사하는 것으로서 지속되기에, 세대를 초월하여 그 관련성을 유지한다.

[어휘] integral 필수적인 reflect 반영하다 cave painting 동굴 벽화 latest 최신의 medium 매체 constant 변치 않는, 지속적인 capture 포착하다 transcend 초월하다 boundary 경계 persist 지속되다 representation 묘사, 표현 fundamental 근본적인 aspect 측면 maintain 유지하다 relevance 관련성 generation 세대 timeless 시대를 초월한 evolve 발전[진화]하다 diversify 다양해지다 solely 오로지 inherent 고유의, 내재하는

[정답] ①

15 다음 글의 내용과 일치하지 않는 것은?

Native to the rainforests of Indonesia, the Corpse Flower holds the title of the world's largest unbranched flower. When it blooms, it can reach an impressive height of over 3 m. It's named the Corpse Flower because of the filthy smelling odor, similar to rotten meat, when in full bloom. Whereas most flowers use their colors and sweet scents to attract bees, the Corpse Flower uses its smell to attract other insects like beetles and flies for its pollination. The Corpse Flower's bloom is a rare spectacle, occurring only once every few years and lasting for just a few days. This is because it only blooms when it has sufficient energy to do so.

① 시체꽃은 가지 없는 꽃 중에 크기가 가장 크다.
② 시체꽃은 만개할 때 나는 냄새 때문에 그 이름을 얻었다.
③ 시체꽃은 특유의 색으로 벌을 끌어들여 수분을 돕게 한다.
④ 시체꽃의 꽃은 피는 데 몇 년이 걸리지만 며칠 이내에 진다.

해설 4번째 문장에서 색을 이용하여 벌을 끌어들이는 것은 시체꽃이 아닌 다른 꽃들에 해당하는 특성이며, 시체꽃은 냄새를 이용하여 딱정벌레와 파리와 같은 다른 곤충을 유인하는 것을 알 수 있다. 따라서 글의 내용과 일치하지 않는 것은 ③ '시체꽃은 특유의 색으로 벌을 끌어들여 수분을 돕게 한다.'이다.
① 시체꽃은 가지 없는 꽃 중에 크기가 가장 크다. → 첫 문장에서 언급된 내용이다.
② 시체꽃은 만개할 때 나는 냄새 때문에 그 이름을 얻었다. → 3번째 문장에서 언급된 내용이다.
④ 시체꽃의 꽃은 피는 데 몇 년이 걸리지만 며칠 이내에 진다. → 마지막 2번째 문장에서 언급된 내용이다.

해석 인도네시아 열대우림이 원산지인 시체꽃은 세계에서 가장 큰 가지가 없는 꽃이라는 칭호를 가지고 있다. 이것은 피면 3m가 넘는 인상적인 높이에 이른다. 이것은 만개했을 때 썩은 고기 냄새와 비슷한 악취 때문에 시체꽃이라는 이름이 붙여졌다. 대부분의 꽃이 벌을 유인하기 위해 색과 달콤한 향기를 이용하는 반면, 시체꽃은 그것의 수분을 위해 그 냄새를 이용하여 딱정벌레와 파리 같은 다른 곤충을 유인한다. 시체꽃의 개화는 몇 년에 한 번만 일어나며 며칠 동안만 지속되는 희귀한 광경이다. 이는 이것이 충분한 에너지가 있을 때만 꽃을 피우기 때문이다.

어휘 rainforest 열대우림 unbranched 가지가 없는 bloom 꽃을 피우다; 개화 impressive 인상적인 height 높이 filthy 고약한 odor 냄새 rotten 썩은 scent 향 beetle 딱정벌레 pollination 수분(受粉) spectacle 광경 last 지속되다 sufficient 충분한

정답 ③

16 다음 글의 흐름상 어색한 문장은?

In negotiations, using a framework helps establish clear boundaries and expectations for the discussion. ① It defines the problem or opportunity, which involves eliminating irrelevant clutter. ② By organizing relevant information, the negotiator can sharpen his understanding of what's on the table. ③ A framework enables team managers to decide what the primary issues would be in negotiations and develop some workable scenarios. ④ Emphasizing solely on profits in negotiations is crucial, as it can secure immediate gains. One thing to keep in mind is that it should focus the team on the core values; this means that as a leader, the manager needs to consider the overall strategic direction, not just the money.

해설 협상에서 틀을 갖추는 것의 중요성을 설명하는 글이다. ④의 경우 협상에서 이익에만 집중하는 것이 매우 중요하다고 말하고 있지만, 바로 뒤에서는 관리자가 돈뿐만 아니라 전반적인 전략적 방향을 고려해야 한다고 말하고 있다. 따라서 ④는 글의 맥락에 맞지 않을뿐더러 글의 마지막 문장과 상충하는 것을 알 수 있으므로, 글의 흐름상 어색한 문장은 ④이다.

해석 협상에서 틀을 이용하는 것은 논의의 명확한 경계와 기대치를 설정하는 데 도움이 된다. 그것은 문제 또는 기회를 정의하는데, 이것은 관련 없는 불필요한 요소를 제거하는 것을 포함한다. 관련 정보를 정리함으로써 협상자는 상정 중인 내용에 대한 이해를 분명히 할 수 있다. 이 틀은 팀장이 협상에서 주된 이슈가 무엇일지 결정하고 실행 가능한 시나리오를 전개할 수 있게 한다. (협상에서 오로지 이익만을 강조하는 것은 그것이 즉각적인 이익을 얻어낼 수 있다는 점에서 매우 중요하다.) 한 가지 명심해야 할 것은 그것이 핵심 가치에 팀을 집중시켜야 한다는 것인데, 이는 관리자가 리더로서 돈뿐만 아니라 전반적인 전략적 방향을 고려해야 한다는 뜻이다.

어휘 negotiation 협상 framework 틀, 체계 establish 설정[수립]하다 boundary 경계 expectation 기대 define 정의하다 opportunity 기회 involve 포함하다 eliminate 제거하다 irrelevant 무관한 clutter 잡동사니 organize 정리하다 sharpen 분명히 하다 on the table 상정 중인 enable 가능하게 하다 primary 주된 workable 실행 가능한 emphasize 강조하다 solely 오로지 profit 이익 crucial 매우 중요한 secure 얻어내다 immediate 즉각적인 gain 이득 core 핵심적인 overall 전반적인 strategic 전략적인 direction 방향

정답 ④

17 주어진 글 다음에 이어질 글의 순서로 가장 적절한 것은?　순서배열

> When someone starts to cry, other people tend to feel empathy and concern.

> (A) A recent experiment found that the smell of women's tears can reduce aggression in men. It only analyzed the effect of women's tears on men, as most of the volunteers for tear donation samples were women.
>
> (B) The scientists said it was likely, however, that "all tears would have the same effect" and added that this may help explain why humans evolved the ability to cry.
>
> (C) But the biological reasons for shedding tears can extend beyond merely prompting a sense of compassion. In fact, tears appear to take on a role as a chemical peacemaker between men and women.

① (B) - (A) - (C)　　② (B) - (C) - (A)
③ (C) - (A) - (B)　　④ (C) - (B) - (A)

해설 주어진 글 뒤에는 empathy and concern을 a sense of compassion으로 재지칭하며, But을 통해 그것 외에도 눈물을 흘리는 다른 생물학적 이유가 있음을 언급하는 (C)가 오는 것이 적합하다. 그다음으로, 눈물이 남성과 여성 사이에서 화학적 중재자 역할을 한다는 내용을 구체적으로 설명하는 (A)가 와야 한다. 마지막으로, 그 실험에서는 여성 눈물의 효과만을 분석했다는 말에 이어, 모든 눈물이 같은 효과를 가질 것이라고 말한 과학자의 의견을 however로 연결하는 (B)가 오는 것이 자연스럽다. 따라서 글의 순서로 가장 적절한 것은 ③ '(C) - (A) - (B)'이다.

해석 누군가가 울기 시작하면 다른 사람들은 공감과 걱정을 하는 경향이 있다. (C) 그러나 눈물을 흘리는 생물학적 이유는 단순히 동정심을 불러일으키는 것 이상으로 확장될 수 있다. 실제로 눈물은 남성과 여성 사이에서 화학적 중재자 역할을 하는 것으로 보인다. (A) 최근 한 실험은 여성의 눈물 냄새가 남성의 공격성을 감소시킬 수 있다는 것을 밝혀냈다. 이 실험은 눈물 기증 표본의 지원자 대부분이 여성이었기 때문에 여성의 눈물이 남성에게 미치는 영향만을 분석했다. (B) 그러나, 과학자들은 "모든 눈물이 같은 효과를 가질" 가능성이 크다고 말하며, 이것이 인간이 울 수 있는 능력을 진화시킨 이유를 설명하는 데 도움이 될 수 있다고 덧붙였다.

어휘 empathy 공감 concern 걱정, 염려 tears 눈물 reduce 감소시키다 aggression 공격성 analyze 분석하다 volunteer 지원자, 자발적으로 하는 사람 donation 기증 evolve 진화시키다 biological 생물학적인 shed (눈물을) 흘리다 extend 확장하다 prompt 유발하다 compassion 동정심 take on 떠맡다 chemical 화학적인 peacemaker 중재자

정답 ③

18 주어진 문장이 들어갈 위치로 가장 적절한 것은?　문장삽입

> Even though members of these groups may all speak English and live in the same town, there are features of their work lives that distinguish them from other professionals.

> While we often use the term "cultural group" to refer to a particular ethnic group, we might also use it to talk about cliques. (①) Often a group of children from widely varied family backgrounds will have a common passion for a particular musician or author, and that shared interest will come to define who is in their group and who is not — this could be appropriately identified as a cultural group. (②) Professions also act to define cultural groups. (③) Nurses can be thought of as a cultural group, as can bus drivers, bank tellers, and bartenders. (④) Such examples can be the accepted attire, the hours that they work, the equipment that they use, and the manner in which they communicate.

*clique: 파벌

해설 주어진 문장은 이러한 집단 구성원들이 어떠한 공통적인 특징을 지닌다고 할지라도 그들의 직장 생활에는 다른 전문직 종사자들과 구별되는 특징이 있다는 내용이므로, 앞에는 these groups가 지칭하는 대상이 와야 하며, 뒤에는 features of their work lives에 관한 부분이 부연 설명되는 것이 자연스럽다. ④ 앞에서 여러 전문가 집단이 열거되었는데, 이를 these groups가 나타내는 대상으로 추측할 수 있으며, ④ 뒤에서는 복장, 근무 시간, 장비 등을 예로 들었으므로 이는 주어진 문장의 features에 해당하는 것을 알 수 있다. 더불어 ④ 앞뒤를 봤을 때도 문맥이 끊기므로, 주어진 문장이 들어갈 위치로 가장 적절한 것은 ④이다.

해석 우리는 종종 '문화 집단'이라는 용어를 특정 민족 집단을 지칭할 때 사용하지만, 그것을 파벌에 관해 이야기할 때도 사용할 수 있다. 매우 다양한 가정 배경을 가진 한 집단의 아이들이 특정 음악가나 작가에 대한 공통된 열정을 가지고 있을 경우가 많으며, 그러한 공유된 관심사는 그들 집단에 누가 속하는지, 누가 속하지 않는지를 정의하게 될 것인데, 이것은 문화 집단으로 적절히 인정될 수 있다. 직업도 문화 집단을 정의하는 역할을 한다. 간호사는 버스 운전사, 은행원, 바텐더와 마찬가지로 하나의 문화 집단으로 여겨질 수 있다. 이러한 집단의 구성원들이 모두 영어를 사용하고 같은 도시에 거주한다고 할지라도, 직장 생활에는 그들을 다른 전문직 종사자들과 구별하는 특징이 있다. 허용되는 복장, 근무 시간, 사용하는 장비, 소통 방식이 그러한 예가 될 수 있다.

어휘 feature 특징 distinguish 구별하다 refer to ~을 지칭하다 particular 특정한 ethnic 민족의 varied 다양한 background 배경 define 정의하다 appropriately 적절하게 identify 확인[식별]하다 be thought of as ~으로 여겨지다 bank teller 은행원 attire 복장, 의복 equipment 장비 manner 방식

정답 ④

An accountant who follows safe practices sleeps well, but may struggle to climb the corporate ladder. When the stock market is full of optimism (a "bull market"), there are intense pressures within companies to push the stated profit level to the highest feasible point. This could be considered an odd statement, since profit might seem to be a simple matter of fact. However, the calculation of profit (which is effectively an estimation) is underpinned by a series of assumptions, and therefore a company's stated profit is effectively a(n) _____ figure. Different accounting teams may come up with different figures, even though the underlying data that they are analyzing is the same.

① movable
② objective
③ financial
④ constant

해설 이익은 순전한 사실 사항으로 보이지만, 사실상 추정치이며 이익을 산정하는 데에는 일련의 가정이 들어가기 때문에 명시된 이익을 최고치로 끌어올리라는 말은 이상한 것이 아니라는 내용의 글이다. 동일한 데이터를 가지고도 다른 이익 수치를 제시할 수 있다는 것은 명시된 이익이 사실상 변할 수 있는 수치임을 나타낸다. 따라서 빈칸에 들어갈 말로 가장 적절한 것은 ① '변동 가능한'이다.

② 객관적인 → 회계팀마다 그 수치를 다르게 제시할 수 있다는 설명으로 보아 객관적인 것과는 거리가 멀다.

③ 재정적인 → 명시된 이익이 재정과 관련 있다고 볼 수는 있으나, 수치가 변할 수 있다는 점이 글의 핵심이므로 적절하지 않다.

④ 변함없는 → 오히려 변할 수 있다는 것이 글의 핵심이다.

해석 안전한 관행을 따르는 회계사는 잠은 잘 자겠지만, 기업의 승진 사다리를 오르는 데에는 어려움을 겪을 수 있다. 주식 시장에 낙관론('강세장')이 가득하면 기업 내부에서는 명시된 이익 수준을 가능한 최고치로 끌어올리라는 강한 압박이 있다. 이익은 순전한 사실 사항으로 보일 수 있기 때문에 이것이 이상한 진술로 여겨질 수도 있다. 하지만 이익의 산정(사실상 추정치인 것)은 일련의 가정을 토대로 하며, 이에 따라 회사의 명시된 이익은 사실상 변동 가능한 수치이다. 그들이 분석하는 기초 데이터가 동일할지라도, 다른 회계팀은 다른 수치를 제시하게 될 수 있는 것이다.

어휘 accountant 회계사 practice 관행 struggle 분투하다, 어려움을 겪다 climb 오르다 corporate ladder 기업체의 계층 서열 stock 주식 optimism 낙관론 bull market 강세장 intense 심한, 격렬한 stated 명시된 profit 이익 feasible 실행할 수 있는 odd 이상한 statement 진술 matter of fact 사실 사항 calculation 계산 effectively 사실상 estimation 추정치 underpin 뒷받침하다 assumption 가정, 가설 come up with ~을 제안하다 figure 수치 underlying 기초가 되는 analyze 분석하다

정답 ①

The simulation of possible futures is one of the key businesses of intelligent brains. *Should I nod in agreement, or tell the boss that it's a dumb idea? What would surprise my spouse for our anniversary? Will I enjoy Chinese, Italian, or Mexican for dinner tonight? If I get the job, should I live in a home in the Valley or an apartment in the city?* We can't test every conceivable action to understand the outcomes, so we run simulations internally. All but one of those scenarios won't actually happen — or maybe none of them will — but by preparing ourselves for the alternatives, we're able to more flexibly respond to the future. This sensitivity marks the major change that allowed us to become cognitively modern humans. We are masters at _____. We take *what is* and transform it into a wide array of *what-ifs*.

① generating alternative realities
② guessing how others may think of us
③ turning our simulations into physical realities
④ wasting time running meaningless simulations

해설 다양한 미래 결과에 관해 머릿속으로 시뮬레이션하는 과정을 통해 미래에 대한 유연한 대처가 가능해진다는 내용의 글이다. 빈칸은 이러한 우리의 능력에 관한 표현이어야 하므로, 빈칸에 들어갈 말로 가장 적절한 것은 ① '대안 현실을 만들어 내는'이다.

② 다른 사람들이 우리를 어떻게 생각하는지 추측하는 → 다른 사람들이 우리를 어떻게 바라보는지에 관한 생각이 우리가 하는 가정의 하나가 될 수는 있겠으나, 그것이 글의 핵심은 아니다.

③ 시뮬레이션을 실제 현실로 바꾸는 → 시뮬레이션을 실제로 실현하고자 하는 의지보다는, 가능한 결과들을 끊임없이 시뮬레이션 돌리는 능력에 관한 것이며, 그 시뮬레이션은 실제로 거의 실현되지 않는다고 언급되므로 적절하지 않다.

④ 의미 없는 시뮬레이션 실행에 시간을 낭비하는 → 시뮬레이션 실행을 통해 우리가 미래에 더 유연하게 대처할 수 있으며, 이것이 우리가 인지적으로 현대적인 인간이 될 수 있게 해준다고 언급되므로, 시뮬레이션이 의미가 없으며 시간을 낭비하는 행위라는 부정적인 표현은 적합하지 않다.

해석 가능한 미래를 시뮬레이션하는 것은 지능적인 두뇌의 핵심 업무 중 하나이다. '동의한다는 뜻으로 고개를 끄덕여야 할까, 아니면 상사에게 그것이 바보 같은 아이디어라고 말해야 할까? 결혼기념일에는 무엇이 배우자를 놀라게 할까? 오늘 저녁으로 중식, 이탈리아 음식 아니면 멕시코 음식을 먹게 될까? 만일 그 직장을 잡으면, Valley에 있는 집에서 살까, 아니면 시내 아파트에서 살까?' 우리는 결과를 이해하기 위해 상상할 수 있는 모든 행동을 시험할 수는 없기 때문에, 마음속으로 시뮬레이션을 돌린다. 그런 시나리오 중 하나를 빼고는, 어쩌면 아무것도 실제로 일어나지 않겠지만, 대안을 준비함으로써 우리는 미래에 더 유연하게 대처할 수 있다. 이러한 민감성은 우리가 인지적으로 현대적인 인간이 될 수 있게 해준 주요한 변화를 나타낸다. 우리는 대안 현실을 만들어 내는 것에 숙달돼 있다. 우리는 '현재 있는' 것을 가지고 그것을 매우 다양한 '가정'으로 바꾼다.

어휘 simulation 시뮬레이션 business 업무 intelligent 지적인 nod 고개를 끄덕이다 in agreement 동의하여 dumb 멍청한 spouse 배우자 conceivable 상상할 수 있는 outcome 결과 internally 내적으로, 마음속으로 alternative 대안 flexibly 유연하게 sensitivity 민감성 cognitively 인지적으로 an array of 다수의 generate 만들어 내다 waste 낭비하다 run 작동시키다

정답 ①

01	02	03	04	05
②	①	④	②	③
06	07	08	09	10
③	②	④	①	③
11	12	13	14	15
①	③	①	④	③
16	17	18	19	20
④	③	③	②	①

01 밑줄 친 부분의 의미와 가장 가까운 것은? [어휘]

The government tried to address the economic downturn by implementing a drastic policy shift.

① decent
② radical
③ internal
④ temporary

해설 drastic은 '과감한'이라는 뜻으로, 이와 의미가 가장 가까운 것은 ② 'radical (과격한)'이다.
① 괜찮은 ③ 내부의 ④ 일시적인
해석 정부는 과감한 정책 전환을 시행하여 경기 침체를 해결하려 했다.
어휘 address 해결하다 downturn 침체 implement 시행하다

정답 ②

02 밑줄 친 부분의 의미와 가장 가까운 것은? [어휘]

The theory is the most prominent explanation for the origin of the universe.

① famous
② probable
③ general
④ convincing

해설 prominent는 '유명한'이라는 뜻으로, 이와 의미가 가장 가까운 것은 ① 'famous (유명한)'이다.
② 개연성 있는 ③ 일반적인 ④ 설득력 있는
해석 그 이론은 우주의 기원에 대한 가장 유명한 설명이다.
어휘 explanation 설명

정답 ①

03 밑줄 친 부분의 의미와 가장 가까운 것은? [이디엄]

The aspiring singer was on a par with the world-class performers.

① far from
② familiar with
③ inferior to
④ equivalent to

해설 on a par with는 '~와 동등한'이라는 뜻으로, 이와 의미가 가장 가까운 것은 ④ 'equivalent to(~와 동등한)'이다.
① ~와 거리가 먼 ② ~에 정통한 ③ ~보다 못한
해석 그 가수 지망생은 세계 최상급의 가수들과 (실력이) 동등했다.
어휘 aspiring 장차 ~가 되려는

정답 ④

04 밑줄 친 부분에 들어갈 말로 가장 적절한 것은? [이어동사]

The doctor advised him to _____ game participation until his health improved.

① go after
② put off
③ run out of
④ get down to

해설 건강이 회복되기 전까지는 경기에 참가하지 말라는 조언을 할 수 있을 것이므로, 빈칸에 들어갈 말로 가장 적절한 것은 ② 'put off(미루다)'이다.
① 추구하다 ③ 다 써버리다 ④ 착수하다
해석 의사는 그에게 건강이 좋아질 때까지 경기 출전을 미루라고 조언했다.
어휘 participation 참가

정답 ②

05 어법상 옳지 않은 것은? [문법]

① My family found it rewarding to help others in need.
② This book isn't as interesting as the one I read last week.
③ The data was organized into graphs after obtaining in the lab.
④ I would rather suffer from loneliness than be in a bad relationship.

[해설] (obtaining → being obtained) 전치사 after 뒤에 동명사가 오고 있는데, 이때 의미상 주어인 The data가 '얻은' 것이 아니라 '얻어진' 것이므로 수동형 being obtained로 쓰여야 한다. 참고로 자료가 '정리된' 것이므로 수동태 was organized는 적절하게 쓰였다.
① find가 5형식 동사로 쓰여 to 부정사를 목적어로 취할 땐 'find + 가목적어 it + 목적격 보어 + to RV'의 구조를 취한다.
② 'as ~ as' 원급 표현 사이에는 형용사나 부사가 들어가는데, 여기서는 be동사 isn't의 보어로 분사형 형용사가 왔으며, 이때 주어인 This book이 '흥미를 갖게 하는' 것이므로 능동의 현재분사 interesting이 적절하게 쓰였다. 또한 두 번째 as 뒤 대명사 the one은 앞에 나온 명사 book을 대신하여 맞게 쓰였다.
④ 'would rather A than B'는 'B하기보다는 차라리 A하는 것이 낫다'라는 뜻의 표현이다. 이때 would rather가 조동사이므로 A와 B에 각각 원형부정사 suffer와 be가 온 것은 적절하다.
[해석] ① 우리 가족은 어려운 사람들을 돕는 것이 보람 있다고 느꼈다.
② 이 책은 내가 지난주에 읽은 책만큼 재미있지 않다.
③ 그 자료는 실험실에서 얻어진 후 그래프로 정리되었다.
④ 나는 나쁜 관계를 맺기보다 외로움에 시달리는 것이 낫다.
[어휘] rewarding 보람 있는 organize 정리하다 loneliness 외로움

[정답] ③

06 어법상 옳지 않은 것은? [문법]

① Not once did they complain about the workload.
② I can't but sing along whenever I hear that song.
③ The issue arose in charge the correct fees for the tickets.
④ The sky filled with stars twinkling in the darkness was so amazing.

[해설] (charge → charging) 전치사 in 뒤에는 명사(구)가 와야 하는데, 여기서는 charge 뒤에 또 명사구 the correct fees가 오고 있으므로, charge를 목적어를 취할 수 있는 동명사 형태인 charging으로 고쳐야 한다. 참고로 arose는 '발생하다'라는 뜻의 자동사 arise의 과거형으로 적절하게 쓰였다.
① 부정부사구 not once가 문두에 오면서 주어와 동사가 의문문의 어순으로 적절히 도치되었다. complain은 전치사 없이 목적어를 취할 수 없는 자동사이므로 about의 쓰임도 적절하다.
② 'cannot but RV'는 '~할 수밖에 없다'라는 뜻의 관용 표현으로 적절하게 쓰였다. 또한 복합관계부사 whenever 뒤에 완전한 절이 오고 있는 것도 적절하다.
④ 분사구 filled ~ darkness가 The sky를, twinkling in the darkness가 stars를 이중으로 수식하고 있다. 하늘이 별로 '채워진' 것이므로 수동의 과거분사 filled가, 별이 '반짝거리는' 것이므로 능동의 현재분사 twinkling이 각각 적절하게 쓰였다. 또한 주어가 단수 명사인 The sky이므로 그에 수일치한 단수 동사 was의 쓰임은 적절하며, 하늘이 '놀라게 한' 것이므로 현재분사 amazing의 쓰임도 적절하다.

[해석] ① 그들은 단 한 번도 업무량에 관해 불평하지 않았다.
② 나는 그 노래를 들을 때마다 따라 부르지 않을 수가 없다.
③ 티켓에 대한 정확한 요금을 청구하는 데 문제가 발생했다.
④ 어둠 속에서 반짝이는 별들로 가득 찬 하늘은 정말 놀라웠다.
[어휘] workload 업무량 charge 청구[부과]하다 fee 요금 twinkle 반짝거리다

[정답] ③

07 우리말을 영어로 잘못 옮긴 것은? [문법]

① 넌 누가 그와 결혼할 것 같아?
→ Who do you think is going to marry him?
② 진한 커피 한 잔이 내가 깨어 있도록 도와주었다.
→ A strong cup of coffee helped me staying awake.
③ 농구에서 성공하려면 큰 키와 지구력이 모두 필요하다.
→ Basketball requires both height and endurance to succeed.
④ 다양한 이국적인 동물들이 있던 동물원이 문을 닫았다.
→ The zoo which had a variety of exotic animals was shut down.

[해설] (staying → (to) stay) 준사역동사 help는 '(to) RV'를 목적격 보어로 취하므로, staying을 (to) stay로 고쳐야 한다. 참고로 2형식 동사로 쓰인 stay가 서술적 용법의 형용사 awake를 보어로 취하고 있는 것은 적절하다.
① think와 같은 판단동사가 포함된 의문사 없는 의문문(Do you think ~?)에서 간접의문문이 목적어로 올 때, 간접의문문의 의문사를 문두로 보내야 하므로 Who do you think의 어순은 적절하다. 또한 완전타동사 marry가 전치사 없이 목적어를 바로 취하고 있는 것도 적절하다.
③ 동사 requires의 목적어로 'A와 B 모두'라는 뜻의 'both A and B' 구문이 주어진 우리말에 맞게 적절히 쓰였다. to succeed는 to 부정사의 부사적 용법으로 쓰였다.
④ 관계대명사 which가 The zoo를 선행사로 받아 주어가 없는 불완전한 절을 이끌고 있는 것은 적절하다. 또한 단수 명사인 주어 The zoo가 '문 닫힌' 것이므로 단수 수동태 was shut down도 적절하게 쓰였다.

[어휘] height 큰 키 endurance 인내력, 지구력 exotic 이국적인 shut down 문을 닫다

[정답] ②

08 우리말을 영어로 잘못 옮긴 것은? `문법`

① 그녀의 승소 가능성은 기껏해야 희박하다.
  → Her chances of winning the case are slim at best.
② 예술 분야에서 직업을 택하는 것은 종종 위험한 것으로 여겨진다.
  → Choosing a career in the arts is often seen as risky.
③ 시간이 늦어서 우리는 일을 끝내고 집에 가기로 했다.
  → It being late, we decided to call it a night and head home.
④ 각자의 의견이 모두 달라서 합의점을 찾기가 어렵다.
  → It's hard to find a consensus because all the different opinions each one holds.

`해설` (because → because of) 접속사 because 뒤에는 절이 와야 하는데, 여기서는 명사구가 오고 있으므로 because를 전치사 because of로 고쳐야 한다. 참고로 난이형용사 hard가 포함된 가주어(It)-진주어(to find) 구문이 쓰이고 있으며, all이 전치한 정사로 쓰여 한정사 the보다 앞에 온 것은 적절하다. 또한 opinions와 each 사이에 목적격 관계대명사가 생략되어 holds 뒤 목적어 자리가 비어있는 것은 적절하며, each가 부정형용사로 쓰여 뒤에 단수 명사 one과 단수 동사 holds가 오고 있는 것도 적절하다.
① 주어가 복수 명사인 Her chances이므로 그에 수일치한 복수 동사 are의 쓰임은 적절하다. at best는 '기껏해야'라는 뜻의 관용어구로 주어진 우리말에 맞게 쓰였다. '최악의 경우에'라는 뜻을 지닌 at worst와의 구별에 유의해야 한다.
② 주어가 동명사구인 Choosing ~ arts이므로 단수 동사 is로 수일치한 것은 적절하다. 또한 'A를 B로 간주하다'라는 뜻의 'see A as B' 구문은 수동태로 바꾸면 'A be seen as B' 형태가 되므로 as risky의 쓰임도 적절하다.
③ 분사구문의 의미상 주어와 주절의 주어가 다르고, 분사구문에서 지칭하는 특정 주체가 없으므로 비인칭주어 it을 생략하지 않은 것은 적절하다. decide는 to 부정사를 목적어로 취하는 동사이므로, 등위접속사 and로 병렬된 to call과 (to) head의 쓰임은 적절하다.

`어휘` case 소송 (사건) slim 희박한 risky 위험한 call it a night (그날 밤의 일을) 끝내다 head 가다, 향하다 consensus 의견 일치, 합의

`정답` ④

09 두 사람의 대화 중 가장 어색한 것은? `생활영어`

① A: I found there were a lot of errors in your paper.
  B: I'm flattered. I'll make sure to double-check next time.
② A: Could you stop shaking your legs? I can't stand it.
  B: I didn't even realize I was. Sorry about that.
③ A: Sorry to interrupt your meal, but we need to leave soon.
  B: Okay, I'll finish my meal in a snap.
④ A: Tomorrow's the day I hear back about my job application.
  B: Oh, it is? I'll keep my fingers crossed for you!

`해설` 논문에 오류가 많다는 지적을 칭찬으로 받아들이는 B의 반응은 적절하지 않다. 따라서 대화 중 가장 어색한 것은 ①이다.
`해석` ① A: 당신의 논문에 오류가 많던데요.
B: 어깨가 으쓱해지네요. 다음에는 꼭 재확인하겠습니다.
② A: 다리 좀 그만 떨면 안 돼요? 참을 수가 없어요.
B: 제가 그러고 있는 줄도 몰랐어요. 죄송해요.
③ A: 식사 방해해서 죄송하지만, 저희가 곧 가야 해서요.
B: 알겠습니다, 곧 식사를 끝낼게요.
④ A: 내일이 입사 지원에 대한 답변을 듣는 날이야.
B: 아, 그래? 행운을 빌게!
`어휘` paper 논문 double-check 재확인하다 be flattered 어깨가 으쓱해지다, 우쭐해지다 stand 견디다 interrupt 방해하다 in a snap 곧, 당장에 hear back 답변을 듣다 application 지원(서) keep one's fingers crossed 행운을 빌다

`정답` ①

10 밑줄 친 부분에 들어갈 말로 가장 적절한 것은? `생활영어`

A: Do you know where my car key is?
B: Don't you always leave it on your desk?
A: Yeah, but it's not there. I really need to find it. I have an appointment with a client soon!
B: _____
A: I should do that. Could you maybe look for it while I'm gone?
B: Of course. Don't worry about the key. Just hurry so you won't be late!

① You should cancel the meeting with the client.
② I think I saw it on the kitchen table, actually.
③ Why don't you take a taxi today instead?
④ What time is the appointment exactly?

`해설` 곧 고객과의 약속 시간인데 차 키를 못 찾겠다는 A에게 B가 빈칸 내용을 언급하자, A가 그렇게 해야겠다며 자기가 떠난 뒤 열쇠를 찾아봐 달라는 부탁을 했으므로, 빈칸에는 다른 교통수단 이용을 제안하는 내용이 왔음을 추측할 수 있다. 따라서 빈칸에 들어갈 말로 가장 적절한 것은 ③ '오늘은 대신에 택시를 타는 게 어때?'이다.
① 고객과의 미팅을 취소하는 게 좋겠다.
② 사실 나 그거 식탁 위에서 본 것 같아.
④ 약속 시간이 정확히 몇 시야?

해석 A: 내 차 키가 어디 있는지 알아?

B: 항상 책상 위에 두지 않아?

A: 응, 근데 거기에 없어. 꼭 찾아야 하는데. 곧 고객과 약속이 있어!

B: 오늘은 대신에 택시를 타는 게 어때?

A: 그래야겠어. 내가 없는 동안 혹시 그걸 찾아봐 줄 수 있을까?

B: 물론이지. 열쇠는 걱정하지 마. 늦지 않게 서둘러!

어휘 appointment 약속

정답 ③

---

11 주어진 글 다음에 이어질 글의 순서로 가장 적절한 것은? 순서배열

Achieving perfect mastery over our desires is nearly impossible. Even Buddha retained basic desires like sleeping and eating.

(A) One sign is tranquility — a sense of contentment with our life, regardless of circumstances. This inner peace liberates us from obsessing over material gains, which we wrongly believe will bring lasting happiness.

(B) What we should, therefore, seek is *relative* mastery. This involves fulfilling some desires while suppressing others. Then, how will we know when our mastery has reached a sufficient level?

(C) And more importantly, it frees us from envying other people's lives. We become able to embrace and live our own lives fully.

① (B) - (A) - (C) ② (B) - (C) - (A)
③ (C) - (A) - (B) ④ (C) - (B) - (A)

해설 주어진 글은 욕망에 대한 완벽한 통제는 어렵다는 내용이고, (B)는 이 내용을 therefore로 연결하며 그렇기 때문에 우리는 욕망에 대해 '상대적 통제'를 추구해야 한다고 말한다. (B) 후반부와 (A) 초반부는 질문과 답변 구조로 연결되어, 상대적 통제가 충분한 수준에 도달했다는 신호가 바로 내면의 평온임을 알려준다. 마지막으로 (C)는 it, 즉 (A)에서 나온 This inner peace의 더 중요한 효과를 언급하며 글을 마무리한다. 따라서 글의 순서로 가장 적절한 것은 ① '(B) - (A) - (C)'이다.

해석 우리의 욕망에 대한 완벽한 통제를 해내는 것은 거의 불가능하다. 심지어 부처도 자거나 먹는 것과 같은 기본적 욕구를 유지했다. (B) 그러므로 우리가 추구해야 할 것은 '상대적인' 통제이다. 이것은 어떤 욕망은 충족시키면서 다른 욕망은 억누르는 것을 수반한다. 그렇다면, 우리의 통제가 충분한 수준에 도달했는지 우리가 어떻게 알 수 있을까? (A) 한 가지 신호는 평온함, 즉 (우리가 처한) 상황에 상관없이 느끼는 우리의 삶에 대한 만족감이다. 이러한 내면의 평화는 영원한 행복을 가져다준다고 우리가 잘못 믿고 있는 물질적 이득에 집착하는 것에서 우리를 벗어나게 해준다. (C) 그리고 더 중요한 것은, 그것이 타인의 삶을 질투하는 것으로부터 우리를 자유롭게 해준다는 것이다. 우리는 자신의 삶을 온전히 받아들이고 살게 된다.

어휘 achieve 달성하다 mastery 통제, 숙달 desire 욕망 retain 유지하다 tranquility 평온 contentment 만족 regardless of ~에 상관없이 circumstance 상황 inner 내면의 liberate 해방하다 obsess 집착하다 material 물질적인 lasting 영속적인 relative 상대적인 fulfil 충족시키다 suppress 억누르다 sufficient 충분한 envy 질투하다 embrace 받아들이다 fully 완전히

정답 ①

---

12 주어진 문장이 들어갈 위치로 가장 적절한 곳은? 문장삽입

This approach wasn't widely used, because it didn't make a distinction between those who died *from* the virus and those who died *with* the virus but from another cause.

The most frightening figures publicized in 2020 were the coronavirus death counts. The COVID-19 dashboard maintained by Johns Hopkins University reported the numbers by country. (①) Yet comparing these numbers was challenging due to differing counting methods across countries. (②) Italy, for example, counted individuals who had died and had a positive COVID-19 test result. (③) To prevent this issue, countries like Austria used much stricter counts, counting only those who had tested positive and where they could establish that the death was due to the virus. (④) On the contrary, there were others like Belgium that reported COVID-19 deaths for those who had not even been tested.

해설 주어진 문장은 This approach가 사망이 코로나19 바이러스에 의한 것이었는지, 다른 원인에 의한 것이었는지 구분되지 않았다는 문제점을 기술하고 있다. 이는 ③ 앞 문장에서 언급된, 이탈리아가 코로나19 양성 판정을 받은 적 있는 사망자를 단순 집계한 것에서 발생한 것이므로, This approach가 가리키는 것은 이탈리아의 집계 방식임을 알 수 있다. 또한 ③ 뒤 문장에서 언급되는 this issue가 주어진 문장의 문제점을 가리켜, 이를 해결하기 위해 더 엄격한 집계 방식을 사용했다는 내용이 이어지는 것이 자연스럽다. 따라서 주어진 문장이 들어갈 위치로 가장 적절한 곳은 ③이다.

해석 2020년에 발표된 가장 무서운 수치는 코로나바이러스 사망자 수였다. Johns Hopkins 대학교에서 관리하는 코로나19 대시보드는 국가별 사망자 수를 보고했다. 그러나 국가마다 상이한 집계 방식 때문에 이 수치를 비교하는 것은 쉽지 않았다. 예를 들어, 이탈리아는 사망하고 코로나19 검사 결과가 양성이었던 사람들을 집계했다. 이 접근법은 널리 사용되지 않았는데, 왜냐하면 그것이 그 바이러스로 '인해' 사망한 사람과 그 바이러스가 '있었지만' 다른 원인으로 사망한 사람을 구분하지 않았기 때문이다. 이 문제를 방지하기 위해 오스트리아 같은 국가는 훨씬 더 엄격한 집계를 적용하여 양성 판정을 받았던 사람만을, 그리고 사망이 바이러스로 인한 것임을 규명할 수 있는 경우만을 집계했다. 반면, 검사도 받지 않았던 사람을 두고 코로나19 사망으로 보고한 벨기에 같은 다른 국가도 있었다.

어휘 approach 접근법 distinction 구분 frightening 무서운 figure 수치 publicize 알리다 maintain 유지[관리]하다 challenging 쉽지 않은, 힘든 differing 상이한 count 집계하다; 집계 positive 양성의 strict 엄격한 establish 규명하다

정답 ③

The key feature of parental altruism is full empathy with the children. In other words, altruistic parents accept their children's own opinion of what is good for them — they look at their children through the children's eyes rather than imposing their own views on what is best. Since altruistic parents agree with their children's preferences, they would always let the children rule. Altruistic parents would never force their children to do anything they dislike, even under circumstances in which they would themselves make a different choice. For instance, if a child were told that eating sweets may cause tooth decay, and yet the child decided that their passion for sweets is so strong that it is worth taking the risk, a purely altruistic parent would support the child's choice.

① The Characteristics of Altruistic Parents
② Altruism vs. Control: When to Apply Each
③ Why Altruism Is the Best Parenting Method
④ How Altruistic Children Become Permissive Parents

해설 이타주의적인 부모의 특징에 관해 구체적인 예시를 들며 설명하는 글이다. 따라서 글의 제목으로 가장 적절한 것은 ① '이타주의적 부모의 특성'이다.
② 이타주의 대 통제: 각각을 적용해야 하는 시기 → 언제 자녀에게 이타주의적으로 대할지, 통제를 가할지가 적절한지에 관해 설명하는 글이 아니다.
③ 이타주의가 최고의 양육 방법인 이유 → 이타주의적인 양육법의 특징에 관해 서술할 뿐, 그것이 최고의 양육법이라는 점을 주장하고 있지 않다.
④ 이타적인 아이들이 관대한 부모가 되는 방식 → 이타적인 아이들이 나중에 커서 관대한 부모가 된다는 점은 언급되지 않았다.
해석 부모의 이타주의의 주요 특징은 자녀와의 완전한 공감이다. 다시 말해, 이타적인 부모는 무엇이 자신에게 좋다고 생각하는지에 관한 자녀 자신의 의견을 수용하는데, 이들은 무엇이 최선인지에 대한 자신의 견해를 강요하기보다는 자녀의 시각에서 자녀를 바라본다. 이타적인 부모들은 자녀가 선호하는 것에 동의하기 때문에, 그들은 항상 자녀들이 결정하게 둔다. 이타적인 부모들은 심지어 그들 자신이라면 다른 선택을 내릴 상황에서조차 자녀에게 싫은 것을 하라고 절대 강요하지 않을 것이다. 예를 들어, 만약 자녀가 단것을 먹으면 충치가 생길 수도 있다는 말을 들었고, 그런데도 단것에 대한 열망이 너무 강해서 그 위험을 감수할 만하다고 결정했다면, 순전히 이타적인 부모는 자녀의 선택을 지지할 것이다.
어휘 feature 특징 parental 부모의 altruism 이타주의 empathy 공감 impose 강요하다 preference 선호(하는 것) force 강요하다 circumstance 상황 sweets 단 것 tooth decay 충치 purely 순전히, 전적으로 characteristic 특성 permissive 관대한, 자유방임적인

정답 ①

There are three types of solar eclipses: total, annular, and partial eclipses. ① During a total eclipse, the Moon completely covers the Sun for as long as seven minutes. ② For that brief time, people can see the Sun's corona, or its outer atmosphere, behind the Moon's silhouette. ③ And an annular eclipse occurs when the Moon doesn't cover the entire disk of the Sun, leaving a ring of sunlight around the Moon. ④ The Moon has a very thin and weak atmosphere that does not provide any protection from the Sun's radiation. Finally, a partial eclipse occurs when the Moon blocks only a part of the Sun's disk, as the name implies.

해설 이 글은 일식의 세 가지 유형과 그 현상에 관해 설명하고 있다. 따라서 글의 흐름상 가장 어색한 문장은 달의 대기 성질을 설명하는 ④이다.
해석 일식에는 세 가지 유형이 있으며, 이는 개기일식, 금환일식, 부분일식이다. 개기일식 동안, 길게는 7분 동안 달이 태양을 완전히 가린다. 이 짧은 시간 동안, 사람들은 달의 실루엣 뒤에 있는 태양의 코로나, 즉 태양의 외부 대기를 볼 수 있다. 그리고 금환일식은 달이 태양의 원반을 완전히 덮지 않을 때 발생하며, 이는 달 주변에 태양 빛의 고리를 남긴다. (달은 태양 복사로부터 전혀 보호해 주지 않는, 매우 밀도 낮고 기압 약한 대기를 가지고 있다.) 마지막으로, 부분일식은 이름이 암시하듯이, 달이 태양 원반의 일부분만 가릴 때 발생한다.
어휘 solar eclipse 일식 annular eclipse 금환일식 partial eclipse 부분일식 brief 짧은 atmosphere 대기 entire 전체의 disk 원반 thin (산소가) 희박한, 밀도 낮은 protection 보호 radiation 복사(輻射) block 차단하다 imply 암시하다

정답 ④

15 다음 글의 내용과 일치하지 않는 것은?

불일치

The longest river in the world, the Nile flows 6,825 km northward through northeastern Africa and empties into the Mediterranean Sea. That's longer than the distance across the U.S. from coast to coast! The river has two main branches, the White Nile and the Blue Nile, which meet in Sudan. Then, as one, the river flows through Egypt. It is the Nile that made it possible for the Egyptian civilization to develop in the midst of a desert. The Nile flooded annually, which benefited Egyptians as that surge of water and nutrients turned the Nile Valley into productive farmland. This flooding was so important that the Egyptian calendar was based around the flooding. The Nile also enabled them to develop new skills and technology, and even contributed to the construction of the pyramids. Its role as a superhighway facilitated trade and communications, making Egypt a major center of commerce in the ancient world.

① 나일강은 미국의 양쪽 해안 사이의 거리보다 길다.
② 나일강의 두 주요 지류는 수단에서 합쳐진다.
③ 나일강의 범람은 이집트 농지를 훼손했다.
④ 나일강은 피라미드 건축에 이용되었다.

해설 6번째 문장에서 나일강은 매년 범람했는데, 이는 나일강 유역을 생산적인 농지로 바꾸어 이집트인에게 이로웠다는 것을 알 수 있으므로, 글의 내용과 일치하지 않는 것은 ③ '나일강의 범람은 이집트 농지를 훼손했다.'이다.
① 나일강은 미국의 양쪽 해안 사이의 거리보다 길다. → 2번째 문장에서 언급된 내용이다.
② 나일강의 두 주요 지류는 수단에서 합쳐진다. → 3번째 문장에서 언급된 내용이다.
④ 나일강은 피라미드 건축에 이용되었다. → 마지막 2번째 문장에서 언급된 내용이다.

해석 세계에서 가장 긴 강인 나일강은 아프리카 북동부를 거쳐 북쪽으로 6,825킬로미터를 흘러 지중해로 들어간다. 이는 미국을 해안에서 해안까지 가로지르는 거리보다 더 긴 거리이다! 나일강은 수단에서 만나는 백나일강과 청나일강의 두 가지 주요 지류가 있다. 그런 다음 그 강은 하나가 되어 이집트를 가로질러 흐른다. 사막 한가운데서 이집트 문명이 발전할 수 있었던 것이 바로 이 나일강 덕분이다. 나일강은 매년 범람했는데, 그 밀려드는 물과 영양분이 나일강 유역을 생산적인 농지로 바꾸어 주어 이집트인들에게 이로웠다. 이 범람은 이집트 달력이 이 범람을 기준으로 만들어질 정도로 중요했다. 또한 나일강은 이집트인들이 새로운 기량과 기술을 개발할 수 있게 해주었고, 심지어 피라미드 건축에도 기여했다. 훌륭한 고속도로로서 이것의 역할은 무역과 소통을 촉진하여 이집트를 고대 세계의 주요 상업 중심지로 만들었다.

어휘 northward 북쪽으로 empty into ~으로 흐르다 Mediterranean 지중해의 coast 해안 branch 지류 civilization 문명 midst 한가운데 annually 매년 surge 밀려듦 nutrient 영양분 valley (큰 강의) 유역 productive 생산적인 contribute 기여하다 construction 건축 facilitate 촉진하다 commerce 상업 ancient 고대의

정답 ③

16 다음 글의 내용과 일치하지 않는 것은?

불일치

John F. Nash was an American mathematician who won the Nobel Prize for Economics for his work in game theory. He was born in West Virginia, in 1928. Instead of economics, John studied math at Carnegie Institute of Technology and later earned his doctorate in the same field from Princeton University at the age of 22. He made groundbreaking works in math and at the age of 30, he was named by *Fortune* magazine as one of the brightest mathematicians in the world. However, John was diagnosed with schizophrenia in 1959 and the condition affected his work severely, leading him to give up his teaching position at MIT. But despite the challenges, he continued his mathematical pursuits. In the later years of his life, John's mental health improved significantly, and he was able to reconnect with the mathematical community. Unfortunately in 2015, John and his wife Alicia were killed when the taxi they were riding in crashed in New Jersey. They were returning from Norway, where John had received the 2015 Abel Prize.

① John was awarded the Nobel Prize for Economics.
② John received his doctorate in math from Princeton.
③ John's mental condition got better in his later years.
④ John died in a car crash on his way to Norway.

해설 마지막 두 문장에서 John은 노르웨이에서 돌아오던 중 자동차 사고로 사망했다는 것을 알 수 있으므로, 글의 내용과 일치하지 않는 것은 ④ 'John은 노르웨이로 가던 중 자동차 사고로 사망했다.'이다.
① John은 노벨 경제학상을 수상했다. → 첫 문장에서 언급된 내용이다.
② John은 Princeton에서 수학 박사 학위를 받았다. → 3번째 문장에서 언급된 내용이다.
③ John의 정신 상태는 말년에 더 좋아졌다. → 마지막 3번째 문장에서 언급된 내용이다.

해석 John F. Nash는 게임 이론 연구로 노벨 경제학상을 수상한 미국의 수학자였다. 그는 1928년 West Virginia에서 태어났다. John은 경제학 대신 Carnegie 공과대학에서 수학을 전공했고 이후 22세에 Princeton 대학교에서 같은 분야 박사 학위를 받았다. 그는 수학에서 획기적인 업적을 남겼고, 30세에 잡지 『Fortune』에서 세계에서 가장 뛰어난 수학자 중 한 명으로 선정되었다. 그러나, John은 1959년 조현병 진단을 받았고, 이 질환은 그의 연구에 심각한 영향을 미쳐 그가 MIT 교수직을 포기하게 했다. 하지만 어려움에도 불구하고 John은 수학적 탐구를 계속했다. 말년에 John의 정신 건강은 크게 개선되었고, 그는 수학 커뮤니티와 다시 연결될 수 있었다. 안타깝게도 2015년에 John과 그의 아내 Alicia는 뉴저지에서 그들이 타고 있던 택시가 사고가 나 사망했다. 그들은 John이 2015년 아벨상을 수상한 노르웨이에서 돌아오던 중이었다.

어휘 mathematician 수학자 doctorate 박사 학위 groundbreaking 획기적인 bright 뛰어난 diagnose 진단하다 schizophrenia 조현병 condition 질환 affect 영향을 미치다 severely 심하게 pursuit 활동, 연구 significantly 크게 crash 충돌하다

정답 ④

17 다음 글의 요지로 가장 적절한 것은? 요지

A common misconception about jazz musicians is that they improvise without limits or structure, based purely on the inspiration that strikes them in the moment. While it is true that improvisation is an important aspect of jazz music, it is by no means the only one. Jazz musicians first learn the musical traditions — the established practices, styles, and techniques — that have developed over decades, if not centuries, before they can confidently improvise. It is only through learning these traditions that they can build a strong foundation necessary for their improvisational skills to develop. They must be familiar with the different genres of jazz and the works of the great jazz artists who came before them. By immersing themselves in the history and culture of jazz, they develop a deep understanding of the art form and learn to create their unique musical voice.

① The ability to improvise is gained through trial and error.
② Traditions in jazz music are fading despite their significance.
③ Jazz musicians learn musical traditions before they improvise.
④ Musical theory is not important in the creation of jazz music.

해설 재즈 음악가는 순간적으로 떠오르는 영감에만 근거하여 즉흥 연주를 한다는 오해가 있는데, 즉흥 연주를 할 수 있으려면 그 전에 수십 년에 걸쳐 발전해 온 음악적 전통을 먼저 배워야 한다는 내용의 글이다. 따라서 글의 요지로 가장 적절한 것은 ③ '재즈 음악가는 즉흥 연주를 하기 전에 음악적 전통을 배운다.'이다.
① 즉흥 연주 능력은 시행착오를 통해 얻어진다. → 시행착오가 아닌, 음악적 전통을 배움으로써 얻어지는 것이다.
② 재즈 음악의 전통은 그 중요성에도 불구하고 점점 사라지고 있다. → 재즈 음악의 전통이 사라지고 있다는 내용의 글이 아니다.
④ 재즈 음악 창작에서 음악 이론은 중요하지 않다.

해석 재즈 음악가에 대한 일반적인 오해는 그들이 순전히 그 순간에 떠오르는 영감에만 근거하여, 제한이나 체계 없이 즉흥 연주를 한다는 것이다. 즉흥 연주가 재즈 음악의 중요한 요소인 것은 사실이지만, 그것이 결코 유일한 요소는 아니다. 재즈 음악가는 자신 있게 즉흥 연주를 하기 전에 수 세기는 아니더라도 수십 년에 걸쳐 발전해 온 음악적 전통, 즉 확립된 관행, 스타일, 기술을 먼저 배워야 한다. 이러한 전통을 배워야만 그들이 즉흥 연주 기술 발전에 필요한 강력한 기반을 구축할 수 있다. 그들은 각기 다른 장르의 재즈와 그들 이전의 위대한 재즈 예술가의 작품에 대해서도 잘 알고 있어야 한다. 재즈의 역사와 문화에 몰입함으로써 그들은 그 예술 형태에 대한 깊은 이해를 발전시키고 자신만의 독특한 음악적 목소리를 만드는 방법을 배운다.

어휘 misconception 오해 improvise 즉흥 연주를 하다 structure 구조, 체계 purely 순전히 inspiration 영감 improvisation 즉흥 연주 by no means 결코 ~이 아닌 established 확립된 practice 관행 foundation 기초, 근간 genre 장르 immerse oneself in ~에 몰입하다

정답 ③

18 (A)와 (B)에 들어갈 말로 가장 적절한 것은? 연결사

The causes of cancer are becoming better understood. Lifestyle as well as genetics can contribute to a person's susceptibility to cancer. __(A)__, certain choices, such as eating red meat, not engaging in physical exercise, or consuming alcohol, increase the likelihood of developing cancer. Many cancers tend to be caused by long-term exposure to cancer-causing agents, such as environmental toxins, rather than by a single incident. Environmental factors and lifestyle choices, __(B)__, do not always predict the appearance of cancer; instead, they should be taken as indicators of a higher risk. Understanding how these things interact with genetic factors over the course of a person's life will be at the front line in future cancer research.

	(A)	(B)
①	By contrast	nevertheless
②	By contrast	moreover
③	For example	however
④	For example	similarly

해설 암의 원인에 관한 내용의 글이다. (A) 앞은 유전적 특징뿐만 아니라 생활 방식도 암에 대한 취약성에 영향을 미칠 수 있다는 내용이고, (A) 뒤에서는 그러한 생활 방식의 예시들을 제시하므로, (A)에 들어갈 연결사로 가장 적절한 것은 For example이다. 또한, (B) 앞은 많은 암은 환경 독소와 같은 암 유발 물질에 장기간 노출되어 발생하는 경향이 있다는 내용이고, (B) 뒤는 환경적 요인과 생활 방식 선택이 항상 암의 발생을 예측하는 것은 아니라는 상반되는 내용이므로, (B)에 들어갈 연결사로 적절한 것은 however이다.

해석 암의 원인은 점점 더 잘 이해되고 있다. 유전만이 아니라 생활 방식도 한 사람의 암에 대한 취약성에 영향을 미칠 수 있다. 예를 들어, 붉은 고기를 먹는 것, 신체 운동을 하지 않는 것, 또는 술을 마시는 것과 같은 특정 선택은 암에 걸릴 가능성을 높인다. 많은 암은 단 한 번의 사건으로 발생하기보다는, 환경 독소와 같은 암 유발 물질에 장기간 노출되어 발생하는 경향이 있다. 그러나, 환경적 요인과 생활 방식 선택이 항상 암의 발생을 예측하는 것은 아니며, 그것은 대신 (암 발생이) 더 높은 위험을 나타내는 지표로 받아들여져야 한다. 이러한 요인들이 한 사람의 일생 동안 유전적 요인과 어떻게 상호작용하는지를 이해하는 것이 향후 암 연구의 최전선에 있을 것이다.

어휘 cause 원인 genetics 유전적 특징 contribute to ~에 기여하다 susceptibility 취약성 engage in ~에 참여하다 consume 섭취하다 likelihood 가능성 develop (병에) 걸리다 long-term 장기적인 exposure 노출 agent (특정한 효과·목적을 위해 쓰이는) 물질 toxin 독소 incident 사건 appearance 출현 indicator 지표 front line 최전선

정답 ③

People are rewarded not only for being correct but also for _____. The reward might be material, like improved prospects, or it might be non-material, like better relationships. In fact, people who reject the views of the majority might well find themselves less likely to be promoted and more likely to be disliked. They are considered as nonconformists — people who introduce disharmony. What organizations, groups, and governments prize is the opposite. More often than not, it is more important to be "on the team" than to be right. As one expert put it, "Sometimes, cultural groups adopt very high levels of norm enforcement that breeds conformity at the expense of individual variations, innovations, and 'errors' that cultures require to advance."

① being humble about it
② doing what other people do
③ surpassing cultural expectations
④ challenging the views of the majority

해설 다수의 의견을 거부하는 사람은 불이익을 받으며, 대개 옳은 것보다는 집단에 속하는 것, 즉 반대 의견을 내지 않고 다수의 의견에 순응하는 것이 중요하다는 내용의 글이다. 따라서 빈칸에는 '순응하는 것'과 관련된 표현이 와야 하므로, 빈칸에 들어갈 말로 가장 적절한 것은 ② '다른 사람들이 하는 일을 할'이다.
① 그것에 대해 겸손할 → 사람들이 겸손할 때 보상받는다는 내용은 언급된 바 없다.
③ 문화적 기대를 뛰어넘을 → 오히려 문화적 기대에 부응할 때 보상받는 것이므로 적절하지 않다.
④ 다수의 견해에 도전할 → 다수의 견해에 도전하는 경우에 불이익이 주어진다는 글의 내용과 반대된다.
해석 사람들은 옳은 일을 할 때뿐만 아니라 다른 사람들이 하는 일을 할 때에도 보상을 받는다. 그 보상은 더 나은 전망과 같은 물질적인 것일 수도 있고, 더 나은 인간관계와 같은 비물질적인 것일 수도 있다. 실제로, 다수의 의견을 거부하는 사람은 아마 자신이 승진할 가능성이 더 낮고 미움받을 가능성이 더 높다는 사실을 알 것이다. 그들은 부조화를 초래하는 불순응자로 간주된다. 조직, 집단, 정부가 중요하게 여기는 것은 그 반대이다. 옳은 것보다 '집단에 속하는 것'이 더 중요한 경우가 많다. 한 전문가가 말했듯이, "때때로 문화 집단은 문화가 발전하는 데 필요한 개인의 차이, 혁신, '오류'를 희생하여, 순응을 낳는 매우 높은 수준의 규범 강요를 채택하기도 한다."
어휘 reward 보상하다 material 물질적인, 세속적인 prospect 전망 non-material 비물질적인 reject 거부하다 majority 다수 promote 승진시키다 dislike 싫어하다 nonconformist 불순응자 disharmony 부조화 prize 귀하게 여기다 adopt 채택하다 norm 규범 enforcement 강요, 강제 breed 야기하다, 낳다 at the expense of ~을 희생하여 variation 차이 innovation 혁신 advance 진보[발전]하다 humble 겸손한 surpass 능가하다

정답 ②

Our _____ are often used as a source of reference when we make our judgments. For example, the background music we like, the attitude of the serving staff or the company we keep at the dinner table can influence our perceptions and evaluations of the food we're having. Studies show people rate their general long-term life satisfaction more positively when they are interviewed on a sunny day as opposed to a rainy one. A doctor might decide to send a patient home rather than order a set of tests, in part because it is late in the afternoon and she is a bit tired. And after experiencing a wonderful weekend with his family, a corporate executive may be more inclined to go forward with a risky project.

① moods
② memories
③ communities
④ stereotypes

해설 글에서 소개된 예시들 모두 우리의 판단이 주변 분위기, 날씨, 컨디션 등에 따라 달라질 수 있음을 설명하는데, 이는 곧 우리의 기분 상태와 관련된 것임을 알 수 있다. 따라서 빈칸에 들어갈 말로 가장 적절한 것은 ① 'moods'이다.
② 기억 → 우리의 기억을 통해 판단을 내린다는 내용의 글이 아니다.
③ 공동체 → 우리의 판단이 공동체의 영향을 받는다는 취지의 글이 아니다.
④ 고정관념 → 어떤 개인이나 집단에 대한 편견에 관한 내용은 언급되지 않았다.
해석 우리의 기분은 종종 우리가 판단을 내릴 때 참고 자료로 사용된다. 예를 들어, 우리가 좋아하는 배경 음악, 서빙 직원의 태도, 또는 저녁 식탁에 함께하는 일행은 우리가 먹는 음식에 대한 인식과 평가에 영향을 미칠 수 있다. 연구에 따르면 사람들은 비 오는 날과 달리 맑은 날엔 인터뷰할 때 전반적인 장기적 삶의 만족도를 더 긍정적으로 평가하는 것으로 나타났다. 의사는 어느 정도는 오후 늦은 시간이고 그녀가 약간 피곤하다는 이유로 일련의 검사를 지시하기보다는 환자를 집으로 돌려보내기로 결정할 수도 있다. 그리고 기업 임원은 가족과 함께 멋진 주말을 보낸 후 모험적인 프로젝트를 진행하려는 경향이 더 강해질 수 있다.
어휘 reference 참고 judgment 판단 attitude 태도 influence 영향을 주다 perception 인식 evaluation 평가 rate 평가하다 long-term 장기적인 satisfaction 만족 as opposed to ~와는 대조적으로 patient 환자 corporate 기업의 executive 임원 be inclined to ~하는 경향이 있다 go forward with ~을 진행시키다 risky 모험적인

정답 ①

01	02	03	04	05
④	②	③	①	③
06	**07**	**08**	**09**	**10**
④	②	③	③	③
11	**12**	**13**	**14**	**15**
④	④	③	③	③
16	**17**	**18**	**19**	**20**
④	①	③	②	③

01 밑줄 친 부분의 의미와 가장 가까운 것은? `어휘`

The online platform utilizing user-friendly interfaces underlined{converted} website visitors into active subscribers.

① sorted
② combined
③ inserted
④ transformed

해설 convert는 '전환시키다'라는 뜻으로, 이와 의미가 가장 가까운 것은 ④ 'transformed (변화시키다)'이다.
① 분류하다 ② 결합시키다 ③ 끼워 넣다
해석 사용자 친화적인 인터페이스를 활용한 온라인 플랫폼은 웹사이트 방문자를 활성 가입자로 전환시켰다.
어휘 utilize 활용하다 subscriber 가입자, 구독자
정답 ④

02 밑줄 친 부분에 들어갈 말로 가장 적절한 것은? `어휘`

_____ in family law cases aims to minimize adversarial approaches, allowing divorcing couples to negotiate terms related to child custody and asset division.

① Migration
② Mediation
③ Recognition
④ Obstruction

해설 이혼 소송 중인 부부로 하여금 자녀 양육권 및 자산 분할과 관련해 협상하게 하여 적대적 방식을 최소화한다는 말은 곧 그들 사이에서 분쟁을 조정한다는 것이다. 따라서 빈칸에 들어갈 말로 가장 적절한 것은 ② 'Mediation(중재)'이다.
① 이동 ③ 인정 ④ 방해
해석 가정법 사건의 중재는 이혼하는 부부가 자녀 양육권 및 자산 분할과 관련된 조건을 협상할 수 있도록 하여 적대적 접근 방식을 최소화하는 것을 목표로 한다.
어휘 adversarial 적대적인 divorce 이혼하다 negotiate 협상하다 terms 조건 custody 양육권 asset 자산 division 분할
정답 ②

03 밑줄 친 부분에 들어갈 말로 가장 적절한 것은? `빈칸완성`

Though Qatar is making efforts to improve human rights in the country, immigrants in Qatar still remain unprotected. For example, Qatar's Labor Law allows only Qatari nationals the right to form workers' associations or labor unions. As a result, foreign workers, who make up 90 percent of the workforce, cannot _____ their rights to freedom of association and to form labor unions.

① violate
② assess
③ exercise
④ discriminate

해설 카타르 이민자의 인권 보호는 개선되지 않고 있다는 점과 카타르의 노동법이 자국민에게만 노동자 단체 및 노동조합을 결성할 권리를 허용하고 있다는 설명으로 보아, 반대로 외국인 근로자는 그러한 권리가 허락되지 않음을 추측할 수 있다. 따라서 외국인 근로자는 그 권리를 행사할 수 없을 것이므로, 빈칸에 들어갈 말로 가장 적절한 것은 ③ '행사할'이다.
① 위반할 → 자기 권리를 위반할 수 없다는 말은 곧 자기 권리를 따라야 한다는 뜻인데, 애초에 이 권리가 부여되지 않았으므로 적절하지 않다.
② 평가할 → 자기 권리가 어느 수준인지 평가할 수 없는 점이 문제가 되는 상황은 아니다.
④ 차별할 → 외국인 근로자가 자신의 권리를 차별할 수 없다는 의미가 되므로, 말 자체가 성립되지 않는다.
해석 카타르는 자국 내 인권 개선을 위해 노력하고 있지만, 카타르의 이민자들은 여전히 보호받지 못하고 있다. 예를 들어, 카타르의 노동법은 카타르 국민에게만 노동자 단체나 노동조합을 결성할 권리를 허용하고 있다. 그 결과, 노동력의 90%를 차지하는 외국인 근로자는 결사의 자유와 노동조합 결성의 권리를 행사할 수 없다.
어휘 immigrant 이민자 remain 여전히 ~이다 labor 노동 national 국민 association 단체, 연대 labor union 노동조합 foreign 외국의
정답 ③

04 밑줄 친 부분에 들어갈 말로 가장 적절한 것은? `이어동사`

When the Soviet Union collapsed, Ukraine _____ thousands of atomic weapons in exchange for security assurances from Russia, the United States, and other countries. The removal of these weapons is seen as a victory of arms control. Peace activists cast Ukraine as a model in a world of nuclear powers.

① gave up
② referred to
③ went for
④ came across

해설 in exchange for와 The removal이라는 표현에 유의하면, 우크라이나가 안전 보장을 대가로 핵무기를 자국에서 없앴다는 것을 추측할 수 있다. 이는 군비 통제의 성공으로 여겨지고 평화 운동가들이 본보기로 삼는다는 내용과도 자연스럽게 이어진다. 따라서 빈칸에 들어갈 말로 가장 적절한 것은 ① 'gave up(포기하다)'이다.
② 언급하다 ③ 좋아하다, 노리다 ④ 우연히 발견하다

해석 소련이 붕괴했을 때, 우크라이나는 러시아와 미국을 비롯한 여러 나라로부터 안전 보장을 받는 대가로 수천 개의 핵무기를 포기했다. 이 무기 제거는 군비 통제의 승리로 여겨진다. 평화 운동가들은 우크라이나를 핵보유국의 세계에서 모범으로 제시한다.

어휘 collapse 붕괴하다 atomic 원자의, 핵무기의 in exchange for ~대신에 security 안전 assurance 보장, 확인 removal 제거 cast 묘사[제시]하다 model 모범, 본보기 nuclear power 핵보유국

정답 ①

---

05 밑줄 친 부분의 의미와 가장 가까운 것은?   어휘

The principle of <u>consent</u> is fundamental in ethical journalism, respecting the privacy and dignity of individuals featured in news stories. This is especially important in the age of digital media, where information can be shared and spread so quickly and easily.

① morality   ② empathy
③ approval   ④ guarantee

해설 consent는 '동의, 승낙'이라는 뜻으로, 이와 의미가 가장 가까운 것은 ③ 'approval (승낙, 동의)'이다.
① 도덕 ② 공감 ④ 보장

해석 동의의 원칙은 뉴스 기사에 등장하는 개인들의 사생활과 존엄성을 존중하는, 윤리적 저널리즘의 기본이다. 이는 정보가 매우 빠르고 쉽게 공유되고 확산될 수 있는 디지털 미디어 시대에 특히 중요하다.

어휘 fundamental 기본적인 ethical 윤리적인 dignity 존엄성 feature 특집 기사로 다루다, 출연[등장]시키다 story 기사

정답 ③

---

06 우리말을 영어로 잘못 옮긴 것은?   문법

① 나는 그들이 무슨 뜻으로 그렇게 말하는 건지 모르겠다.
  → I don't understand what they mean by that.
② 그는 여가 대부분을 비디오 게임을 하는 데 보낸다.
  → He spends most of his free time playing video games.
③ Ann은 처음에는 의구심이 들었지만 자신의 대의에 확신을 가졌다.
  → Despite her initial doubts, Ann was convinced of her cause.
④ 그 빵집은 매일 제빵하여 제품을 신선하게 유지하려고 노력한다.
  → The bakery tries to keep its products fresh by baking it daily.

해설 (it → them) 의미상 baking의 목적어로 쓰인 대명사 it이 가리키는 것은 앞에서 나온 복수 명사 its products이므로 them이 되어야 한다. 참고로 주어진 우리말에 따라 '~하기 위해 노력하다'라는 의미의 'try to RV'가 쓰인 것은 적절하다. '시험 삼아 ~해 보다'라는 뜻인 'try RVing'와의 구분에 유의해야 한다. 또한 5형식 동사로 쓰인 keep이 형용사 fresh를 목적격 보어로 취하고 있는 것도 적절하다.

---

① 선행사를 포함한 관계대명사 what이 understand의 목적어 역할과 mean의 목적어 역할을 동시에 하고 있다. 참고로 'mean A by B'는 'B로 A를 의미하다'라는 뜻의 구문이다.
② 'spend + 시간 + (in) RVing'는 '시간을 ~하는 데 쓰다'라는 뜻의 구문이다.
③ 전치사 Despite 뒤에 명사구 her initial doubts가 온 것은 적절하다. convince는 '확신시키다'라는 의미로 'convince A of B'의 구조를 취할 수 있는데, 이를 수동태로 바꾸면 '~을 확신하다'라는 의미인 'A be convinced of B'의 구조가 된다.

어휘 initial 처음의 doubt 의심 cause 대의명분

정답 ④

---

07 우리말을 영어로 잘못 옮긴 것은?   문법

① 모든 사람이 의료 서비스를 이용할 수 있는 것이 중요하다.
  → It is important that healthcare be accessible to everyone.
② 연구 결과를 정확히 제시하지 않는 것은 오해의 소지가 크다.
  → Not presenting the findings accurate is highly misleading.
③ 오래 공부할수록 시험 준비가 더 많이 될 것이다.
  → The longer you study, the more prepared you'll be for the exam.
④ 해변에서 열린 그 결혼식에는 그곳에 있던 사람이면 누구든지 참석했다.
  → The wedding held at the beach was attended by whoever was there.

해설 (accurate → accurately) 주어진 우리말에 따르면 결과를 '정확히 제시하지' 않는 것이라고 했으므로, 형용사 accurate를 presenting을 수식할 수 있는 부사 accurately로 고쳐야 한다. 참고로 highly는 '매우'라는 뜻의 부사로 적절하게 쓰였으며, 연구 결과를 정확히 제시하지 않는 것이 '오해를 만드는' 것이므로 능동의 현재분사 misleading의 쓰임도 적절하다.
① important와 같은 이성적 판단의 형용사가 포함된 가주어(It)-진주어(that절) 구문에서, that절 내의 동사는 '(should) + RV'를 사용하므로 be는 적절하게 쓰였다.
③ '~하면 할수록 더 ~하다'라는 의미의 'the 비교급, the 비교급' 구문이 쓰였다. The longer는 동사 study를 수식하는 부사로, the more prepared는 be의 형용사 보어로 적절하게 쓰였다. 이때 you가 '준비시키는' 것이 아니라 '준비되는' 것이므로 수동의 과거분사 prepared의 쓰임도 적절하다.
④ 분사구 held at the beach가 주어 The wedding을 수식하고 있는데, 결혼식이 '열리는' 것이므로 수동의 과거분사 held는 적절하게 쓰였다. 또한 결혼식이 참석의 대상이 되는 것이므로 수동태 was attended의 쓰임도 적절하다. 복합관계대명사의 격은 복합관계절 내에서 결정되는데, 여기서는 복합관계사절 내에 주어가 없으므로 주격인 whoever의 쓰임도 적절하다.

어휘 accessible 이용 가능한 finding (연구) 결과 mislead 오해하게 하다

정답 ②

08 어법상 옳은 것은?

문법

① Had I left earlier, I wouldn't be stuck in traffic last night.

② You have a meeting scheduled for tomorrow, haven't you?

③ We should submit our proposal by noon, modifying the entire form.

④ A person's popularity is influenced by the amount of followers on SNS.

해설 by는 동작의 완료, until은 동작의 지속을 나타내는 표현과 함께 사용된다. 여기서는 동작의 완료를 나타내는 submit이 있으므로 by의 쓰임은 적절하다. 또한 분사구문의 의미상 주어인 We가 양식을 '수정하는' 것이므로 능동의 현재분사 modifying도 적절하게 쓰였다.

① (be → have been) 'Had + S + p.p.'는 가정법 과거완료에서 if가 생략된 도치 표현으로, 주절에는 '조동사 과거형 + have p.p.'가 와야 한다.

② (haven't → don't) 부가의문문은 앞 문장이 긍정이면 부정으로 만들고, 동사를 주절 동사의 종류와 시제에 맞춰야 한다. 여기서는 앞 문장에 일반동사 have가 쓰이고 있으므로, 부가의문문의 대동사는 don't가 되어야 한다. 참고로 회의가 내일로 '일정 잡힌' 것이므로 수동의 과거분사 scheduled의 쓰임은 적절하다.

④ (amount → number) '~의 양'이라는 뜻의 the amount of는 불가산명사와 함께 쓰이고, '~의 수'라는 뜻의 the number of는 복수가산명사와 함께 쓰인다. 여기서는 뒤에 복수가산명사인 followers가 오고 있으므로 the number of가 쓰여야 한다.

해석 ① 어젯밤 내가 더 일찍 출발했으면, 교통 체증에 갇히지 않았을 것이다.

② 당신은 내일 회의가 있어요, 그렇지 않나요?

③ 우리는 전체 양식을 수정하여 정오까지 제안서를 제출해야 한다.

④ 한 사람의 인기는 SNS 팔로워 수에 영향을 받는다.

어휘 stuck 갇힌 schedule 일정을 잡다 submit 제출하다 noon 정오 modify 수정하다 popularity 인기

정답 ③

09 다음 글의 제목으로 가장 적절한 것은?

제목

Advances in technology are paving the way for countries to provide farmers with timely information about potential environmental risks that could affect crops during the growing season. In particular, the development of satellites plays an important role in this regard. They allow for accurate predictions of weather impacts on crops on a regional scale and give farmers time to protect their land. For instance, satellite weather surveillance offers early predictions of drought risks during the growing season. This enables farmers to apply chemical compounds to their crops in advance, thus providing protection against potential environmental stressors like high heat. Studies have shown that the productivity of a region's agricultural sector is positively affected when investment is made in a satellite program that provides remote sensing.

① Satellite in Farming: Weighing Its Costs and Benefits

② Impact of Environmental Stressors on Crop Production

③ Satellite Guards Agriculture from Environmental Threats

④ Factors to Consider in Collecting and Using Satellite Data

해설 위성 기술의 발전으로 잠재적 환경 위험에 대한 시의적절한 정보를 제공할 수 있게 되어, 농업 부문의 생산성에 긍정적인 영향을 미치게 되었다는 내용의 글이다. 따라서 글의 제목으로 가장 적절한 것은 ③ '위성이 환경 위험으로부터 농업을 보호하다'이다.

① 농업에서의 위성: 비용과 이익을 따져 보기 → 농업 분야에 위성 기술을 활용하는 것의 이익이 글의 중심 내용이나, 그 비용에 관해서는 언급조차 되지 않았다.

② 환경 스트레스 요인이 농작물 생산에 미치는 영향 → 환경 스트레스 요인에 대한 언급은 있지만, 그것이 농작물 생산에 미치는 영향 자체보다는 그 영향을 위성 기술을 통해 줄일 수 있다는 점이 글의 핵심이다.

④ 위성 데이터 수집 및 사용 시 고려 사항 → 위성 데이터를 수집하거나 사용할 때 고려해야 할 사항들을 설명하는 글이 아닐뿐더러, 글의 핵심 소재인 '농업'이 들어가지 않은 선지이므로 적절하지 않다.

해석 기술의 발전은 국가들이 재배 기간에 농작물에 영향을 미칠 수 있는 잠재적인 환경적 위험에 관한 시의적절한 정보를 농부들에게 제공하도록 길을 열어 주고 있다. 특히, 위성의 발전은 이런 점에서 중요한 역할을 한다. 그것은 지역 범위에서 농작물에 미치는 날씨 영향을 정확하게 예측할 수 있게 하며, 농부들이 농지를 보호할 수 있는 시간을 준다. 예를 들어, 위성 기상 감시는 재배 기간의 가뭄 위험에 대한 조기 예측을 제공한다. 이를 통해 농부들은 농작물에 화학 혼합물을 미리 살포하여 폭염과 같은 잠재적인 환경 스트레스 요인으로부터 농작물을 보호할 수 있다. 연구에 따르면 원격 감지 기능을 제공하는 위성 프로그램에 투자할 경우 지역 농업 부문의 생산성이 긍정적인 영향을 받는 것으로 나타났다.

어휘 advance 발전, 진보 pave the way 길을 열어 주다 timely 시의적절한 potential 잠재적인 affect 영향을 미치다 satellite 위성 in this regard 이런 점에서 accurate 정확한 impact 영향 regional 지역적인 scale 범위 surveillance 감시 drought 가뭄 compound 혼합물 stressor 스트레스 요인 productivity 생산성 agricultural 농업의 sector 부문 remote 원격의 weigh 따져 보다, 저울질하다 threat 위협 factor 요인

정답 ③

10 주어진 글 다음에 이어질 글의 순서로 가장 적절한 것은? [순서배열]

Different parts of the brain collaborate to help you understand the stories you read or listen to. Consider the sentence: "The apple was important because the cloth tore apart."

(A) For example, from the word order, you can infer that the importance lies with the apple, not the cloth, and that it is connected *causally* to the cloth tearing apart. However, you still struggle to fully grasp its overall meaning. This is because our understanding of language has different levels.

(B) The first one is solely based on the linguistic information within the sentence; the second one involves interpreting this information in the broader context of your knowledge about the world. Here, the reason the apple sentence feels weird is that there's a disconnect in the latter process.

(C) While this is grammatically correct, you might feel somewhat puzzled after reading it. It's not that you fail to understand the sentence, as you likely know the meanings of all the words and can analyze how they relate to each other linguistically.

① (B) - (A) - (C)
② (B) - (C) - (A)
③ (C) - (A) - (B)
④ (C) - (B) - (A)

해설 주어진 글에서 언어 이해 과정을 보여주기 위한 예시 문장을 언급하는데, (C)는 이 문장(this)이 이해는 잘 안 되지만 문법적으로 맞고 언어적으로도 잘 분석된다고 설명한다. 이어서 (A)는 우리가 이 문장을 어떻게 분석하는지 보여준 후 그러나 '여전히' 의미 파악은 안 된다고 설명하며, 이것은 우리가 언어를 여러 층위로 이해하기 때문이라고 덧붙인다. (B)는 (A)에서 언급한 '여러 층위'를 The first one, the second one으로 나누어 설명하고, 이 중 두 번째 과정에서 문제가 생겨 그 문장이 이상하게 느껴지는 것이라고 말하고 있다. 따라서 글의 순서로 가장 적절한 것은 ③ '(C) - (A) - (B)'이다.

해석 뇌의 여러 부분은 당신이 읽거나 듣는 이야기를 이해하는 것을 돕기 위해 협력한다. 다음 문장을 생각해 보라. '사과는 천이 찢어졌기 때문에 중요했다.' (C) 이것은 문법적으로 맞지만, 당신은 그것을 읽고 나서 다소 어리둥절할 수도 있다. 당신은 아마 모든 단어의 의미를 알고 있고 그것들이 언어적으로 서로 어떻게 연관되어 있는지 분석할 수 있을 것이므로, 이것은 당신이 문장을 이해하지 못했기 때문은 아니다. (A) 예를 들어, 단어 순서로 보아, 당신은 중요성이 천이 아닌 사과에 있으며, 그것이 천 찢김과 '인과적으로' 연결되어 있음을 추론할 수 있다. 하지만, 여전히 당신은 그것의 전체적 의미를 완전히 이해하기 어렵다. 이것은 우리의 언어 이해가 여러 층위를 가지고 있는 까닭이다. (B) 첫 번째 층위는 오직 문장 안에 있는 언어적 정보에 기반하며, 두 번째 층위는 세상에 대한 당신의 지식이라는 더 넓은 맥락에서 이 정보를 이해하는 일을 수반한다. 여기서 사과 문장이 이상하게 느껴지는 이유는 후자의 과정에 단절이 있기 때문이다.

어휘 collaborate 협력하다 cloth 천 tear apart 찢기다 infer 추론하다 causally 인과적으로 struggle to ~하는 데 어려움을 겪다 grasp 이해하다 solely 오직, 전적으로 linguistic 언어적인 involve 수반[포함]하다 interpret 이해[해석]하다 broad 넓은 context 문맥 weird 이상한 disconnect 단절 latter 후자의 grammatically 문법적으로 somewhat 다소 puzzled 어리둥절한, 혼란스러운 analyze 분석하다 relate to ~와 연관되다, 관계를 맺다

정답 ③

11 밑줄 친 부분에 들어갈 말로 가장 적절한 것은? [생활영어]

A: There's a stain on your shirt.
B: Ugh, I know. It's not getting off.
A: Did you spill something?
B: _____ I only noticed the stain just a few minutes ago.
A: I see. I'll lend you a stain remover stick I carry if you need one.
B: No, it's okay. I'll just take it to the dry cleaners.

① Thanks for helping me remove it.
② I'm here to pick up the laundry.
③ How did you get the stain?
④ Not that I recall.

해설 B의 셔츠에 얼룩을 발견한 A가 뭘 흘린 거냐고 물어본 상황이다. 빈칸에는 이에 대한 적절한 대답이 와야 하므로, 빈칸에 들어갈 말로 가장 적절한 것은 ④ '내 기억엔 그런 적 없는데.'이다.
① 그것을 지우는 걸 도와줘서 고마워.
② 세탁물을 찾으러 왔어.
③ 얼룩이 어떻게 묻은 거야?

해석 A: 네 셔츠에 얼룩이 있어.
B: 에휴, 나도 알아. 이게 안 지워져.
A: 뭘 흘린 거야?
B: 내 기억엔 그런 적 없는데. 몇 분 전에야 이 얼룩을 발견했어.
A: 그렇구나. 필요하면 내가 가지고 다니는 얼룩 제거 스틱을 빌려줄게.
B: 아니야, 괜찮아. 그냥 세탁소에 가져갈 거야.

어휘 stain 얼룩 get off 떨어지다, 없어지다 spill 흘리다 notice 알아차리다, 발견하다 dry cleaners 세탁소 remove 제거하다 pick up the laundry (세탁소에서) 세탁물을 찾다 recall 기억하다

정답 ④

12 두 사람의 대화 중 가장 어색한 것은? 〔생활영어〕

① A: I'm sorry, mom. It was me that broke the vase.

   B: It's okay. I appreciate that you're owning up to your mistake.

② A: Will you stop bugging me? I'm trying to concentrate.

   B: Fine, I'll leave you alone.

③ A: It's time to clean our house. You know the routine, right?

   B: Yes, organize my bedroom, vacuum the floor, then mop it.

④ A: I was so anxious about the meeting, but it went really well.

   B: That's a shame. What a weight off your shoulders!

〔해설〕 회의가 잘 끝났다는 A의 말에 유감을 표하며 어깨가 한결 가벼워졌겠다고 공감해 주는 B의 반응은 적절하지 않다. 따라서 대화 중 가장 어색한 것은 ④이다.

〔해석〕 ① A: 죄송해요, 엄마. 꽃병을 깨뜨린 건 저였어요.

B: 괜찮아. 실수를 인정하는 거에 대해 고맙게 생각해.

② A: 그만 좀 귀찮게 할래? 나 집중하려고 하고 있잖아.

B: 알았어, 널 내버려둘게.

③ A: 우리 집 청소할 시간이야. 어떻게 하는지 알지?

B: 네, 제 침실을 정리하고 바닥을 진공청소기로 청소한 다음 걸레질을 하는 거예요.

④ A: 회의 때문에 너무 걱정했는데 정말 잘 끝났어.

B: 아쉽네. 어깨가 한결 가벼워졌겠어!

〔어휘〕 appreciate 고마워하다, 높게 평가하다 own up to ~을 인정하다 bug 귀찮게 굴다, 괴롭히다 routine (규칙적으로 하는) 일의 순서[방법] vacuum 진공청소기로 청소하다 mop 걸레질하다 weight 무게

〔정답〕 ④

---

13 다음 글의 내용과 일치하지 않는 것은? 〔불일치〕

The panda, with its distinctive black and white coat, is adored by the world and considered a national treasure in China. Pandas live mainly in forests high in the mountains of southwest China, where they live almost entirely on bamboo. They must eat around 10 to 40 kg of it every day, depending on what part of the bamboo they are eating. They use their enlarged wrist bones that function as thumbs. Despite their natural tendency to live alone, pandas exhibit strong maternal instincts, with mothers diligently caring for their cubs until they reach maturity. A spring mating season and a fall birth season are seen in both wild and captive populations. The newborn panda is blind until 6 to 8 weeks of age, and is covered with only a thin all-white coat. Their development is slow during the early months. Nonetheless, males may grow up to 1.8 m in length and weigh more than 100 kg; females are usually smaller.

① 판다의 손목뼈는 엄지손가락 역할을 한다.

② 판다는 혼자 지내려는 성향이 있다.

③ 판다는 가을에 짝짓기하고 봄에 출산한다.

④ 암컷 판다는 수컷 판다보다 보통 크기가 작다.

〔해설〕 6번째 문장에서 봄이 짝짓기하는 철이며 가을이 출산하는 철임을 알 수 있으므로, 글의 내용과 일치하지 않는 것은 ③ '판다는 가을에 짝짓기하고 봄에 출산한다.'이다.

① 판다의 손목뼈는 엄지손가락 역할을 한다. → 4번째 문장에서 언급된 내용이다.

② 판다는 혼자 지내려는 성향이 있다. → 5번째 문장에서 언급된 내용이다.

④ 암컷 판다는 수컷 판다보다 보통 크기가 작다. → 마지막 문장에서 언급된 내용이다.

〔해석〕 독특한 흑백 털을 가진 판다는 전 세계인의 사랑을 받고 있으며 중국에서는 국보로 여겨지고 있다. 판다는 주로 중국 남서부 산의 높은 곳에 있는 숲에 서식하며 그곳에서 거의 전적으로 대나무를 먹고 산다. 판다는 대나무의 어떤 부분을 먹는지에 따라 매일 약 10~40kg의 대나무를 먹어야 한다. 이들은 엄지손가락 역할을 하는 비대한 손목뼈를 사용한다. 판다의 혼자 지내려고 하는 타고난 성향에도 불구하고, 어미는 새끼가 성체가 될 때까지 부지런히 돌보는 등 판다는 강한 모성 본능을 보인다. 봄 짝짓기 철과 가을 출산 철은 야생 개체군과 포획 개체군 모두에서 볼 수 있다. 갓 태어난 판다는 생후 6~8주까지는 앞을 볼 수 없으며, 얇은 순백의 털로만 덮여 있다. 초기 몇 달 동안은 그것의 발달은 느리다. 그렇지만 수컷은 몸길이 1.8m까지 자랄 수 있고, 몸무게는 100kg 이상까지 나갈 수 있으며, 암컷은 보통 이보다 더 작다.

〔어휘〕 distinctive 독특한 coat 털 adore 아주 좋아하다 national treasure 국보 live on ~을 먹고 살다 entirely 전적으로 bamboo 대나무 enlarged 비대한, 커진 wrist 손목 thumb 엄지손가락 tendency 성향 exhibit 보이다 maternal 모성의 instinct 본능 diligently 부지런히 cub (곰 등의) 새끼 maturity 성숙한[다 자란] 상태 mate 짝짓기를 하다 captive 포획된 newborn 갓 태어난 development 발달

〔정답〕 ③

14 다음 글의 흐름상 적절하지 않은 문장은? 일관성

The target market, made up of individuals with specific habits, is a critical factor in deciding the direction of marketing communications. ① Knowing where to direct promotive communications can be determined by understanding the habits of the target market. ② Habits indicate where people focus their attention; reading, writing, watching television, participating in sports and other activities are some of the habits that provide insight for marketers. ③ Habits define who we are and what we do, so developing healthy habits is essential for our overall well-being. ④ Once the target market has been identified, businesses will normally design their marketing tactics with the habits of the target in mind. They could, for example, plan the timing, frequency, or channel of their advertisements based on those habits to target that specific group.

해설 특정 집단을 겨냥하여 마케팅 전략을 세울 때, 그 집단의 습관을 이해하고 이를 활용해야 한다는 내용의 글이다. 따라서 글의 흐름상 적절하지 않은 문장은 건강한 습관을 기르는 것의 중요성을 기술하는 내용의 ③이다.

해석 특정 습관을 지닌 개인들로 구성된 표적 시장은 마케팅 커뮤니케이션의 방향을 결정하는 데 있어 매우 중요한 요소이다. 표적 시장의 습관을 이해하면 홍보 커뮤니케이션의 방향을 결정할 수 있다. 습관은 사람들이 어디에 주의를 집중하는지를 나타내며, 독서, 글쓰기, 텔레비전 시청, 스포츠 및 기타 활동 참여는 마케팅 담당자에게 통찰력을 제공하는 습관 중 일부이다. (습관은 우리가 누구이고 무엇을 하는지를 정의하므로, 건강한 습관을 기르는 것은 우리의 전반적인 복지를 위해 필수적이다.) 표적 시장이 파악되면 기업은 일반적으로 표적의 습관을 염두에 두고 마케팅 전략을 설계한다. 예를 들어, 그들은 그 특정 집단을 겨냥하기 위해 그러한 습관을 기반으로 광고의 시기, 빈도 또는 채널을 계획할 수 있다.

어휘 made up of ~으로 구성된 specific 특정한 critical 매우 중요한 promotive 홍보의 determine 결정하다 indicate 나타내다 participate 참여하다 insight 통찰력 define 정의하다 essential 필수적인 identify 파악하다 tactic 전략 with sth in mind ~을 염두에 두고 frequency 빈도 advertisement 광고

정답 ③

15 밑줄 친 부분 중 어법상 옳지 않은 것은? 문법

Hollywood, ① whose name is synonymous with the American film industry, is a district within California, U.S., ② lying northwest of downtown Los Angeles. Since the early 1900s, ③ which moviemaking pioneers found in southern California an ideal blend of mild climate, much sunshine, varied terrain, and a large labor market, the image of Hollywood as the fabricator of glittering cinematic dreams ④ has been shaped worldwide.

해설 (which → when 또는 in which) 관계대명사 which 뒤에는 불완전한 문장이 와야 하는데 여기서는 완전한 문장이 오고 있다. 따라서 which를 시간 명사 the early 1900s를 선행사로 받으면서 완전한 문장을 이끌 수 있는 관계부사 when으로 고치거나, which 앞에 전치사 in을 더해 '전치사 + 관계대명사'로 만들어야 한다.

① Hollywood를 선행사로 받는 소유격 관계대명사 whose 뒤에 명사 name과 함께 완전한 절이 온 것은 적절하다.

② 분사구문의 의미상 주어인 Hollywood가 로스앤젤레스 중심가 북서쪽에 '놓여 있는' 것이므로 능동의 현재분사 lying은 적절하게 썼다. 참고로 여기서 lie는 '눕다, 놓여 있다'라는 뜻의 자동사이며, '눕히다, 놓다'라는 뜻을 지닌 타동사 lay와의 구분에 유의해야 한다.

④ Since the early 1900s라는 부사구가 나왔으며, 단수 주어인 the image가 '형성되는' 것이므로, 단수 현재완료 수동태 has been shaped는 적절하게 썼다.

해석 이름이 미국 영화 산업과 동의어인 할리우드는 미국 캘리포니아주의 로스앤젤레스 중심가 북서쪽에 있는 한 지역이다. 영화 제작의 선구자들이 캘리포니아 남부에서 온화한 기후, 많은 햇볕, 다양한 지형, 큰 노동 시장의 이상적인 조합을 발견한 1900년대 초부터, 할리우드는 화려한 영화적 꿈의 제작지라는 이미지가 전 세계적으로 형성되었다.

어휘 synonymous 동의어인 district 구역, 지역 pioneer 개척자, 선구자 blend 조합 mild 온화한 varied 다양한 terrain 지형 fabricator 제작자, 날조자 glittering 화려한, 반짝이는

정답 ③

16 밑줄 친 부분에 들어갈 말로 가장 적절한 것은? 이어동사

In 1799, Napoleon's Egyptian expedition discovered a stone near the town of Rosetta in the Nile Delta. Replicas of the stone inscription soon began circulating among European museums and scholars. Based on three languages written on the stone, the ancient Egyptian scripts were interpreted in 1822. This became the essential key for us to _____ how the ancient Egyptians lived.

① cut down
② hand out
③ settle down
④ figure out

해설 이집트에서 발견된 한 비석을 연구한 끝에 고대 이집트 문자가 해독되었다는 내용의 글이다. 그 문자 해독 덕분에 당시 사람들의 생활상을 파악할 수 있을 것으로 유추되므로, 빈칸에 들어갈 말로 가장 적절한 것은 ④ 'figure out(알아내다)'이다.

① 베어 넘어뜨리다, 줄이다 ② 나눠 주다 ③ 진정시키다; 정착하다

해석 1799년, Napoleon의 이집트 원정대가 나일강 삼각주의 Rosetta 마을 근처에서 비석 하나를 발견했다. 그 비석의 탁본들이 곧 유럽의 박물관과 학자들 사이에서 유통되기 시작했다. 그 돌에 쓰인 3개의 언어를 기반으로, 고대 이집트 문자가 1822년에 해석되었다. 이는 우리가 고대 이집트인들이 어떻게 살았는지를 알아내는 데 필수적인 열쇠가 되었다.

어휘 expedition 원정대 delta 삼각주 replica 복제품, 사본 inscription 새겨진 글 circulate 유통되다 ancient 고대의 script 문자 interpret 해석하다

정답 ④

17 밑줄 친 부분에 들어갈 말로 가장 적절한 것은? 빈칸완성

Today's currency holds no intrinsic value; it's the collective trust in the governmental declaration that gives it worth, operating on a mutual agreement of its value. In other words, money is backed by nothing more than faith. When you think about direct deposit, online bill payments, and debit cards, the idea of money is weirder still. You work, pay your bills, buy your groceries, and manage to survive and even thrive in the economy, yet you can go for days or weeks without even touching, seeing, or smelling money. Given all this, it can be said that money is _____. Think about your bank account. There are not little stacks of dollar bills sitting in the bank vault with your name on them. Instead, checking and savings accounts are simply information stored on computers.

① imaginary 　　　② destructive

③ momentary 　　　④ perceptible

해설 돈은 본질적 가치나 실체가 없어도 '믿음'에 의해 지탱되는 체계라는 내용이다. 특히 빈칸 뒤의 예시에서, 계좌 안의 돈은 '정보'로 관리되는 것이지 실제 계좌주의 이름이 적힌 채로 금고 안에 보존되는 것이 아니라고 설명한다. 이를 근거로 볼 때, 빈칸에 들어갈 말로 가장 적절한 것은 실체가 없다는 표현과 가장 가까운 ① '가상의'이다.

② 파괴적인 → 돈의 부정적 영향에 관한 글이 아니다.

③ 일시적인 → 돈이 실체가 아닌 믿음으로 존재한다는 내용일 뿐, 그것이 순간적으로만 존재한다는 식의 내용은 언급된 바가 없다.

④ 지각할 수 있는 → 돈의 실체를 오감으로 지각하지 '못하더라도' 우리는 돈이 있다고 믿을 수 있다고 했으므로, 글의 요지를 나타내기에 적절하지 않다.

해석 오늘날의 통화는 본질적인 가치를 지니고 있지 않다. 그것에 가치를 부여하는 것은 정부의 선언에 대한 집단적인 신뢰로, 그것의 가치에 대한 상호 합의에 의해 작동한다. 다른 말로 하면, 돈은 단지 믿음에 의해서 지탱된다는 것이다. 계좌 입금, 온라인 청구서 결제, 직불 카드를 생각해 본다면, 돈이라는 개념은 훨씬 더 이상하다. 당신은 일하고, 청구서를 지불하고, 장을 보고, 어떻게든 경제에서 살아남고 성공하기도 하지만, 그럼에도 불구하고 당신은 심지어 돈을 만지거나 보거나 냄새를 맡지 않고도 며칠 또는 몇 주를 보낼 수 있다. 이 모든 것을 고려하면, 돈은 가상의 것이라고 말할 수 있다. 당신의 은행 계좌를 생각해 보라. 작은 달러 지폐 뭉치들이 은행 금고 안에 당신의 이름이 적힌 채로 (보관되어) 있는 것이 아니다. 대신에, 당좌 예금 및 저축 예금은 그저 컴퓨터에 저장된 정보다.

어휘 currency 통화 intrinsic 본질적인 collective 집단적인 declaration 선언 worth 가치 operate 작동하다 mutual 상호의 agreement 합의 back 지탱하다 nothing more than 단지 ~인 faith 믿음 direct deposit 계좌 입금 bill 어음, 청구서 debit card 직불카드 weird 이상한 still (비교급을 강조하여) 훨씬 더 grocery 식료품 thrive 성공[번창]하다 given ~을 고려하면 stack 뭉치, 더미 vault (특히 은행의) 금고 checking account 당좌 예금 savings account 저축 예금

정답 ①

---

18 다음 글의 요지로 가장 적절한 것은? 요지

It is important to approach our beliefs with an open and critical mind, and to periodically re-evaluate them in the light of new evidence or experience. While it can be difficult to let go of long-held beliefs, questioning old ways of thinking is necessary for personal growth and intellectual development. By challenging ourselves to examine our assumptions, we can gain a deeper understanding of the world around us and make more informed decisions. In some cases, this may mean challenging beliefs that have been passed down through generations or questioning societal norms and conventions. While this may be uncomfortable or even controversial, it is necessary to move forward.

① When challenging others' beliefs, we must show consideration.

② It is necessary to recognize how our beliefs are formed.

③ Questioning old beliefs is crucial for our advancement.

④ We should abide by traditional societal norms.

해설 오랫동안 간직해 온 신념을 버리는 것은 어려운 일일 수 있지만, 개인의 성장과 지적 발달을 위해서는 오래된 사고방식에 의문을 제기하는 것이 필요하다는 내용의 글이다. 따라서 글의 요지로 가장 적절한 것은 ③ '오래된 신념에 의문을 제기하는 것은 우리의 진보를 위해 매우 중요하다.'이다.

① 타인의 신념에 도전할 때는 배려를 보여야 한다. → 타인의 신념에 이의를 제기할 때 보여야 하는 태도에 관한 글이 아니다.

② 우리의 신념이 형성된 방식을 인지할 필요가 있다. → 우리의 신념이 어떻게 형성되었는지를 인지해야 한다고 주장하는 글이 아니다.

④ 우리는 전통적인 사회 규범을 준수해야 한다. → 오히려 전통적인 관습이나 사회 규범에 의문을 제기하는 것이 필요할 수도 있다는 글의 내용과 반대된다.

해석 개방적이고 비판적인 마음으로 우리의 신념에 접근하고, 새로운 증거나 경험에 비추어 주기적으로 그것을 재평가하는 것은 중요하다. 오랫동안 간직해 온 신념을 버리는 것은 어려울 수 있지만, 옛 사고방식에 의문을 제기하는 것은 개인의 성장과 지적 발달을 위해 필요하다. 우리의 가정을 검토하도록 자신에게 도전함으로써, 우리는 주변 세계를 더 깊이 이해하고 더 많은 정보에 입각한 결정을 내릴 수 있다. 어떤 경우에는, 이것이 여러 세대에 걸쳐 전해 내려온 신념에 도전하거나 사회적 규범과 관습에 의문을 제기하는 것을 의미할 수도 있다. 이것이 불편하거나 심지어 논란의 여지가 있을 수 있지만, 그것은 앞으로 나아가기 위해 필요하다.

어휘 periodically 주기적으로 re-evaluate 재평가하다 in the light of ~에 비추어 evidence 증거 let go of ~을 버리다, ~을 놓아 주다 long-held 오랫동안 간직해 온 question 의문을 제기하다 intellectual 지적인, 지능의 challenge 도전하다 assumption 가정, 추정 informed 정보에 입각한 pass down 전하다, 물려주다 generation 세대 societal 사회의 norm 규범 convention 관습 controversial 논란의 여지가 있는 abide by ~을 준수하다

정답 ③

19 밑줄 친 (A), (B)에 들어갈 말로 가장 적절한 것은? [연결사]

Recent studies show that the effectiveness of AI to date has been exaggerated. Hopes that machine learning algorithms could overcome the limitations of humans by being more rational, neutral, and objective have been weakened by evidence that such systems can prolong human prejudices, increase bias, and make inaccurate predictions. ___(A)___, consider the app which, when presented with exactly the same set of symptoms, was found to suggest a heart attack as a possible diagnosis if the user was a man, but merely a panic attack if the user was a woman. This difference was explained by the "heart attack gender gap": the finding that the overrepresentation of men in the medical and research data means that women are up to 50 percent more at risk of receiving a misdiagnosis for a heart attack than men. ___(B)___, despite these flaws, doctors, nurses, and patients are unlikely to challenge the recommendations made by AI. This is because the technology is still being promoted to have superior decision-making abilities.

	(A)	(B)
①	However	Instead
②	For example	Yet
③	However	Similarly
④	For example	Thus

해설 인공지능을 신뢰하는 것의 위험에 관해 서술하는 글이다. (A) 앞은 선입견을 지속시키고 편견을 심화하는 등 인공지능이 우리의 기대만큼 훌륭하지 않다는 점을 지적하는 내용이고, (A) 뒤에는 편향된 데이터를 토대로 진단을 잘못 내리는 경향을 보인 한 앱에 관한 예시가 소개되므로, (A)에 들어갈 연결사로 가장 적절한 것은 For example이다. 또한 (B) 앞에는 이러한 인공지능의 한계가 기술되지만, (B) 뒤에는 의료업계 종사자 및 환자들이 여전히 인공지능을 신뢰한다는 상반되는 현실이 제시되므로, (B)에 들어갈 연결사로 가장 적절한 것은 Yet이다.

해석 최근 연구는 지금까지의 인공지능의 효과는 과장되어 왔다는 것을 보여 준다. 기계 학습 알고리즘이 더 합리적이고 중립적이며 객관적으로 됨으로써 인간의 한계를 극복할 수 있을 것이라는 희망은 그러한 시스템이 인간의 선입견을 지속시키고 편견을 키우며 부정확한 예측을 할 수 있다는 증거에 의해 약화되어 왔다. 예를 들어, 정확히 똑같은 증상이 제시되었을 때 사용자가 남성이면 가능한 진단으로 심장마비를 제안하지만, 사용자가 여성이면 단순히 공황 발작이라고 제안하는 것으로 밝혀진 앱을 생각해 보라. 이러한 차이는 "심장마비 성별 격차"로 설명할 수 있는데, 그것은 의료 및 연구 데이터에서 남성이 과하게 기술되는 것은 여성이 남성보다 심장마비의 오진 위험이 최대 50% 더 높다는 것을 의미한다는 연구 결과이다. 하지만, 이러한 결함에도 불구하고, 의사, 간호사, 환자들은 인공지능의 권고에 이의를 제기하지 않을 가능성이 크다. 이는 인공지능이 여전히 뛰어난 의사 결정 능력을 가지고 있다고 홍보되고 있기 때문이다.

어휘 effectiveness 효과 exaggerate 과장하다 machine learning 기계 학습, 머신 러닝 overcome 극복하다 limitation 한계 rational 합리적인 neutral 중립적인 objective 객관적인 weaken 약화시키다 prolong 지속시키다 prejudice 선입견, 편견 bias 편견 inaccurate 부정확한 prediction 예측 symptom 증상 diagnosis 진단 gap 격차, 차이 overrepresentation 과잉 표현 misdiagnosis 오진 flaw 결함 challenge 이의를 제기하다, 도전하다 recommendation 권고 promote 홍보하다 superior 뛰어난

정답 ②

20 주어진 문장이 들어갈 위치로 가장 적절한 것은? [문장삽입]

All kinds of marketplaces, however, are more than just places for buying and selling: Markets have a social life.

Marketplaces range from small stands that appear in the morning and disappear at night, to huge multi-storied shopping centers. One common form is a periodic market, a site for buying and selling that takes place on a regular basis in a particular location but without a permanent physical structure. (①) Sellers appear with their goods, set up a table to showcase and sell them, then dismantle their display. (②) In contrast, permanent markets are structures that endure in fixed locations where buying and selling occur continuously over time. (③) Sellers try to attract customers, shoppers meet and chat, government officials drop by, and religious organizations may even hold services. (④) The particularities of how markets are structured spatially and socially have long provided rich material for study.

해설 however로 시작되는 주어진 문장은 모든 시장이 단순히 물건을 사고파는 장소 그 이상으로, 시장에는 사회생활이 있다는 내용이다. however에 유의하면 이 문장 앞에는 물건을 사고파는 장소로서의 시장의 역할이 나와야 하며, 뒤에는 주어진 문장에서 언급된 사회생활에 관한 내용이 부연되는 것이 자연스럽다. ③ 앞에서 구매, 판매 행위가 이루어지는 정기 시장과 상설 시장이 소개되었고, ③ 뒤에는 시장에서 이루어지는 사회생활에 관한 예시가 나열되었으므로, 주어진 문장이 들어갈 위치로 가장 적절한 것은 ③이다.

해석 시장은 아침에 나타났다가 밤에 사라지는 작은 가판대부터 거대한 다층 쇼핑센터까지 범위가 다양하다. 한 가지 흔한 유형은 정기 시장으로, 그것은 특정 장소에서 정기적으로 열리지만 영구적인 물리적 구조가 없는 구매 및 판매를 위한 장소이다. 판매자는 상품을 가지고 나타나 테이블을 설치하여 상품을 진열하고 판매한 후, 진열대를 철거한다. 반면, 상설 시장은 고정된 장소에서 지속되는 구조인데, 그곳에서 구매 및 판매가 시간을 두고 계속해서 이루어진다. 하지만 모든 종류의 시장은 단순히 사고파는 장소 그 이상으로, 시장에는 사회생활이 있다. 판매자는 고객을 끌어들이려 하고, 쇼핑객은 만나서 대화를 하고, 정부 관리는 방문하고, 종교 단체는 예배를 드릴 수도 있다. 시장이 공간적, 사회적으로 구조화되는 방식의 특수성은 오랫동안 풍부한 연구 소재를 제공해 왔다.

어휘 marketplace 시장 range from A to B 범위가 A에서 B까지 다양하다 appear 나타나다 multi-storied 다층의 periodic 정기의 site 장소 take place 열리다, 개최되다 on a regular basis 정기적으로 particular 특정한 location 장소 permanent 영구적인 structure 구조(물); 구조화하다 set up ~을 설치하다 showcase 진열하다 dismantle 해체[철거]하다 permanent 영구적인, 상설의 endure 지속되다 fixed 고정된 continuously 계속해서 official 공무원, 관리 drop by 들르다 service 예배 particularity 특수성 spatially 공간적으로 rich 풍부한

정답 ③

01	02	03	04	05
③	②	①	④	③
06	**07**	**08**	**09**	**10**
①	①	④	④	④
11	**12**	**13**	**14**	**15**
④	③	②	④	③
16	**17**	**18**	**19**	**20**
③	③	④	②	②

01 밑줄 친 부분의 의미와 가장 가까운 것은?   어휘

Artificial intelligence's influence is <u>pervasive</u> across various industries, including healthcare, finance, and education.

① integral　　② powerful
③ universal　　④ substantial

해설 pervasive는 '널리 퍼진'이라는 뜻으로, 이와 의미가 가장 가까운 것은 ③ 'universal(보편적인)'이다.
① 필수적인 ② 강력한 ④ 상당한
해석 인공지능의 영향력은 의료, 금융, 교육을 포함한 다양한 산업에 걸쳐 널리 퍼져 있다.
어휘 artificial intelligence 인공지능 finance 재정, 금융
정답 ③

02 밑줄 친 부분의 의미와 가장 가까운 것은?   어휘

The lecture offered attendees a unique opportunity to gain insights from a successful entrepreneur. During her <u>candid</u> speech, she openly shared her experiences.

① free　　② frank
③ confident　　④ informative

해설 candid는 '솔직한'이라는 뜻으로, 이와 의미가 가장 가까운 것은 ② 'frank(솔직한)'이다.
① 자유로운 ③ 자신감 있는 ④ 유익한
해석 그 강연은 참석자들에게 성공한 기업가로부터 통찰력을 얻을 특별한 기회를 제공했다. 그녀는 솔직한 연설을 하는 중에 자신의 경험을 숨김없이 공유했다.
어휘 attendee 참석자 insight 통찰력 entrepreneur 기업가
정답 ②

03 밑줄 친 부분의 의미와 가장 가까운 것은?   이어동사

Creative expression through art has the power to <u>bring about</u> emotional catharsis.

① cause　　② permit
③ release　　④ cultivate

해설 bring about은 '일으키다'라는 뜻으로, 이와 의미가 가장 가까운 것은 ① 'cause(일으키다)'이다.
② 허용하다 ③ 발산하다 ④ 키우다
해석 예술을 통한 창의적 표현은 정서적 카타르시스를 일으키는 힘이 있다.
어휘 catharsis 카타르시스(감정 해소)
정답 ①

04 밑줄 친 부분의 의미와 가장 가까운 것은?   이어동사

The governor <u>followed through with</u> a pledge to lower Florida's communication services tax.

① ensured　　② retained
③ bolstered　　④ accomplished

해설 follow through with는 '완수하다'라는 뜻으로, 이와 의미가 가장 가까운 것은 ④ 'accomplished(완수하다)'이다.
① 보장하다 ② 유지하다 ③ 강화하다
해석 그 주지사는 플로리다주의 통신세를 낮추겠다는 공약을 완수했다.
어휘 governor 주지사 pledge 맹세, 공약 communication 통신
정답 ④

05 밑줄 친 부분에 들어갈 말로 가장 적절한 것은? [어휘]

All the other students in the class ended up loving the math teacher, but Jake remained _____ in his dislike of him until he graduated.

① passive
② proficient
③ persistent
④ persuasive

해설 but 앞의 다른 학생들은 결국엔 수학 선생님을 좋아하게 되었다는 내용을 보았을 때, Jake는 그 선생님을 싫어하는 태도를 고수했을 것임을 유추할 수 있다. 따라서 빈칸에 들어갈 말로 가장 적절한 것은 ③ 'persistent(끈질긴)'이다.
① 수동적인 ② 능숙한 ④ 설득력 있는
해석 반의 다른 학생들은 모두 결국 수학 선생님을 매우 좋아하게 되었지만, Jake는 그가 졸업할 때까지 그를 끈질기게 싫어했다.
어휘 end up 결국 ~하게 되다 dislike 싫음

정답 ③

06 밑줄 친 부분 중 어법상 옳지 않은 것은? [문법]

Many animals are getting used ① to be raised by humans, and some will be practically tame by the time they ② encounter hunters. The fact ③ that those animals don't instinctively flee at the sight of approaching humans makes them ④ easier to shoot than truly wild animals.

해설 (be → being) 'get used to RVing'는 '~하는 데 익숙해지다'라는 뜻의 관용 표현이므로, are getting used to being raised가 되어야 한다. 참고로 raise는 '기르다'라는 뜻의 타동사이고, 동물들이 '길러지는' 것이므로 수동형으로 쓰인 것은 적절하다.
② by the time이 이끄는 시간 부사절에서는 현재시제가 미래시제를 대신하므로 encounter의 쓰임은 적절하다.
③ that 앞에 추상명사인 fact가 선행사로 있고, 뒤에는 완전한 절이 오고 있는 것으로 보아 that이 동격 접속사로 쓰였음을 알 수 있다.
④ 5형식 동사로 쓰인 make가 형용사 easier를 목적격 보어로 취하고 있는 것은 적절하며, 비교급 표현 easier이 뒤의 상관어구 than과 짝을 이루고 있는 것도 적절하다.
해석 많은 동물이 인간에게 길러지는 것에 익숙해지고 있으며, 몇몇은 사냥꾼들을 마주칠 때쯤이면 사실상 길들어 있을 것이다. 그러한 동물들이 접근하는 인간을 보고도 본능적으로 도망치지 않는다는 사실은 그것들을 진짜 야생 동물들보다 더 쏘기 쉽게 만든다.
어휘 practically 사실상, 거의 tame 길든 encounter 마주치다 instinctively 본능적으로 flee 도망치다 at the sight of ~을 보고

정답 ①

07 밑줄 친 부분이 어법상 옳지 않은 것은? [문법]

① Can you tell me how long will it be closed?
② The performance is fascinating enough to see again.
③ On the hill stand splendid mansions that the rich live in.
④ It offers better amenities than all the other hotels in the area.

해설 (will it → it will) 4형식 동사로 쓰인 tell의 직접목적어로 의문부사 how가 이끄는 간접의문문이 오고 있다. 이때 how의 수식을 받는 형용사나 부사는 모두 앞으로 가고 주어와 동사는 평서문 어순을 따르므로, how long it will be closed가 되어야 한다. 참고로 맥락상 it이 '문 닫히는' 것이므로 수동태 be closed는 적절하게 쓰였다.
② be동사 is의 보어로 분사형 형용사가 오고 있는데, The performance가 '매료시키는' 것이므로 능동의 현재분사 fascinating은 적절하게 쓰였다. 또한 enough는 형용사나 부사를 수식할 경우 후치 수식하므로 형용사 fascinating 뒤에 위치한 것도 적절하다.
③ 장소의 부사구 On the hill이 문두에 나와 주어와 동사가 도치된 문장이다. 따라서 문장의 주어는 복수 명사인 splendid mansions이므로 복수 동사 stand의 수일치는 적절하다.
④ 비교급을 이용하여 최상급을 표현하는 경우, '비교급 ~ than + all the other + 복수 명사' 또는 '비교급 ~ than + any other + 단수 명사' 구조를 취한다. 여기서는 all the other가 쓰이고 있으므로 뒤에 복수 명사 hotels가 오는 것은 적절하다.
해석 ① 제게 그곳이 언제까지 문을 닫는지 알려주실 수 있나요?
② 그 공연은 다시 볼 만큼 매력적이다.
③ 그 언덕 위에는 부자들이 사는 화려한 저택들이 서 있다.
④ 그곳은 그 지역의 다른 모든 호텔보다 더 좋은 편의 시설을 제공한다.
어휘 fascinate 매료시키다 splendid 화려한, 호화로운 mansion 저택, 맨션 amenities 편의 시설

정답 ①

08 우리말을 영어로 잘못 옮긴 것은?

`문법`

① 급여가 더 높지 않으면 그 일을 맡지 않겠다.
→ I won't take the job unless the salary is higher.

② 그는 지하철에서 에어팟을 도난당한 게 틀림없다.
→ He must have been robbed of his Airpods on the subway.

③ 그 제품은 저렴할 뿐만 아니라 질도 좋다.
→ The product is not only affordable but also of high quality.

④ 우울증 진단이 나온 사람들에게 상담 서비스가 제공되었다.
→ Counseling services were provided to those diagnosing with depression.

`해설` (diagnosing → diagnosed) 불특정 다수를 뜻하는 those를 분사구인 diagnosing 이하가 수식하고 있는데, 사람들이 우울증을 '진단받은' 것이므로 수동의 과거분사 diagnosed가 쓰여야 한다. 참고로 주어인 Counseling services가 우울증 환자들에게 '제공된' 것이므로 수동태 were provided는 적절하게 쓰였다.

① unless가 이끄는 조건 부사절에서는 현재시제가 미래시제를 대신하므로 is의 쓰임은 적절하다.

② 'must have p.p.'는 과거 일에 대한 강한 추측을 나타내는 '~했음이 틀림없다'라는 의미이며, 'A에게서 B를 빼앗다'라는 뜻의 'rob A of B' 구문을 수동태로 전환하면 'A be robbed of B'이므로 must have been robbed of는 주어진 우리말에 맞게 적절히 쓰였다.

③ 'A뿐만 아니라 B도'라는 뜻의 'not only A but also B' 구문이 사용되었으며, A와 B에는 형용사가 병렬되고 있다. 이때 'of + 추상명사'가 형용사 역할을 할 수 있음에 유의해야 한다.

`어휘` salary 급여 affordable (값이) 알맞은, 저렴한 counseling 상담 diagnose 진단하다 depression 우울증

`정답` ④

09 밑줄 친 부분에 들어갈 말로 가장 적절한 것은?

`생활영어`

A: Um, I ordered tomato pasta but received oil pasta.
B: Oh, I'm so sorry. We'll make you tomato pasta right away, but it'll take another 15 minutes. Would that be okay?
A: _____
B: Ah, I see. I'm sorry you won't be able to have what you ordered. Instead, the meal will be on the house.
A: Oh, thank you.

① Actually, I don't mind making a new one.
② Alright, I'll wait for the tomato pasta, then.
③ Is there any way you could speed up the order?
④ I don't have much time, so I'll just have the oil one.

`해설` 토마토 파스타를 조리하는 데 시간이 걸린다며, 그것이 괜찮을지 물어보는 B에게 A가 빈칸 내용으로 답하였다. 빈칸 뒤의 내용을 보면 A가 토마토 파스타를 먹지 못하게 된 상황임을 알 수 있으므로, 빈칸에 들어갈 말로 가장 적절한 것은 ④ '시간이 별로 없어서 그냥 오일 파스타를 먹을게요.'이다.

① 사실, 새로 만들어도 상관없어요.
② 네, 그러면 토마토 파스타를 기다릴게요.
③ 주문한 음식을 더 빨리해 주실 수 있는 방법이 있을까요?

`해석` A: 음, 저 토마토 파스타를 주문했는데 오일 파스타를 받았어요.
B: 아, 정말 죄송합니다. 토마토 파스타를 바로 만들어 드리겠지만, 15분 정도 더 걸릴 것 같습니다. 그래도 괜찮을까요?
A: 시간이 별로 없어서 그냥 오일 파스타를 먹을게요.
B: 아, 그렇군요. 주문하신 음식을 못 드시게 되어 죄송합니다. 대신 이 식사는 무료로 제공될 겁니다.
A: 아, 감사합니다.

`어휘` order 주문하다; 주문한 음식 on the house 무료[서비스]로 제공되는 mind 상관하다, 언짢아하다

`정답` ④

10 밑줄 친 부분에 들어갈 말로 가장 적절한 것은?

A: Hello, this is Shimson Bank. How may I help you?

B: Hi, I'd like to close one of my savings accounts.

A: I'm sorry, but that matter cannot be addressed over the phone. You would need to visit our bank.

B: _____?

A: No, I'm afraid we can only handle it in person.

① Could you tell me when your hours are

② Which materials should I bring

③ Is it necessary to pay a visit

④ Is there any other way

해설 전화로는 계좌를 해지할 수 없으니 직접 방문해야만 한다는 A의 말에 B는 빈칸 내용을 물어보았다. 이에 A가 아니라고 답하며, 대면으로만 그 업무를 처리할 수 있다고 재치 말했으므로, 빈칸에 들어갈 말로 가장 적절한 것은 ④ '다른 방법이 있을까요'이다.

① 영업시간이 언제인지 알려주실 수 있나요

② 어떤 자료를 가져가야 하나요

③ 꼭 방문해야 하나요

해석 A: 안녕하세요, Shimson 은행입니다. 무엇을 도와드릴까요?

B: 안녕하세요, 제 예금 계좌 중 하나를 해지하고 싶은데요.

A: 죄송하지만, 전화로는 해당 문제를 해결할 수 없습니다. 은행을 방문하셔야 할 거예요.

B: 다른 방법이 있을까요?

A: 아뇨, 아쉽게도 저희는 그것을 대면으로만 처리할 수 있습니다.

어휘 savings account 예금 계좌 address 다루다, 해결하다 handle 처리하다 in person 직접, 대면으로 hours 영업시간 pay a visit 방문하다

정답 ④

11 두 사람의 대화 중 자연스럽지 않은 것은?

① A: Excuse me, do you know where the nearest pharmacy is?

B: Sorry, I'm not from around here.

② A: Could you jot down your address for me?

B: Sure. Let me grab a pen.

③ A: The Jones seem well off, don't they?

B: They do. I could tell by what they're wearing.

④ A: Hey, what brings you here?

B: I didn't bring anything with me.

해설 여기에 무슨 일로 왔냐고 묻는 A의 말에 대한 응답으로 자신이 가져온 것이 없다고 하는 B의 말은 적절하지 않다. 따라서 대화 중 자연스럽지 않은 것은 ④이다.

해석 ① A: 실례합니다만, 가장 가까운 약국이 어디 있는지 아시나요?

B: 죄송하지만, 저는 이 동네 사람이 아니에요.

② A: 저한테 당신의 주소를 적어 주실 수 있나요?

B: 물론이죠. 펜을 좀 가져올게요.

③ A: Johns 부부는 잘사는 것 같아, 안 그래?

B: 그래 보여. 옷차림만 봐도 알 수 있어.

④ A: 여긴 어쩐 일이야?

B: 난 아무것도 가져온 게 없어.

어휘 pharmacy 약국 jot down (급히) 적다 well off 잘사는, 부유한 tell 알다, 판단하다

정답 ④

12 다음 글의 제목으로 가장 적절한 것은?

Critics often discuss the impact of the media on us as if it were a separate and distinct entity from our daily lives. The truth, however, is that it has become increasingly difficult to separate the media from our daily routines. From the moment we wake up to the moment we go to bed, we are surrounded by messages from various media outlets, whether it's news, social media or entertainment. The media shapes our opinions, beliefs, and attitudes and can even influence our behavior. In today's society, media is not only a source of information but also a way of communicating and a way of life. We use it to connect with others, to stay informed, and to entertain ourselves. Without media, we would be disconnected from the world around us and would not have access to the vast amounts of information that shape our lives.

① How Do We Prevent the Media from Invading Our Routines?

② Drowned in Data: Why Too Much Information Can Hurt Us

③ Media: An Essential Component of Modern Life

④ The Power of Media in Boosting Creativity

해설 미디어는 우리의 일상 다방면에 영향을 미쳐 점점 우리 일상에서 분리될 수 없는 존재가 되어가고 있음을 서술하는 글이다. 따라서 글의 제목으로 가장 적절한 것은 ③ '미디어: 현대 삶의 필수 요소'이다.

① 우리는 미디어가 우리 일상을 침범하는 것을 어떻게 막을 것인가? → 미디어가 우리 일상의 일부분이 되는 것을 부정적으로 바라보는 글이 아니며, 그것을 막기 위한 방법을 제시하고 있지도 않다.

② 데이터에 잠기다: 너무 많은 정보가 우리를 해칠 수 있는 이유 → 미디어가 우리 삶에 미치는 부정적 영향을 설명하는 글이 아니다.

④ 창의력을 높이는 미디어의 힘 → 미디어가 창의력을 높인다는 내용은 언급된 바 없다.

해석 비평가들은 종종 미디어가 우리에게 미치는 영향에 대해 마치 미디어가 우리의 일상과 별개의 독립된 존재인 것처럼 이야기한다. 하지만, 진실은 미디어를 우리 일상에서 분리하는 것이 점점 더 어려워지고 있다는 것이다. 우리가 일어나는 순간부터 잠자리에 드는 순간까지 우리는 뉴스, 소셜 미디어, 엔터테인먼트 등 다양한 매스컴의 메시지에 둘러싸여 있다. 미디어는 우리의 의견, 신념, 태도를 형성하고 심지어 행동에 영향을 미칠 수도 있다. 오늘날 사회에서 미디어는 정보의 원천일 뿐만 아니라 소통의 방식이자 삶의 방식이기도 하다. 우리는 미디어를 통해 다른 사람들과 소통하고, 계속 정보를 얻고, 자신을 즐겁게 한다. 미디어가 없다면 우리는 주변 세상과 단절되고 우리 삶을 형성하는 방대한 양의 정보에 접근할 수 없게 될 것이다.

어휘 critic 비평가 impact 영향 distinct 뚜렷이 다른, 별개의 entity 독립체 surround 둘러싸다 media outlet 언론 매체, 매스컴 opinion 의견 attitude 태도 influence 영향을 주다 informed 잘 아는, 정보통인 entertain 즐겁게 하다 disconnected 단절된 access 접근 vast 방대한 prevent 막다 invade 침범하다 drown 잠기게 하다 essential 필수적인 component 요소 boost 높이다

정답 ③

13 다음 글의 주제로 가장 적절한 것은? 주제

Where there is a big difference in status, disclosure tends to be in one direction. Thus, workers may disclose personal problems to their supervisors, but the reverse does not usually happen. This is because for a supervisor to disclose personal information to a subordinate could make him appear weak, which would affect the status relationship. But this doesn't mean that people of high status never disclose personal information. They do, in some cases. This may be to either underline existing status differences or to reduce them. For example, a senior manager in a corporation may attempt to reduce status differentials by disclosing details of his low socioeconomic family background to a shop floor employee.

① tendency of disclosure to widen status gap
② impact of disclosure on status relationships
③ importance of disclosing complaints to supervisors
④ risk of disclosing personal information in workplaces

해설 개인적인 이야기를 털어놓는 행위가 지위 격차를 강조하기도 하고, 그 차이를 줄이기도 한다는 내용의 글이다. 윗사람이 아랫사람에게 개인적인 이야기를 하지 않는 이유도 그로 인해 지위 관계가 영향을 받을 수 있기 때문이라고 하였다. 따라서 글의 주제로 가장 적절한 것은 ② '숨김없이 하는 말이 지위 관계에 미치는 영향'이다.

① 숨김없이 하는 말이 지위 격차를 확대하는 경향 → 숨김없이 하는 말은 지위 격차를 줄이기도 하므로 적절하지 않다.

③ 상사에게 불만 사항을 털어놓는 것의 중요성 → 상사에게 불만을 이야기해야 한다는 점을 주장하는 글이 아니다.

④ 직장 내 개인 정보를 털어놓는 것의 위험 → 상사가 부하 직원에게 개인적인 이야기를 털어놓을 경우에 약해 보일 수 있다는 점이 언급되나, 이후 예시에서 지위 차이를 의도적으로 줄이려고 하는 경우가 언급되므로, '위험'으로 치부할 수는 없다.

해석 지위에 큰 차이가 있는 경우, 숨김없이 하는 말은 한 방향으로 이루어지는 경향이 있다. 따라서 직원은 자신의 개인적인 문제를 상사에게 털어놓을 수 있지만, 그 반대는 일반적으로 일어나지 않는다. 그 이유는 상사가 부하 직원에게 자신의 개인 정보를 털어놓는 것은 그를 약해 보이게 할 수 있는데, 이는 지위 관계에 영향을 미칠 것이기 때문이다. 하지만 이것이 지위가 높은 사람들이 개인 정보를 절대 털어놓지 않는다는 의미는 아니다. 경우에 따라서는 그렇게 하기도 한다. 이는 기존의 지위 차이를 강조하거나 그 차이를 줄이기 위한 것일 수 있다. 예를 들어, 기업의 고위 관리자가 자신의 낮은 사회경제적 가정 배경을 현장 직원에게 공개함으로써 지위 차이를 줄이려고 할 수도 있다.

어휘 status 지위 disclosure 숨김없이 하는 말 supervisor 상사, 감독관 reverse 반대(의 것) subordinate 부하 직원 underline 강조하다 existing 기존의 corporation 기업 differential 차이 socioeconomic 사회경제적 background 배경 shop floor (공장의) 생산 현장 tendency 경향 widen 넓히다 gap 격차 impact 영향

정답 ②

---

14 다음 글의 요지로 가장 적절한 것은? 요지

When a company is strong, it not only pays taxes that provide for important services but also builds world-class facilities that meet safety and environmental standards. Healthy companies provide good and secure jobs that give their employees the time, the spirit, and the resources to give back to their communities. Weak and struggling companies, on the other hand, are often community liabilities. They have little or no profits and pay few taxes. The constant threat of layoffs breeds insecurity in employees whose worries about their own future affect their well-being. They're tempted to take shortcuts to save a dollar — investing little in the development of their employees and communities.

① Employee community service depends on their earnings.
② Healthy companies satisfy strict environmental standards.
③ Corporate layoffs are inevitable under certain circumstances.
④ Financial health of companies affects employees and communities.

해설 번창하는 기업과 어려움을 겪는 기업이 각각 직원과 지역사회에 어떤 영향을 미치는지 설명하는 글이다. 재정 상태가 건전한 기업은 사회에 유익한 기여자로 묘사되는 반면, 약한 기업은 사회에 부담을 주는 존재로 묘사된다. 따라서 글의 요지로 가장 적절한 것은 ④ '기업의 재무 건전성은 직원과 지역사회에 영향을 미친다.'이다.

① 직원의 지역사회 봉사는 수입에 따라 달라진다. → 건전한 기업은 직원들에게 충분한 자원을 제공하여 지역사회에 환원할 여유가 있게 한다는 내용이 언급되나, 이는 건전한 기업이 사회에 미치는 긍정적 영향 중 한 예시에 불과하다. 이 글은 봉사 시간과 수입 수준 사이의 관계를 논하는 글이 아니다.

② 건전한 기업은 엄격한 환경 기준을 충족한다. → 이는 건전한 기업의 장점 중 하나에 불과하므로, 글의 요지를 나타내기에는 지엽적이다.

③ 기업의 정리해고는 특정 상황에서는 불가피하다. → 정리해고가 불가피한 경우가 있음을 서술하는 글이 아니다.

해석 기업이 건실할 경우, 그 기업은 중요한 서비스를 제공하는 데 필요한 세금을 납부할 뿐만 아니라 안전 및 환경 기준을 충족하는 세계 최고 수준의 시설을 구축하기도 한다. 건전한 기업은 직원들에게 지역사회에 환원할 수 있는 시간, 정신, 자원을 허용하는 양질의 안정적인 일자리를 제공한다. 반면에 약하고 어려움을 겪는 기업은 종종 지역사회의 부채이다. 그들은 수익이 거의 없거나 전혀 없고 세금도 거의 내지 않는다. 해고에 대한 끊임없는 위협은 직원들에게 불안감을 조성하는데, 그들 자신의 미래에 대한 걱정은 그들 복지에 영향을 미친다. 그들은 직원과 지역사회의 발전을 위한 투자는 거의 하지 않고, 1달러라도 아끼기 위해 편법을 택하려는 유혹에 빠지게 된다.

어휘 tax 세금 facility 시설 secure 안정적인 resource 자원 struggling 어려움을 겪는 liability 부채, 빚 constant 끊임없는 threat 위협 layoff 해고 breed 조성하다 insecurity 불안감 tempt 유혹하다 shortcut 지름길, 편법 earning 수입 strict 엄격한 inevitable 불가피한 circumstance 상황

정답 ④

15 다음 글의 내용과 일치하지 않는 것은? 불일치

The Philippine-American War began in 1899 as a result of the Treaty of Paris, which transferred control of the Philippines from Spain to the United States. Filipinos had been demanding independence, but the United States nevertheless claimed control over the territory. This sparked the Philippine-American War, during which Filipino armies led by Philippine President Emilio Aguinaldo fought against American occupation. The war lasted until 1902, with the United States gaining victory and securing full dominance over the Philippines. The war resulted in at least 200,000 Filipino civilian deaths, mostly from famine and diseases such as cholera.

① 파리 조약은 필리핀에 대한 지배권을 스페인에서 미국으로 이양했다.
② 필리핀-미국 전쟁에서는 필리핀 대통령이 자국의 군대를 이끌었다.
③ 미국은 전쟁에서 승리했지만, 필리핀의 독립권을 일부 인정했다.
④ 전쟁 중 필리핀 민간인 대부분은 기근과 질병으로 사망했다.

해설 4번째 문장에서 미국이 전쟁에서 승리하면서 필리핀에 대한 완전한 지배권을 확보하였다고 언급되므로, 글의 내용과 일치하지 않는 것은 ③ '미국은 전쟁에서 승리했지만, 필리핀의 독립권을 일부 인정했다.'이다.

① 파리 조약은 필리핀에 대한 지배권을 스페인에서 미국으로 이양했다. → 첫 문장에서 언급된 내용이다.
② 필리핀-미국 전쟁에서는 필리핀 대통령이 자국의 군대를 이끌었다. → 3번째 문장에서 언급된 내용이다.
④ 전쟁 중 필리핀 민간인 대부분은 기근과 질병으로 사망했다. → 마지막 문장에서 언급된 내용이다.

해석 필리핀-미국 전쟁은 1899년 필리핀의 지배권을 스페인에서 미국으로 이양한 파리 조약으로 인해 시작되었다. 필리핀 사람들은 독립을 요구해 왔지만, 그럼에도 불구하고 미국은 그 영토에 대한 지배권을 주장했다. 이로 인해 Emilio Aguinaldo 필리핀 대통령이 이끈 필리핀 군대가 미국의 점령에 맞서 싸운 필리핀-미국 전쟁이 발발했다. 전쟁은 1902년까지 지속되었고, 미국이 승리하며 필리핀에 대한 완전한 지배권을 확보하였다. 전쟁으로 인해 최소 20만 명의 필리핀 민간인이 사망했는데, 대부분 기근과 콜레라 같은 질병으로 사망했다.

어휘 treaty 조약 transfer 이양[이전]하다 control 지배(권) demand 요구하다 independence 독립 claim 주장하다 territory 영토 spark 촉발하다 occupation 점령 last 지속되다 secure 확보하다 dominance 지배 civilian 민간인 famine 기근 cholera 콜레라

정답 ③

16 다음 글의 흐름상 어색한 문장은? 일관성

Snowpack, sea ice, and glaciers are melting around the world. One of the most visible effects of climate change is the rapid disappearance of glaciers in the Arctic. ① In fact, the Arctic is warming faster than any other place on Earth, at a rate of three to four times the global average. ② At this speed, scientists warn that the Arctic Ocean could be ice-free in summer by the 2030s. ③ Arctic ice grows dramatically each winter, reaching its maximum in March. ④ Also, the Arctic ecosystem is especially vulnerable to global warming as it includes organisms that have adapted to the extreme cold conditions of the Arctic. As temperature rises and the ice melts, many species like polar bears are at great risk of dying out.

해설 빙하 소멸, 생태계 위협 등 기후 변화가 북극에 미치는 영향을 설명하는 글이다. 따라서 글의 흐름상 어색한 문장은 북극 얼음양이 최대치에 이르는 시기를 언급하는 ③이다.

해석 들판을 뒤덮은 눈덩이, 해빙, 빙하가 전 세계적으로 녹고 있다. 기후 변화의 가장 눈에 띄는 영향 중 하나는 북극 빙하의 빠른 소멸이다. 실제로 북극은 지구 평균의 3~4배에 달하는 속도로 지구의 다른 어떤 곳보다 빠르게 온난화되고 있다. 이 속도라면 2030년대에는 북극해에 여름에 얼음이 없을 수도 있다고 과학자들은 경고한다. (북극의 얼음은 매년 겨울에 극적으로 증가하여 3월에 최대치에 이른다.) 또한 북극 생태계는 북극의 극한의 추운 환경에 적응한 생물을 포함하고 있어 지구 온난화에 특히 취약하다. 기온이 상승하고 얼음이 녹으면서, 북극곰과 같은 많은 종이 심각한 멸종 위기에 처해 있다.

어휘 snowpack 눈덩이로 뒤덮인 들판 glacier 빙하 rapid 빠른 disappearance 소멸 the Arctic 북극 average 평균 warn 경고하다 dramatically 극적으로 ecosystem 생태계 vulnerable 취약한 organism 생물 adapt 적응하다 conditions 환경 temperature 기온 species 종 polar bear 북극곰 at risk of ~의 위험에 처한 die out 죽어 나가다, 멸종되다

정답 ③

17 주어진 글 다음에 이어질 글의 순서로 가장 적절한 것은? [순서배열]

The more obviously available a product or service is, the more likely we are to try it.

(A) We may want to believe that those choices are made under our full control. When we choose one thing over another, we often assume it is because we *intended* it.

(B) The truth, however, is that many of the actions we take each day are shaped not by purpose, but by the most available option.

(C) For example, we drink Coca-Cola because it is in every convenience store and visit Starbucks because it is on every corner.

① (B) - (A) - (C) ② (B) - (C) - (A)
③ (C) - (A) - (B) ④ (C) - (B) - (A)

[해설] 어떤 것의 사용 가능성이 뚜렷할수록 그것을 시도할 가능성이 커진다는 내용의 주어진 글 다음에는 For example을 통해 그 경향을 이해하기 쉽게 설명하는 예시를 제시하는 (C)가 와야 한다. 그다음으로, (C)에서의 선택들을 those choices로 받아, 우리는 그러한 선택들이 우리의 전적인 통제 속에 있다고 믿고 싶을 수도 있다는 점을 제시하는 (A)가 오는 것이 적절하다. 마지막으로, (A)에서 언급된 우리의 생각을 however로 반박하며, 실제로는 우리의 의도가 아닌, 가장 구하기 쉬운 선택안에 의해서 우리의 행동이 형성되는 것이라는 내용의 (B)로 마무리하는 것이 자연스럽다. 따라서 글의 순서로 가장 적절한 것은 ③ '(C) - (A) - (B)'이다.

[해석] 제품이나 서비스가 더 확실하게 구하기 쉬울수록, 우리가 그것을 시도해 볼 가능성이 높아진다. (C) 예를 들어, 우리는 코카콜라가 모든 편의점에 있기 때문에 그것을 마시고, 스타벅스가 모든 길모퉁이에 있기 때문에 그곳에 방문한다. (A) 우리는 그러한 선택들이 우리의 전적인 통제 속에 이루어진다고 믿고 싶을 수 있다. 다른 것 말고 어떤 것을 선택할 때, 우리는 흔히 우리가 그것을 '의도했기' 때문이라고 생각한다. (B) 하지만 사실은 우리가 매일 하는 많은 행동은 의도가 아닌, 가장 구하기 쉬운 선택안에 의해 형성된다는 것이다.

[어휘] obviously 확실하게 available 이용 가능한, 구하기 쉬운 assume 가정[생각]하다 intend 의도하다 purpose 의도 convenience store 편의점

[정답] ③

18 주어진 문장이 들어갈 위치로 가장 적절한 것은? [문장삽입]

But this process makes people guess, which generates inaccurate information that obscures the true memories about what really happened.

Some witnesses to crimes who have difficulty recalling them are told to let their minds wander freely and say whatever comes to mind, even if it is a guess. (①) However, the act of guessing about possible events causes people to provide misinformation, which, if left uncorrected, may later be remembered as "memories." (②) That is one reason why individuals who were interviewed under hypnosis are generally not allowed to testify in court. (③) Hypnosis typically encourages people to bring forth everything that comes to mind, in hopes of revealing hidden information. (④) As a result, the claims made by those who were put under hypnosis cannot be fully trusted, and hence may be invalid.

[해설] 주어진 문장은 But으로 시작하면서 this process가 추측을 하게 만들어 진정한 기억을 모호하게 하는 부정확한 정보를 생성한다는 내용이다. But에 유의했을 때 맥락상 이 문장 앞에는 this process의 긍정적인 면이 서술되고, 뒤에는 부정확한 정보가 생성되는 것에 따른 결과가 나오는 것이 자연스럽다. ④ 앞에서 최면은 숨겨진 정보를 드러내기 위해 하는 것이라는 긍정적인 기능이 서술되었으며, 뒤에서는 최면에 걸렸던 사람의 주장은 효력이 없을 수 있다는 점을 언급하였다. 따라서 주어진 문장이 들어갈 위치로 가장 적절한 것은 ④이다.

[해석] 범죄를 기억하기 어려워하는 일부 범죄 목격자는 그들 생각이 자유롭게 떠돌도록 하고 추측이더라도 무엇이든 머리에 떠오르는 대로 이야기하라는 말을 듣는다. 그러나, 있음 직한 사건에 대해 추측하는 행위는 사람들이 잘못된 정보를 제공하게 만들고, 이것은 정정되지 않은 채로 두면 나중에 '기억'으로 회상될 수 있다. 이것이 최면 상태에서 조사받은 사람이 일반적으로 법정에서 증언하는 것이 허용되지 않는 이유 중 하나이다. 최면은 일반적으로 숨겨진 정보를 밝혀내기를 바라며 사람들이 머리에 떠오르는 모든 것을 꺼내도록 부추긴다. 그러나 이 과정은 사람들을 추측하게 만들고, 이는 실제 일어난 일에 대한 진정한 기억을 모호하게 하는 부정확한 정보를 생성한다. 그 결과, 최면에 걸렸던 사람의 주장은 완전히 신뢰할 수 없으며, 따라서 효력이 없을 수도 있다.

[어휘] guess 추측하다 generate 생성하다 inaccurate 부정확한 obscure 모호하게 하다 witness 목격자 recall 기억하다 wander 떠돌다 come to mind 생각이 떠오르다 misinformation 잘못된 정보 hypnosis 최면 testify 증언하다 typically 일반적으로 encourage 부추기다 bring forth 낳다, 일으키다 in hopes of ~을 바라며 reveal 밝히다, 드러내다 claim 주장 invalid 효력 없는

[정답] ④

19 밑줄 친 부분에 들어갈 말로 가장 적절한 것은? 빈칸완성

To get the idea of time distortion in dreams, think of the last time you hit the snooze button on your alarm, having been woken from a dream. Mercifully, you are giving yourself another delicious five minutes of sleep. You go right back to dreaming. After the five minutes granted, your alarm clock faithfully sounds again. Yet that's not what it felt like to you. During those five minutes of actual time, you may have felt like you were dreaming for an hour, perhaps more. Unlike the phase of sleep where you are not dreaming, wherein you lose all awareness of time, in dreams, you continue to have a sense of time. It's simply not particularly accurate; more often than not, dream time is _____ relative to real time.

*snooze button: 스누즈 버튼(알람을 다시 울리게 하는 버튼)

① repeated
② prolonged
③ removed
④ compressed

해설 기상 알람을 듣고 깼다가 잠깐 5분을 더 자면 꿈속에서는 그것보다 더 많은 시간이 흘렀던 것처럼 느끼게 된다는 내용으로 보아, 빈칸에 들어갈 말로 가장 적절한 것은 ② '길어진다'이다.
① 반복된다 → 꿈에서의 시간이 '반복된다'는 내용이 아니다.
③ 제거된다 → 꿈에서도 시간 감각은 계속 이어진다고 하므로 적절하지 않다.
④ 압축된다 → 실제로 5분이었던 시간을 꿈에서는 그 이상의 시간으로 느끼는 것이므로 반대된다.

해석 꿈속에서 시간이 왜곡된다는 개념을 이해하기 위해, 당신이 마지막으로 꿈에서 깨서 당신 알람의 스누즈 버튼을 눌렀던 때를 생각해보라. 자비롭게도, 당신은 스스로에게 추가로 달콤한 5분의 수면을 제공하기로 한다. 당신은 바로 꿈으로 돌아간다. 허락된 5분 후에, 당신의 알람 시계는 충실하게도 다시 울린다. 하지만 당신에게는 그렇게 느껴지지 않았다. 실제로 5분인 그 시간 동안, 당신은 한 시간, 어쩌면 더 긴 시간 동안 꿈을 꾸고 있었다고 느꼈을 수도 있다. 당신이 시간에 대한 모든 의식을 잃어버리는, 꿈을 꾸지 않는 수면 단계에서와 달리, 꿈에서 당신은 계속 시간 감각을 가지고 있다. 단지 그것은 딱히 정확하지 않을 뿐인데, 보통은 꿈에서의 시간은 실제 시간에 비해 길어진다.

어휘 distortion 왜곡 mercifully 자비롭게도 grant 허락하다 faithfully 충실하게 unlike ~와 달리 awareness 의식 accurate 정확한 more often than not 보통, 대개 relative to ~에 비해 prolong 연장하다 remove 제거하다 compress 압축하다

정답 ②

20 밑줄 친 부분에 들어갈 말로 가장 적절한 것은? 빈칸완성

People who have a growth mindset believe that even if they struggle with learning new skills, their abilities can improve over time. How can we apply this in practical terms? This can be done with _____ when pursuing an activity. Most people don't want to deal with the accompanying embarrassment or shame that is often required to learn a new skill. It's the possibility of appearing stupid or feeling humiliated that prevents us from getting started. But, we know that our lives will not be destroyed if that book we write doesn't sell or if we get turned down by a potential date or if we forget someone's name when we introduce them. The list of mistakes that you can never recover from is very short. To fully embrace the growth mindset, we need to take action in the face of these feelings which deter us.

① support from other people
② the willingness to look bad
③ starting with the small things
④ reflecting on past experiences

해설 성장형 사고방식을 현실적으로 적용할 수 있는 방법을 설명하는 글이다. 우리는 새로운 기술을 배울 때 바보처럼 보이거나 굴욕감을 느낄 가능성 때문에 시작하는 것을 망설이게 되지만, 그러한 감정은 일시적이며 극복해야 할 대상임을 말하고 있다. 당혹감이나 수치심을 겪을 수 있는 상황을 기꺼이 감내하려는 마음이 중요한 것이므로, 빈칸에 들어갈 말로 가장 적절한 것은 ② '나쁜 모습을 기꺼이 보이려는 마음'이다.
① 다른 사람들로부터의 지지 → 다른 사람들의 지지가 중요하다는 점을 주장하는 글이 아니다.
③ 작은 것들부터 시작하는 것 → 사소한 일부터 시작하라는 내용은 언급된 바 없다.
④ 과거 경험을 되돌아보는 것 → 과거의 일을 반성하는 것에 관한 내용은 언급되지 않았다.

해석 성장형 사고방식을 가진 사람들은 새로운 기술을 배우는 데 어려움을 겪더라도 시간이 지나면 자신의 능력이 향상될 수 있다고 믿는다. 이를 실제적인 측면에서 어떻게 적용할 수 있을까? 이것은 활동을 추구할 때 나쁜 모습을 기꺼이 보이려는 마음을 통해 이루어질 수 있다. 대부분의 사람들은 새로운 기술을 배우는 데 종종 수반되는 당혹감이나 수치심을 상대하고 싶어 하지 않는다. 우리가 시작하려는 것을 막는 것은 바보처럼 보이거나 굴욕감을 느낄 가능성이다. 하지만 우리가 쓰는 책이 팔리지 않거나 잠재적인 데이트 상대에게 거절당하거나 누군가를 소개할 때 이름을 잊어버린다고 해서 우리의 삶이 파괴되지는 않을 것이라는 점을 우리는 알고 있다. 절대 회복할 수 없는 실수의 목록은 매우 짧다. 성장형 사고방식을 온전히 받아들이려면, 우리를 단념시키는 이러한 감정에 맞서 행동을 취해야 한다.

어휘 mindset 사고방식 struggle 어려움을 겪다 practical 실제적인 term 측면, 관점 pursue 추구하다 deal with 상대하다, 다루다 accompany 동반하다 embarrassment 당혹감 shame 수치심 require 요구하다 humiliate 굴욕감을 주다 destroy 파괴하다 turn down 거절하다 potential 잠재적인 recover 회복하다 embrace 받아들이다 in the face of ~에 맞서, 직면하여 deter 단념시키다 willingness 기꺼이 하는 마음 reflect on 되돌아보다, 반성하다

정답 ②

01	02	03	04	05
①	③	①	④	②
06	**07**	**08**	**09**	**10**
①	④	③	④	②
11	**12**	**13**	**14**	**15**
④	④	②	②	④
16	**17**	**18**	**19**	**20**
③	②	①	④	③

01 밑줄 친 부분의 의미와 가장 가까운 것은?   어휘

They were <u>preoccupied</u> with solving the complex case that revolved around a high-profile scandal.

① obsessed ② frustrated
③ associated ④ overwhelmed

해설 preoccupied는 '사로잡힌'이라는 뜻으로, 이와 의미가 가장 가까운 것은 ① 'obsessed(사로잡힌)'이다.
② 좌절한 ③ 연관된 ④ 압도된
해석 그들은 세간의 이목을 끄는 스캔들을 중심으로 얽힌 복잡한 사건을 해결하는 데 사로잡혀 있었다.
어휘 revolve around ~을 중심으로 돌아가다 high-profile 세간의 이목을 끄는
정답 ①

02 밑줄 친 부분의 의미와 가장 가까운 것은?   어휘

The scientist's experiments on his own body proved <u>invaluable</u> for disease research.

① ruthless ② harmless
③ priceless ④ worthless

해설 invaluable은 '매우 귀중한'이라는 뜻으로, 이와 의미가 가장 가까운 것은 ③ 'priceless(매우 귀중한)'이다.
① 무자비한 ② 무해한 ④ 쓸모없는
해석 그 과학자가 자신의 몸으로 한 실험들은 질병 연구에 매우 귀중한 것으로 판명되었다.
정답 ③

03 밑줄 친 부분의 의미와 가장 가까운 것은?   이디엄

It's often wise to refrain from unnecessary debates <u>when it comes to</u> others' opinions.

① with regard to ② with a view to
③ in response to ④ in proportion to

해설 when it comes to는 '~에 관해서는'이라는 뜻으로, 이와 의미가 가장 가까운 것은 ① 'with regard to(~에 관해서)'이다.
② ~을 위해 ③ ~에 대응하여 ④ ~에 비례하여
해석 다른 사람들의 의견에 관해서는 불필요한 논쟁을 자제하는 것이 현명한 경우가 많다.
어휘 refrain from ~을 삼가다, 자제하다 debate 논쟁
정답 ①

04 밑줄 친 부분에 들어갈 말로 가장 적절한 것은?   이어동사

As a generational shift, the old guard finally _____ a new generation of leaders.

① held back ② blew away
③ got back at ④ gave way to

해설 generational shift(세대교체)라는 표현을 보았을 때, 구세대가 신세대에게 밀려나는 내용이 되어야 할 것을 알 수 있다. 빈칸에 들어갈 말로 가장 적절한 것은 ④ 'gave way to(자리를 내주다, 항복하다)'이다.
① 저지하다 ② 날려버리다, 쉽게 이기다 ③ 복수하다
해석 세대교체로서, 보수파는 결국 새로운 세대의 리더들에게 자리를 내주었다.
어휘 generational 세대의 shift 변화, 교체 old guard 보수파, (변화를 반대하는) 창단 멤버들
정답 ④

05 어법상 옳지 않은 것은? 〔문법〕

① Our team's morale is superior to that of other teams.
② The software doesn't allow files to acquire from outside.
③ He regretted not saving more money when he was younger.
④ Published monthly, the magazine covers a wide range of topics.

〔해설〕 (acquire → be acquired) allow가 5형식 동사로 사용되면 목적격 보어로 to 부정사를 취하는데, 여기서는 맥락상 목적어인 files가 얻는 행위의 주체가 아닌 대상이 므로 수동형 to be acquired가 되어야 한다.
① 라틴어에서 유래한 비교급 superior는 비교 대상 앞에 than이 아닌 to를 쓴다. 또한 비교 대상이 '우리 팀의 사기'와 '다른 팀의 사기'이므로 that of other teams라는 소유 격 표현을 쓴 것도 적절하다.
③ 'regret RVing'는 '~한 것을 후회하다'라는 의미이고, 'regret to RV'는 '~하게 되어 유 감이다'라는 의미이다. when he was younger라는 과거 시점 표현으로 보아, 더 많은 돈을 저축하지 않은 것을 '후회한' 것이 자연스러우므로 not saving은 적절하게 쓰였다.
④ 분사구문의 의미상 주어인 the magazine이 '발행되는' 것이므로 수동의 과거분사 Published는 적절하게 쓰였다.
〔해석〕 ① 우리 팀의 사기는 다른 팀의 사기보다 뛰어나다.
② 그 소프트웨어는 외부에서 파일을 가져올 수 없게 한다.
③ 그는 젊었을 때 더 많은 돈을 저축하지 않은 것을 후회했다.
④ 매달 발행되는 이 잡지는 매우 다양한 주제를 다루고 있다.
〔어휘〕 morale 사기 acquire 얻다 publish 출간[발행]하다 a range of 다양한

〔정답〕 ②

06 어법상 옳지 않은 것은? 〔문법〕

① She is a colleague whom I believe has responsibility.
② It is wise of them to invest in renewable energy sources.
③ The debater strongly objects to smoking in public places.
④ The house belonging to the Smith family is located on Maple Street.

〔해설〕 (whom → who) whom 뒤의 I believe는 삽입절로, 관계사절의 주어 자리가 비어 있는 구조이다. 따라서 목적격 관계대명사 whom을 주격 관계대명사 who로 고 쳐야 한다. 참고로 관계대명사의 선행사가 단수 명사 a colleague이므로 관계사절에 단수 동사 has가 쓰인 것은 적절하다.
② wise와 같은 사람의 성격을 나타내는 형용사의 의미상 주어는 'of + 목적격'으로 표 현해야 하므로 of them은 적절하게 쓰였다.
③ object to는 '~에 반대하다'라는 뜻을 갖는 동사구인데, 이때 to는 전치사이므로 뒤 에 동명사 smoking이 쓰인 것은 적절하다.
④ 분사구 belonging to the Smith family가 주어 The house를 수식하고 있다. '~에 속하다'라는 뜻의 belong to는 수동태로 쓸 수 없는 '자동사 + 전치사'이므로, 능동의 현 재분사 belonging to는 적절하게 쓰였다. 또한 집이 '위치해 있는' 것이므로 수동태 is located의 쓰임도 적절하다.
〔해석〕 ① 그녀는 내가 믿기로는 책임감 있는 동료이다.
② 그들이 재생 가능한 에너지원에 투자하는 것은 현명하다.
③ 그 토론자는 공공장소에서 흡연하는 것에 강력히 반대한다.
④ Smith 가족이 소유한 집은 Maple Street에 있다.
〔어휘〕 responsibility 책임감 renewable 재생 가능한 debater 토론자 locate 두다, 위치시키다

〔정답〕 ①

07 우리말을 영어로 잘못 옮긴 것은? 〔문법〕

① 당신이 한 행동의 결과를 피할 수는 없다.
 → There is no avoiding the results of your action.
② 나는 그 책자에서 설명하는 궁전에 가 본 적이 있다.
 → I have been to the palace described in the brochure.
③ 그녀는 러시아어를 수년간 공부해서 잘한다.
 → She speaks Russian well, having studied it for many years.
④ 한밤중 창밖에서 나는 발소리가 이상하게 들렸다.
 → The footsteps outside my window at midnight sounded oddly.

〔해설〕 (oddly → odd) 2형식 동사로 쓰인 sound의 보어로 형용사가 와야 하는데 부사 oddly가 오고 있으므로, oddly를 형용사 odd로 고쳐야 한다.
① 'There is no RVing'는 '~하는 것은 불가능하다'라는 뜻의 동명사 관용 표현으로 주 어진 우리말에 맞게 적절히 쓰였다.
② '~에 간 적이 있다'라는 뜻의 경험을 나타내는 have been to가 주어진 우리말에 맞게 쓰였다. '~에 가고 없다'라는 뜻의 결과를 나타내는 have gone to와의 구별에 유의해 야 한다. 또한 described 이하의 분사구가 명사 the palace를 수식하고 있는데, 궁전 이 책자에서 '설명되는' 것이므로 수동의 과거분사 described의 쓰임도 적절하다.
③ '잘'이라는 뜻의 부사 well이 동사 speaks를 적절하게 수식하고 있다. 또한 분사구 문의 의미상 주어인 She가 for many years라는 기간을 '공부해 온' 것이므로 완료분 사구문 having studied ~의 쓰임도 적절하다.
〔어휘〕 palace 궁전 brochure 책자 footstep 발소리

〔정답〕 ④

08 우리말을 영어로 잘못 옮긴 것은? [문법]

① 그가 나타나지 않았다는 사실이 나를 걱정시켰다.
  → The fact that he didn't show up worried me.

② 그 기계들은 가끔 수리가 필요하다.
  → The machines need to be repaired once in a while.

③ 그 안경에 대한 선택지들 중 어느 것도 내게 매력적이지 않아 보인다.
  → Neither of the options of glasses seem appealing to me.

④ 많은 전문가가 Monet을 빛과 색의 대가로 여긴다.
  → Many experts consider Monet to be a master of light and color.

[해설] (seem → seems) neither of 뒤에는 '복수 명사 + 단수 동사'가 와야 하는데, 여기서는 복수 동사 seem이 오고 있으므로 seems로 고쳐야 한다. 참고로 2형식 동사로 쓰인 seem이 형용사 appealing을 보어로 취하고 있는 것은 적절하다.
① The fact가 주어이고 worried가 본동사인 문장이다. that 앞에 추상명사인 The fact가 선행사로 있고, 뒤에는 완전한 절이 오고 있는 것으로 보아 that이 동격 접속사로 쓰였음을 알 수 있다.
② need가 일반동사로 쓰여 뒤에 to 부정사를 목적어로 취하고 있는데, 주어인 The machines가 '수리되는' 것이므로 수동형 to be repaired의 쓰임은 적절하다.
④ 5형식으로 쓰인 consider는 'consider + O + (to be/as) + 형용사/명사' 구조를 취할 수 있으므로, consider Monet to be a master는 적절하게 쓰였다.
[어휘] show up 나타나다 once in a while 가끔 appealing 매력적인

[정답] ③

---

09 두 사람의 대화 중 가장 어색한 것은? [생활영어]

① A: I think we should keep it down a little.
  B: You're right. Let's not be too loud.

② A: I'd like to make an inquiry about a product.
  B: Sure. You're welcome to ask anything.

③ A: Can you give me a ring later to discuss our plans?
  B: Certainly. When will you be available?

④ A: Is it possible to push the presentation back one day?
  B: You are correct. It was already held yesterday.

[해설] 발표를 하루 뒤로 미룰 수 있냐고 물어보는 A에게 옳다고 하면서 발표는 이미 어제 했다는 B의 말은 모순된다. 따라서 대화 중 가장 어색한 것은 ④이다.
[해석] ① A: 우리 소리를 조금 낮춰야 할 것 같아.
B: 네 말이 맞아. 너무 시끄럽게 하지 말자.
② A: 제품에 대해 문의하고 싶어요.
B: 네. 뭐든 물어보세요.
③ A: 나중에 우리 계획에 대해 의논하기 위해 전화해 줄 수 있어?
B: 물론이지. 언제 시간 돼?
④ A: 발표를 하루 뒤로 미뤄도 될까요?
B: 맞아요. 발표는 이미 어제 했어요.
[어휘] keep it down 소리를 줄이다 inquiry 문의 give sb a ring ~에게 전화하다 push back 미루다

[정답] ④

---

10 밑줄 친 부분에 들어갈 말로 가장 적절한 것은? [생활영어]

A: Why have the sales for our top products fallen so rapidly?
B: Other companies have started to make very similar products that are priced lower.
A: _____
B: It would make sense to do that, but our executives are firm on maintaining our current prices.

① How similar are those products to ours?
② Shouldn't we lower our prices as well, then?
③ Let's come up with some ideas for a new product.
④ We should let consumers know they are copies of ours.

[해설] 경쟁사에서 비슷한 제품을 더 낮은 가격에 판매하기 시작해서 매출이 급감하고 있다는 B의 말에 A는 빈칸 내용을 언급하였다. 이에 B는 그것이 합리적이라고 하면서도 가격을 유지할 수밖에 없는 상황을 설명하였으므로, 빈칸에서 A는 똑같이 가격을 낮추자는 제안을 했음을 추측할 수 있다. 따라서 빈칸에 들어갈 말로 가장 적절한 것은 ② '그럼 우리도 가격을 낮춰야 하지 않을까요?'이다.
① 그 제품이 우리 제품과 얼마나 비슷한가요?
③ 새로운 제품에 대한 아이디어를 좀 생각해 봅시다.
④ 소비자에게 그것들이 우리 제품을 모방한 것이라는 사실을 알려야 해요.
[해석] A: 우리 인기 제품의 매출이 이렇게 빨리 감소하는 이유가 무엇인가요?
B: 다른 회사들이 가격이 더 낮은 매우 유사한 제품을 만들기 시작했어요.
A: 그럼 우리도 가격을 낮춰야 하지 않을까요?
B: 그렇게 하는 것이 타당하지만 저희 회사 경영진이 현재 가격을 유지하는 데 확고해요.
[어휘] rapidly 빠르게 similar 비슷한 make sense 타당하다 executive 경영진 firm 확고한 maintain 유지하다

[정답] ②

11 주어진 글 다음에 이어질 글의 순서로 가장 적절한 것은? [순서배열]

AI, meaning artificial intelligence, has the power to do a lot of good.

(A) For example, it can be encoded with bias against certain groups of people. That causes problems when it is used to judge job applications or decide prison sentences.

(B) Still, today's AI is nowhere near as smart as people. Most AI systems often struggle to learn abstract concepts or explain their decisions. In some cases, using AI may even cause harm.

(C) Thinking machines could help diagnose diseases. Online AI moderators could screen hateful posts. Artsy AI is giving the world new paintings and songs.

① (A) - (B) - (C)　　② (A) - (C) - (B)
③ (C) - (A) - (B)　　④ (C) - (B) - (A)

해설 주어진 문장은 인공지능의 긍정적인 영향에 관한 내용으로, 그에 관한 예시를 제시하는 (C)가 뒤에 이어지는 것이 적절하다. 그다음으로, Still을 통해 인공지능의 한계를 지적하며 상반되는 입장을 제시하는 (B)가 오는 것이 자연스럽다. 마지막으로, (B)의 마지막 문장에서 인공지능을 사용하는 것이 해가 될 수도 있다고 하였는데, (A)에 이와 관련된 예시가 나오므로 (A)가 마지막에 오는 것이 자연스럽다. 따라서 글의 순서로 가장 적절한 것은 ④ '(C) - (B) - (A)'이다.

해석 사람이 만든 지능을 뜻하는 인공지능은 많은 좋은 일을 할 수 있는 힘이 있다. (C) 생각하는 기계는 질병을 진단하는 데 도움을 줄 수 있다. 온라인 인공지능 조정자는 혐오스러운 게시글을 차단할 수 있다. 예술적인 인공지능은 세계에 새로운 그림과 노래를 선사하고 있다. (B) 그럼에도 오늘날의 인공지능은 결코 사람만큼 똑똑하지 않다. 대부분의 인공지능 시스템은 종종 추상적인 개념을 배우거나 그들의 결정을 설명하는 데 어려움을 겪는다. 일부 경우에는 인공지능을 사용하는 것이 심지어 해를 끼칠 수 있다. (A) 예를 들어, 그것은 특정 집단의 사람들에 대한 편견으로 코드화될 수 있다. 이는 그것이 취업 지원서를 심사하거나 징역형을 결정하는 데 이용될 때 문제를 일으킨다.

어휘 artificial 인공의, 사람이 만든 intelligence 지능 encode 코드화하다 bias 편견 application 지원서 sentence 형벌, 형 struggle 씨름하다, 어려움을 겪다 abstract 추상적인 concept 개념 diagnose 진단하다 disease 질병 moderator 조정자 screen 차단하다, 가리다 hateful 혐오스러운 post 게시글 artsy 예술적인

정답 ④

12 주어진 문장이 들어갈 위치로 가장 적절한 곳은? [문장삽입]

This latter type of tourism can, however, occur in sensitive natural environments.

Islands are highly desired as recreation and tourism destinations. Special social values can be associated with the journey and a sense of remoteness. (①) A boat trip can arouse a sense of adventure and this is particularly so if the island is uninhabited or if there is an element of danger, as with island volcanoes. (②) Another popular destination for tourism is the palm beaches of the humid tropics. (③) People who visit these sites are often in search of the 'recreational beach life' for a few weeks. (④) Examples include coral reefs, turtle nesting beaches and seabird breeding areas, and management based on ecological knowledge is therefore crucial.

해설 글에서는 두 가지 관광 여행 유형이 소개되는데, 주어진 문장은 이 중 후자인 야자수 해변에 관한 설명임을 알 수 있다. 따라서 주어진 문장은 ③ 또는 ④에 들어가야 한다. 여기서 ④ 앞뒤를 살펴보면, ④ 앞에서는 사람들이 휴양지 해변 생활을 즐긴다고 한 반면, 뒤에서는 여러 자연환경에 관한 예시를 언급하며 생태학적 지식에 기반한 관리가 중요하다는 점을 주장하고 있으므로, 문맥이 끊기는 것을 알 수 있다. 따라서 주어진 문장이 들어갈 위치로 가장 적절한 곳은 ④이다.

해석 섬은 휴양 및 관광 목적지로 매우 선호된다. 특별한 사회적 가치가 그 여행, 그리고 멀리 떨어져 있다는 느낌과 연관될 수 있다. 배를 타고 가는 여행은 모험심을 불러일으킬 수 있으며, 이것은 섬에 아무도 거주하지 않거나 섬 화산과 같이 위험 요소가 있는 경우에 특히 그렇다. 또 다른 인기 있는 관광 목적지는 습한 열대 지방의 야자수 해변이다. 이곳을 방문하는 사람들은 흔히 몇 주 동안 '휴양지 해변 생활'을 찾는다. 그러나, 후자의 관광 여행 유형은 민감한 자연환경에서 일어날 수 있다. 산호초, 거북이 둥지 해변, 바닷새 번식지가 그 예에 포함되며, 따라서 생태학적 지식에 기반한 관리가 매우 중요하다.

어휘 latter 후자의 tourism 관광 (여행) sensitive 민감한 recreation 휴양, 오락 destination 목적지 be associated with ~와 관련되다 remoteness 멀리 떨어져 있음 arouse 불러일으키다 uninhabited 아무도 살지 않는 element 요소 volcano 화산 palm 야자수 humid 습한 tropics 열대 지방 coral reef 산호초 breeding area 번식지 ecological 생태학적인 crucial 매우 중요한

정답 ④

13 다음 글의 제목으로 가장 적절한 것은? [제목]

Various behaviors can trigger the release of Dopamine in our brains. One such behavior is computer programming. Spending endless hours staring at a computer screen, neglecting meals, losing track of time, observing gradual results — this sums up the experience of computer programming. Those who enjoy or are addicted to programming, enter a trance-like state, repeating these motions, eagerly waiting for that moment when they solve a problem and their code performs as intended. It's similar to the satisfaction one gets from solving puzzles for leisure. Furthermore, it's hard to predict when the puzzle will be solved, so there's a sense of nervous anticipation before each verification. When the puzzle is eventually solved, there's a feeling of pleasure, which quickly fades as the programmer moves on to the next puzzle and the next fix.

① How to Create Addictive Computer Games
② The Addictive Nature of Computer Programming
③ Dopamine Helps Programmers Overcome Addiction
④ Difficulties of Earning Satisfaction from Solving Puzzles

[해설] 컴퓨터 프로그래밍에서 문제를 해결할 때 얻는 쾌감 때문에 그 일을 반복적으로 하게 되는데, 이는 끼니를 소홀히 하고 시간 가는 줄 모를 만큼 중독적이라는 내용의 글이다. 따라서 글의 제목으로 가장 적절한 것은 ② '컴퓨터 프로그래밍의 중독성'이다.
① 중독성 있는 컴퓨터 게임을 만드는 방법 → 컴퓨터 게임 개발에 관한 글이 아니다.
③ 도파민은 프로그래머가 중독을 극복하는 데 도움을 준다 → 도파민이 중독을 극복하는 데 도움을 준다는 내용은 언급되지 않았다.
④ 퍼즐을 풀면서 만족감을 얻는 것의 어려움 → 컴퓨터 프로그래밍을 퍼즐에 비유했을 뿐, 퍼즐 자체에 관한 내용은 아니다. 또한 퍼즐을 해결할 때마다 순간의 만족감을 얻는다고 언급되므로 적절하지 않다.

[해석] 다양한 행동들이 우리 뇌에서 도파민 분비를 유발할 수 있다. 그러한 행동 중 하나가 컴퓨터 프로그래밍이다. 컴퓨터 화면을 빤히 쳐다보고, 끼니를 소홀히 하고, 시간 가는 줄 모르고, 점진적인 결과를 관찰하며 끝없는 시간을 보내는 것이 컴퓨터 프로그래밍의 경험을 요약해 준다. 프로그래밍을 즐기거나 그것에 중독된 사람들은 이 동작을 반복하며, 그들이 문제를 풀고 그들의 코드가 의도한 대로 수행되는 그 순간을 간절히 기다리면서 무아지경 같은 상태에 빠진다. 이것은 여가를 위해 퍼즐을 풀면서 얻는 만족감과 유사하다. 게다가, 퍼즐이 언제 풀릴지 예측하는 것이 어렵기 때문에 검증 전마다 긴장된 기대감이 있다. 결국 퍼즐이 풀리면 쾌감이 있는데, 이는 프로그래머가 다음 퍼즐과 다음 해결로 넘어가면서 금세 희미해진다.

[어휘] trigger 유발하다, 촉발시키다 release 분비 endless 끝없는 stare 뚫어지게 보다 neglect 소홀히 하다 lose track of ~을 놓치다 gradual 점진적인 sum up 요약하다, 압축하다 addicted 중독된 trance-like 무아지경 같은 state 상태 eagerly 간절히, 열렬히 leisure 여가 anticipation 기대 verification 검증 pleasure 쾌감 fade 희미해지다 fix 해결(책) overcome 극복하다

[정답] ②

14 글의 흐름상 가장 어색한 문장은? [일관성]

Certain plants have adapted so they can withstand long periods without water. ① Yuccas, for instance, have deep root systems that can seek out water with incredible efficiency. ② Water lilies have large, flat leaves coated with a waxy layer that helps resist excess water, preventing them from becoming soaked with it. ③ Cacti have hairy thorns or leaves that limit the amount of water they lose to evaporation. ④ Aloe vera can store water in their fleshy leaves, allowing them to survive in dry conditions by using the stored moisture. There are also plants whose seeds can survive under the soil during drought seasons until conditions are favorable again.

[해설] 물 없이 오랜 기간 견딜 수 있는 여러 식물의 예시를 소개하는 글이다. 따라서 글의 흐름상 가장 어색한 문장은 물이 너무 많을 경우에 수련이 어떻게 대응하는지를 소개하는 내용의 ②이다.

[해석] 특정 식물은 물 없이도 오랜 기간 견딜 수 있도록 적응해 왔다. 예를 들어, 유카는 놀라운 효율로 물을 찾을 수 있는 깊은 뿌리 체계가 있다. (수련은 과도한 양의 물을 막는 것을 도와주는 왁스층으로 덮인 크고 납작한 잎이 있어서, 수련이 물에 흠뻑 젖는 것을 방지한다.) 선인장은 증발로 손실하는 물의 양을 제한하는 털이 많은 가시 또는 잎이 있다. 알로에 베라는 다육질의 잎에 물을 저장할 수 있는데, 이는 알로에 베라가 저장된 수분을 사용하여 건조한 환경에서 생존할 수 있게 한다. 가뭄 시기에, 환경이 다시 좋아질 때까지 씨앗이 토양 아래에서 생존할 수 있는 식물들도 있다.

[어휘] adapt 적응하다 withstand 견디다 efficiency 효율 water lily 수련 resist 막아내다 excess 과도한, 과잉의 soak 흠뻑 적시다 cactus 선인장(pl. cacti) thorn 가시 evaporation 증발 fleshy 다육질의 moisture 수분 drought 가뭄 favorable 유리한

[정답] ②

15 다음 글의 내용과 일치하지 않는 것은?   [불일치]

The actual term "lipstick" wasn't used until 1880, however, people were coloring their lips long before that date. It's been known that ancient Sumerian men and women were probably the first to wear lipstick, about 5,000 years ago. Egyptians like Cleopatra crushed bugs to create a color of red on their lips. Ancient Egyptians wore lipstick to show social status rather than gender. They extracted the red dye from brown algae, but this dye resulted in serious illness. The modern form of lipstick as we know it today can be traced to the late 19th and early 20th centuries. In the late 1800s, French perfumers began experimenting with tinted lip balms and waxes, primarily using natural dyes like carmine derived from insects. The breakthrough came in 1915 when Maurice Levy, a chemist, invented the first metal lipstick tube. This innovation allowed for easier application and portability.

① 고대 수메르인이 최초로 립스틱을 발랐을 것으로 추정된다.
② 고대 이집트에서 립스틱은 사회적 지위를 나타내었다.
③ 고대 이집트의 립스틱에 쓰인 염료는 질병을 일으켰다.
④ 1800년대 후반에 첫 금속 립스틱 튜브가 발명되었다.

해설 마지막 2번째 문장에서 첫 금속 립스틱 튜브는 1915년에 발명된 것을 알 수 있으므로, 글의 내용과 일치하지 않는 것은 ④ '1800년대 후반에 첫 금속 립스틱 튜브가 발명되었다.'이다.
① 고대 수메르인이 최초로 립스틱을 발랐을 것으로 추정된다. → 2번째 문장에서 언급된 내용이다.
② 고대 이집트에서 립스틱은 사회적 지위를 나타내었다. → 4번째 문장에서 언급된 내용이다.
③ 고대 이집트의 립스틱에 쓰인 염료는 질병을 일으켰다. → 5번째 문장에서 언급된 내용이다.

해석 실제 '립스틱'이라는 용어는 1880년에야 사용되었지만, 사람들은 그보다 훨씬 이전부터 입술에 색을 칠했다. 약 5,000년 전 고대 수메르 남성과 여성이 아마 최초로 립스틱을 사용한 사람인 것으로 알려져 있다. Cleopatra와 같은 이집트인들은 벌레를 으스러뜨려 입술에 붉은색을 만들었다. 고대 이집트인들은 성별보다는 사회적 지위를 나타내기 위해 립스틱을 발랐다. 그들은 갈조류에서 붉은색 염료를 추출했지만, 이 염료는 심각한 질병을 초래했다. 오늘날 우리가 알고 있는 현대 형태의 립스틱은 19세기 말과 20세기 초로 거슬러 올라간다. 1800년대 후반 프랑스 조향사들은 주로 곤충에서 추출한 카민과 같은 천연염료를 사용하여 색이 옅게 들어간 립밤과 왁스를 가지고 실험하기 시작했다. 1915년에 화학자 Maurice Levy가 최초의 금속 립스틱 튜브를 발명하면서 획기적인 발전이 이루어졌다. 이 혁신 덕분에 (립스틱을) 더 쉽게 바르고 휴대할 수 있게 되었다.

어휘 ancient 고대의 Sumerian 수메르 사람 crush 으스러뜨리다 extract 추출하다 dye 염료 brown algae 갈조류 trace (역사를) 더듬어 올라가다 perfumer 조향사 primarily 주로 derive from ~에서 유래하다 breakthrough 획기적인 발전 chemist 화학자 innovation 혁신 application 바르기 portability 휴대 가능성

정답 ④

---

16 다음 글의 내용과 일치하지 않는 것은?   [불일치]

Zero-calorie sugar alternatives are often hundreds to thousands of times sweeter than ordinary sugar, but they don't increase your blood sugar levels. Common sugar substitutes such as aspartame, are often called artificial sweeteners because they're made from synthetic ingredients. There are others such as stevia that are naturally derived. While the U.S. Food and Drug Administration (FDA) has deemed sugar substitutes safe, some research connects diet soda use with a higher risk of Type 2 diabetes. It makes theoretical sense that replacing a higher calorie food or drink with a zero-calorie one would help with weight management. Yet, study results aren't clear. It seems that when you eat or drink something that contains sugar alternatives, you become hungrier and get stronger cravings. This is a scenario that could promote overeating and weight gain. Just because something has no calories doesn't make it healthy in the long run.

① Zero-calorie sugar alternatives don't raise blood sugar levels.
② There are sugar alternatives that are of natural origin.
③ The FDA has regarded sugar alternatives as harmful.
④ Food with zero-calorie sugar alternatives can make you hungrier.

해설 4번째 문장에서 FDA는 설탕 대체물을 안전한 것으로 여겨왔다고 언급되므로, 글의 내용과 일치하지 않는 것은 ③ 'FDA는 설탕 대체물을 유해한 것으로 간주해 왔다.'이다.
① 제로 칼로리 설탕 대체물은 혈당 수치를 올리지 않는다. → 첫 문장에서 언급된 내용이다.
② 천연 유래의 설탕 대체물이 존재한다. → 3번째 문장에서 언급된 내용이다.
④ 제로 칼로리 설탕 대체물이 포함된 음식은 당신을 더 배고프게 만들 수 있다. → 마지막 3번째 문장에서 언급된 내용이다.

해석 제로 칼로리 설탕 대체물은 일반 설탕보다 수백에서 수천 배 더 달지만, 혈당 수치를 높이지는 않는다. 아스파탐과 같은 일반적인 설탕 대체물은 합성 성분으로 만들어지기 때문에 인공감미료라고도 불린다. 스테비아와 같은 천연 유래 감미료도 존재한다. 미국 식품의약국(FDA)은 설탕 대체물이 안전하다고 여겨왔지만, 일부 연구는 다이어트 탄산음료 섭취를 더 높은 제2형 당뇨병 위험과 연관 짓는다. 고칼로리 음식이나 음료를 제로 칼로리 음식이나 음료로 대체하면 체중 관리에 도움이 된다는 것이 이론적으로는 말이 된다. 하지만, 연구 결과는 명확하지 않다. 설탕 대체물을 함유한 것을 먹거나 마시면 배가 더 고파지고 더 강한 갈망이 생기는 것으로 보인다. 이는 과식과 체중 증가를 촉진할 수 있는 시나리오다. 단지 어떤 것이 칼로리가 없다고 해서 그것이 장기적으로 건강에 좋은 것은 아니다.

어휘 alternative 대체물, 대안 ordinary 일반적인, 평범한 blood sugar 혈당 substitute 대체물 artificial sweetener 인공감미료 synthetic 합성한, 인조의 ingredient 성분 derive 유래하다 deem 여기다 diabetes 당뇨병 theoretical 이론 상의 replace 대체하다 craving 갈망 promote 촉진하다 regard 간주하다

정답 ③

17 다음 글의 요지로 가장 적절한 것은? 〔요지〕

Around the turn of the millennium, scientists noticed a subtle change in Earth's rotation. In time, a team of researchers linked this phenomenon to the shifting mass of glaciers and ice sheets. And now, a new study has uncovered another significant factor: groundwater depletion. Dr. Seo, the study's lead author, highlights that groundwater redistribution has the most substantial impact on the drift of the rotational axis. Groundwater has been used extensively for irrigation, potable water, and industrial activity. It's estimated that humans pumped out 2,150 gigatons of groundwater from 1993 to 2010. As the extracted groundwater often ends up in the oceans, continents become lighter, causing a shift in Earth's rotational axis. To achieve noticeable results in reducing the disturbances to Earth's rotation, it's been claimed that sustained efforts to conserve groundwater would be required over several decades.

① Melting glaciers cause global water redistribution.
② Groundwater depletion is linked to shifts in Earth's rotation.
③ Human progress has significantly relied on groundwater use.
④ Efforts to identify the cause of Earth's rotation shift are needed.

해설 인간의 과도한 지하수 사용으로 인해 많은 양의 지하수가 바다로 흘러 들어가 원래 지하수가 있던 대륙은 비어 버리는 지하수 재분배가 발생했고, 결과적으로 지구 자전축 이동을 초래했다는 내용의 글이다. 따라서 글의 요지로 가장 적절한 것은 ② '지하수 고갈은 지구의 자전 변화와 연관되어 있다.'이다.
① 녹고 있는 빙하는 세계적인 물의 재분배를 발생시킨다. → 빙하와 물의 재분배 사이의 관련성은 지문에서 언급되지 않았다.
③ 인류 발전은 지하수 이용에 크게 의존해 왔다. → 지하수가 관개, 식수, 산업용수로 이용되었다는 내용은 있지만, 인류가 많은 양의 지하수를 사용했다는 것을 설명하기 위해 언급되었을 뿐이므로 정답이 될 수 없다.
④ 지구 자전 변화의 원인을 파악하기 위한 노력이 필요하다. → 이미 파악된 지구 자전 변화의 원인을 설명하는 지문이므로 적절하지 않다.
해석 밀레니엄(2000년)이 시작될 무렵, 과학자들은 지구의 자전에 미묘한 변화가 있음을 알아챘다. 이윽고, 한 연구팀은 이 현상을 빙하와 빙상의 질량 변화와 연관 지었다. 그리고 이제, 새로운 연구가 또 다른 중요한 요소를 밝혀냈다. 바로 지하수 고갈이다. 이 연구의 수석 저자인 Seo 박사는 지하수 재분배가 지구의 자전축 이동에 가장 큰 영향을 미친다고 강조한다. 지하수는 관개, 식수, 산업 활동에 광범위하게 사용되어 왔다. 1993년부터 2010년까지 인류는 2조 1,500억톤의 지하수를 퍼낸 것으로 추정된다. 추출된 지하수가 대개 바다로 흘러 들어가면서 대륙의 무게가 가벼워졌고, 이는 지구 자전축의 변화를 초래했다. 지구 자전 교란을 줄이는 데 눈에 띄는 성과를 거두기 위해서는 지하수 보존을 위한 지속적인 노력이 수십 년에 걸쳐 필요하다고 주장하고 있다.
어휘 subtle 미묘한 rotation (천체의) 자전, 회전 shift 변화하다; 변화 mass 질량 glacier 빙하 ice sheet 빙상 depletion 고갈 redistribution 재분배 substantial 상당한, 많은 drift 이동 axis 축 extensively 광범위하게 irrigation 관개 potable 마실 수 있는 estimate 추정하다 extract 추출하다, 빼내다 continent 대륙 light 가벼운 achieve 달성하다 noticeable 눈에 띄는 disturbance 교란 sustain 지속시키다 conserve 보존하다

정답 ②

---

18 (A)와 (B)에 들어갈 말로 가장 적절한 것은? 〔연결사〕

It seems a deadly form of sex discrimination: When the National Weather Service records the deaths caused by lightning each year in the United States, an overwhelming number of the victims are male. Of 74 lightning-related deaths in 1990, females numbered only seven. Despite the surprising imbalance, little research has focused on the causes of the disparity. (A) , it's acknowledged that men tend to be outdoors more than women, at work or at play, and are thus more vulnerable to a strike. Examining lightning fatalities from 1968 through 1985, the Centers for Disease Control found that 85 percent were male and that a third of them died while working. The victims included farm laborers, construction workers, and a land surveyor. (B) , there were also those who were struck while engaging in recreational activities. Some were struck while fishing from boats, others while at the beach or on the golf course.

	(A)	(B)
①	However	Meanwhile
②	However	For example
③	Similarly	By contrast
④	Similarly	Therefore

해설 낙뢰로 인한 사망 사건을 분석한 결과에 관한 글이다. (A) 앞은 낙뢰로 인한 희생자가 남성이 압도적으로 많은 원인에 관한 연구가 거의 이루어지지 않았다는 내용이고, (A) 뒤는 그 원인에 관해 인정된 사실을 설명하는 내용이므로, 역접으로 연결되는 것이 자연스럽다. 따라서 (A)에 들어갈 연결사로 가장 적절한 것은 However이다. 또한, (B) 앞에는 일하다가 사망한 희생자에 관한 통계가 제시되는데, (B) 뒤에서는 여가 활동을 하다가 사망한 희생자에 관해 말하고 있으므로, (B)에 들어갈 연결사로 가장 적절한 것은 Meanwhile이다.
해석 낙뢰는 치명적인 성차별의 한 형태로 보인다. 미국 국립기상청이 매년 미국에서 벼락으로 인한 사망을 기록할 때, 압도적인 수의 희생자가 남성이다. 1990년 낙뢰 관련 74건의 사망 중에, 여성은 단 7명에 불과했다. 놀라운 불균형에도 불구하고, 이 차이의 원인에 초점을 맞춘 연구는 거의 이루어지지 않았다. 하지만, 남성들이 일을 하고 있든, 놀고 있든 간에 여성보다 야외에 더 많이 있는 경향이 있으며, 따라서 낙뢰에 더 취약하다는 사실이 인정되고 있다. 1968년에서 1985년까지 낙뢰로 인한 사망자를 조사한 결과, 질병통제센터는 약 85%가 남성이었음을, 그리고 그들 중 3분의 1이 일하다가 사망했다는 사실을 밝혀냈다. 희생자는 농장 노동자, 건설 노동자, 토지 측량사를 포함했다. 한편, 여가 활동을 하다가 낙뢰를 맞은 사람들도 있었다. 일부는 보트에서 낚시를 하다가, 다른 일부는 해변이나 골프 코스에 있다가 낙뢰를 맞았다.
어휘 deadly 치명적인 discrimination 차별 lightning 낙뢰, 번개 overwhelming 압도적인 victim 희생자 imbalance 불균형 disparity 차이 acknowledge 인정하다, 시인하다 tend to ~하는 경향이 있다 outdoors 야외에서 vulnerable 취약한 examine 조사하다 fatality 사망자 labor 노동 construction 건설 land surveyor 토지 측량사 engage 참여하다 recreational 여가의

정답 ①

---

19 밑줄 친 부분에 들어갈 말로 가장 적절한 것은?
빈칸완성

The easiest way to understand what economic models are is to view them as simplifications designed to show how specific mechanisms work by _____.
A model focuses on particular causes and seeks to show how their effects work through the system. A modeler builds an artificial world that reveals only certain types of connections among the parts of the whole — connections that might be hard to see if you were looking at the real world in its complexity. Models in economics are no different from physical models used by physicians or architects. A plastic model of the respiratory system that you might encounter in a physician's office focuses on the detail of the lungs, omitting the rest of the human body. An architect might build one model to present only the landscape around a house, and another one to display the layout of only its interior. Economists' models are similar, except that they are not physical constructs but operate symbolically, using words and mathematics.

① placing them in complicated settings
② integrating different areas of study
③ highlighting their physical features
④ isolating them from other factors

해설 경제학에서 사용하는 모형의 특성을 설명하는 글이다. 도입부에서 경제 모형은 특정 메커니즘의 작동법을 보여 주기 위해 고안된 단순화한 대상이라고 한다. 이어서 글 중반부 이후에서는 경제 모형이 보여주고 싶은 부분을 제외한 '나머지 부분을 생략한다'는 점에서 의사나 건축가가 쓰는 물리적 모형과 차이가 없다고 설명한다. 따라서 빈칸에 들어갈 말로 가장 적절한 것은 ④ '그것(특정 메커니즘)을 다른 요소들로부터 분리하여'이다.

① 그것을 복잡한 환경 속에 배치하여 → 경제 모형은 특정 부분만을 보여주기 위해 그것을 나머지 현실 세계에서 인위적으로 분리하여 '단순화'한 것으로, '복잡한' 환경 속에 배치하는 것과는 반대된다.
② 서로 다른 연구 분야를 통합하여 → 다른 학문에서 사용하는 모형 예시들이 언급되나, 이는 경제학 모형이 무엇인지를 직관적으로 설명하기 위해 제시된 것이다. 여러 연구 분야를 하나로 통합하는 것이 어떤 특정 경제 메커니즘을 설명하기 위해 필요하다는 단서는 글에서 찾을 수 없다.
③ 그것의 물리적 특성을 강조하여 → 마지막 문장에서 경제학 모형은 물리적 구성체가 아니며, 언어나 수학 등 상징적 체계로 작동한다고 하였다.

해석 경제 모형을 이해하는 가장 쉬운 방법은 그것(특정 메커니즘)을 다른 요소들로부터 분리하여 어떻게 특정 메커니즘이 작동하는지 보여 주기 위해 고안된 단순화한 대상으로 보는 것이다. 모형은 특정 원인에 집중하여 그것의 영향이 체계에서 어떻게 작용하는지를 보여 주려 한다. 모형 제작자는 전체 속 부분들 사이의 특정한 연결고리만을 드러내는 인위적 세계를 구축하는데, 그러한 연결고리는 만일 당신이 실제 세계를 그 복잡성 속에서 보고 있다면 보기 어려울 수도 있다. 경제학에서 쓰는 모형은 의사나 건축가가 사용하는 물리적 모형과 다르지 않다. 당신이 진료실에서 마주칠지도 모르는 플라스틱 호흡기 모형은 폐의 세부 사항에 초점을 맞추고, 나머지 인체 부분은 생략한다. 건축가는 집 주변의 조경만을 보여주기 위해 모형 하나를 만들고, 내부 배치만을 보여주기 위해 다른 하나를 만들지도 모른다. 경제학자들의 모형도 그것이 물리적 구성체가 아니라, 언어와 수학을 사용해 상징적으로 작동한다는 점을 제외하고는 비슷하다.

어휘 simplification 단순화(한 것) design 고안하다 specific 특정한 artificial 인위적인 reveal 드러내다 complexity 복잡성 no different from ~와 다르지 않은 physician (내과) 의사 architect 건축가 respiratory 호흡기의 encounter 마주하다 omit 생략하다 landscape 조경 layout 배치 interior 내부 construct 구성체 symbolically 상징적으로 integrate 통합하다 highlight 강조하다 feature 특징 isolate 분리하다, 고립시키다

정답 ④

20 밑줄 친 부분에 들어갈 말로 가장 적절한 것은?
빈칸완성

Scholar Pete Simi has interviewed over a hundred former members of various exclusive groups — groups that have limitations on who can join. Based on his findings, he emphasizes that most of the individuals don't initially seek out these groups for their core beliefs. Instead, their primary motivation often comes from the pursuit of _____. People tend to "slide into" these groups, guided by the desire for social connections rather than fully embracing the group's ideology from the beginning. Simi points out that while the group's ideology might exist in the early stages, it often remains secondary to the need for community. Rarely does someone first fully appreciate the ideology and then actively seek the group. The ideology becomes significant only after the person has bonded with the group members.

① fame
② ideology
③ belonging
④ individuality

해설 배타적 집단에 속한 사람들이 처음에 집단에 합류하게 된 이유가 그 집단이 가진 이념이 아닌, '사회적 연결'에 대한 욕구였다는 한 연구 결과를 소개하는 글이다. 따라서 빈칸에는 사회적으로 연결되는 것과 관련되는 표현이 와야 하므로, 빈칸에 들어갈 말로 가장 적절한 것은 ③ '소속'이다.
① 명성 → 유명세를 얻기 위해 집단을 찾은 것이 아니다.
② 이념 → 처음부터 이념이 중요한 것은 아니었으므로 적절하지 않다.
④ 개성 → 개성이나 개인이 아닌, '사회적 연결'을 원해서 집단에 합류하는 것이다.

해석 학자 Pete Simi는 누가 가입할 수 있는지에 대한 제한이 있는 다양한 배타적 집단의 전 회원 100명 이상을 인터뷰했다. 그의 연구 결과에 기반하여, 그는 대부분 사람이 처음에는 핵심 신념을 위해 그 집단을 찾는 것이 아니라고 강조한다. 그 대신, 그들의 주된 동기는 흔히 소속의 감각(소속감)을 향한 추구에서 비롯된다. 사람들은 처음부터 이러한 집단의 이념을 완전히 받아들이기보다는, 사회적 연결을 향한 욕구에 이끌려 그 집단들로 '미끄러져 들어가는' 경향이 있다. Simi는 그 집단의 이념이 초기 단계에 존재할지도 모르지만, 공동체의 필요성에 비해 부차적인 것으로 남는 경우가 많다고 지적한다. 먼저 그 이념을 완전히 이해하고 나서 그 집단을 적극적으로 찾는 사람은 드물다. 이념은 사람이 집단 구성원들과 유대감을 형성한 후에야 의미를 갖게 되는 것이다.

어휘 former 이전의 exclusive 배타적인 limitation 제한 emphasize 강조하다 initially 처음에는 seek out 찾아내다 core 핵심적인 primary 주된 motivation 동기 pursuit 추구 slide into ~으로 미끄러져 들어가다 embrace 받아들이다 ideology 이념 secondary 부차적인 appreciate 이해하다 significant 중요한, 의미 있는 bond 유대감을 형성하다

정답 ③

Staff

Writer	심우철
Director	강다비다
Researcher	정규리 / 한선영 / 장은영
Design	강현구
Manufacture	김승훈
Marketing	윤대규 / 한은지 / 유경철

발행일   2024년 5월 24일

Copyright ⓒ 2024
by Shimson English Lab.

내용문의 http://cafe.naver.com/shimson2000

심슨영어연구소 카페 cafe.naver.com/shimson2000

WORK BOOK

2024
－
심우철

지방직 대비

실전동형 모의고사

최근 3개년 지방직 공무원 영어 시험의
유형 및 난이도를 완벽히 재현한
봉투형 모의고사 8회분

Season 3

커넥츠 공단기
인터넷 강의
gong.conects.com

심슨북스

01	001 ☐☐☐	inspiration
	002 ☐☐☐	solitary
	003 ☐☐☐	compose
	004 ☐☐☐	lone
	005 ☐☐☐	special
	006 ☐☐☐	reflective
	007 ☐☐☐	spontaneous
02	008 ☐☐☐	severely
	009 ☐☐☐	disaster
	010 ☐☐☐	acclaim
	011 ☐☐☐	praise
	012 ☐☐☐	attention
	013 ☐☐☐	credibility
	014 ☐☐☐	cooperation
03	015 ☐☐☐	call for
	016 ☐☐☐	resignation
	017 ☐☐☐	force
	018 ☐☐☐	desire
	019 ☐☐☐	assert
	020 ☐☐☐	request
04	021 ☐☐☐	strive
	022 ☐☐☐	look up to
	023 ☐☐☐	seek

	024 ☐☐☐	respect
	025 ☐☐☐	nominate
	026 ☐☐☐	encourage
05	027 ☐☐☐	emerging
	028 ☐☐☐	elevation
	029 ☐☐☐	exemption
	030 ☐☐☐	destruction
	031 ☐☐☐	consumption
06	032 ☐☐☐	intact
	033 ☐☐☐	fragment
07	034 ☐☐☐	motivate
	035 ☐☐☐	charity
08	036 ☐☐☐	atmosphere
	037 ☐☐☐	session
09	038 ☐☐☐	permission
	039 ☐☐☐	invade
10	040 ☐☐☐	manufacturing
	041 ☐☐☐	arrange
11	042 ☐☐☐	talented
	043 ☐☐☐	end up
12	044 ☐☐☐	overwhelm
	045 ☐☐☐	establish oneself as
13	046 ☐☐☐	expertise

	047 ☐☐☐	objective
14	048 ☐☐☐	reside in
	049 ☐☐☐	collective
15	050 ☐☐☐	distinct
	051 ☐☐☐	indicative
16	052 ☐☐☐	execute
	053 ☐☐☐	transfer
17	054 ☐☐☐	separate
	055 ☐☐☐	division
18	056 ☐☐☐	potential
	057 ☐☐☐	evoke
19	058 ☐☐☐	freeze
	059 ☐☐☐	bias
20	060 ☐☐☐	budget
	061 ☐☐☐	charge

ANSWER

01	001	영감		037	시간
	002	혼자(만)의	09	038	허락
	003	작곡하다		039	침해하다
	004	혼자의	10	040	제조업
	005	특별한		041	조정하다
	006	사색적인	11	042	재능 있는
	007	즉흥적인		043	(결국) ~하게 되다
02	008	심하게	12	044	압도하다
	009	재해, 참사		045	~로서 자리매김하다
	010	찬사	13	046	전문 지식
	011	찬사		047	객관적인
	012	관심	14	048	~에 있다, 존재하다
	013	신뢰성		049	집단의
	014	협력	15	050	별개의
03	015	요구하다		051	~을 나타내는
	016	사임	16	052	실행하다
	017	강요하다		053	이체
	018	원하다	17	054	분리된
	019	주장하다		055	구분, 경계선
	020	요구하다	18	056	잠재적인
04	021	노력하다		057	불러일으키다
	022	존경하다	19	058	얼어붙다, 꼼짝 못 하다
	023	찾다		059	편향
	024	존경하다	20	060	예산
	025	지명하다		061	청구하다, 부담시키다
	026	격려하다			
05	027	신흥의, 떠오르는			
	028	상승			
	029	면제			
	030	파괴			
	031	소비			
06	032	온전한			
	033	조각			
07	034	동기를 부여하다			
	035	자선 단체			
08	036	분위기			

Word review **2**

01	001 ☐☐☐	deplete
	002 ☐☐☐	spoil
	003 ☐☐☐	detach
	004 ☐☐☐	drain
	005 ☐☐☐	extract
02	006 ☐☐☐	immediate
	007 ☐☐☐	instant
	008 ☐☐☐	preventive
	009 ☐☐☐	suitable
	010 ☐☐☐	comprehensive
03	011 ☐☐☐	at odds with
	012 ☐☐☐	in doubt of
	013 ☐☐☐	in touch with
	014 ☐☐☐	in line with
	015 ☐☐☐	in conflict with
04	016 ☐☐☐	lead to
	017 ☐☐☐	rely on
	018 ☐☐☐	add up to
	019 ☐☐☐	get on with
05	020 ☐☐☐	previously
	021 ☐☐☐	extinct
06	022 ☐☐☐	chat with
	023 ☐☐☐	await

07	024 ☐☐☐	disappoint
	025 ☐☐☐	dose
	026 ☐☐☐	adjust
08	027 ☐☐☐	grant
	028 ☐☐☐	at fault for
09	029 ☐☐☐	awful
	030 ☐☐☐	bother
10	031 ☐☐☐	do sb a favor
	032 ☐☐☐	notify
11	033 ☐☐☐	preserve
	034 ☐☐☐	priority
12	035 ☐☐☐	treat
	036 ☐☐☐	combat
13	037 ☐☐☐	predictable
	038 ☐☐☐	convince
	039 ☐☐☐	obstacle
14	040 ☐☐☐	specialized
	041 ☐☐☐	distinguish[tell] A from B
	042 ☐☐☐	impair
15	043 ☐☐☐	suffer
	044 ☐☐☐	conduct
	045 ☐☐☐	eliminate
16	046 ☐☐☐	biodiversity

047 ☐☐☐	vulnerable
048 ☐☐☐	perish
17 049 ☐☐☐	fundamental
050 ☐☐☐	excessive
051 ☐☐☐	stimulate
18 052 ☐☐☐	aggressive
053 ☐☐☐	observation
054 ☐☐☐	dense
19 055 ☐☐☐	specify
056 ☐☐☐	call forth
057 ☐☐☐	aim
20 058 ☐☐☐	broaden
059 ☐☐☐	insight
060 ☐☐☐	undermine

ANSWER

01	001	고갈시키다	**13**	037	예측 가능한
	002	망치다		038	설득하다
	003	떼어 내다		039	장애물
	004	고갈시키다	**14**	040	특화된
	005	추출하다		041	A와 B를 구별하다
02	006	즉각적인		042	손상시키다
	007	즉각적인	**15**	043	얇다
	008	예방의		044	시행하다
	009	적절한		045	탈락시키다
	010	포괄적인	**16**	046	생물의 다양성
03	011	~와 상충하는		047	취약한
	012	~을 의심하는		048	죽다
	013	~을 접하는	**17**	049	근본적인
	014	~와 비슷한		050	과도한
	015	~와 상충하는		051	자극[촉진]하다
04	016	초래하다	**18**	052	공격적인
	017	의존하다		053	관찰
	018	결국 ~이 되다		054	밀집한, 무성한
	019	계속하다	**19**	055	특정하다, 명시하다
05	020	이전에		056	(반응을) 불러일으키다
	021	멸종된		057	겨누다
06	022	~와 이야기를 나누다	**20**	058	넓히다
	023	~을 기다리다		059	통찰력
07	024	실망시키다		060	약화시키다
	025	복용량			
	026	조정하다			
08	027	주다			
	028	~에 대한 책임이 있는			
09	029	지독한, 엄청난			
	030	신경 쓰이게 하다			
10	031	~의 부탁을 들어주다			
	032	알리다			
11	033	보존하다			
	034	우선순위			
12	035	처리하다			
	036	방지하다			

01	001 ☐☐☐	contaminate
	002 ☐☐☐	pollute
	003 ☐☐☐	influence
	004 ☐☐☐	occupy
	005 ☐☐☐	endanger
02	006 ☐☐☐	disrupt
	007 ☐☐☐	fatigue
	008 ☐☐☐	disease
	009 ☐☐☐	famine
	010 ☐☐☐	defiance
03	011 ☐☐☐	liberate
	012 ☐☐☐	social
	013 ☐☐☐	realistic
	014 ☐☐☐	idealized
	015 ☐☐☐	conventional
04	016 ☐☐☐	appreciate
	017 ☐☐☐	take in
	018 ☐☐☐	put back
	019 ☐☐☐	catch on
	020 ☐☐☐	do without
05	021 ☐☐☐	explicit
	022 ☐☐☐	practical
	023 ☐☐☐	definite

	024 ☐☐☐	beneficial
	025 ☐☐☐	exquisite
06	026 ☐☐☐	apologize
07	027 ☐☐☐	multiple
	028 ☐☐☐	behind schedule
08	029 ☐☐☐	assign
	030 ☐☐☐	influential
09	031 ☐☐☐	intrusive
	032 ☐☐☐	manipulative
	033 ☐☐☐	indispensable
10	034 ☐☐☐	afford to
	035 ☐☐☐	challenging
	036 ☐☐☐	solvable
11	037 ☐☐☐	improve
	038 ☐☐☐	make sense
12	039 ☐☐☐	up in the air
	040 ☐☐☐	plan out
13	041 ☐☐☐	originate
	042 ☐☐☐	intensify
	043 ☐☐☐	devastation
14	044 ☐☐☐	innovation
	045 ☐☐☐	facilitate
15	046 ☐☐☐	alter

047 □□□	at large	
16	048 □□□	alternative
	049 □□□	secure
	050 □□□	adaptability
17	051 □□□	trigger
	052 □□□	reorient
18	053 □□□	contentment
	054 □□□	cluttered
19	055 □□□	perspective
	056 □□□	consensus
20	057 □□□	concerned
	058 □□□	stability
	059 □□□	diversify

ANSWER

01	001 오염시키다	11	037 개선되다
	002 오염시키다		038 말이 되다, 타당하다
	003 영향을 미치다	12	039 미정인, 불확실한
	004 차지하다		040 꼼꼼하게 계획하다
	005 위험에 빠뜨리다	13	041 비롯되다
02	006 붕괴시키다		042 심해지다, 강화하다
	007 피로		043 대대적인 파괴
	008 질병	14	044 혁신
	009 기근		045 촉진하다
	010 저항	15	046 바꾸다
03	011 해방시키다		047 전체적인
	012 사회적인	16	048 대체의
	013 현실적인		049 확보하다
	014 이상화된		050 적응력, 융통성
	015 전통적인	17	051 유발하다
04	016 고마워하다		052 초점을 바꾸다
	017 받아들이다	18	053 만족
	018 되돌려 놓다		054 어수선한
	019 이해하다; 유행하다	19	055 관점
	020 ~없이 지내다		056 합의
05	021 명확한	20	057 우려하는
	022 실용적인		058 안정성
	023 명확한		059 다각화하다
	024 유익한		
	025 정교한		
06	026 사과하다		
07	027 다수의		
	028 예정보다 늦게		
08	029 맡기다		
	030 영향력 있는		
09	031 방해가 되는		
	032 조종하는		
	033 없어서는 안 될		
10	034 ~할 여유가 있다		
	035 부담이 되는, 까다로운		
	036 해결할 수 있는		

Word review **4**

01	001 □□□	resolute
	002 □□□	ongoing
	003 □□□	suspected
	004 □□□	underlying
	005 □□□	determined
02	006 □□□	prestige
	007 □□□	exclusion
	008 □□□	hierarchy
	009 □□□	uniformity
	010 □□□	reputation
03	011 □□□	dwell on
	012 □□□	adore
	013 □□□	search
	014 □□□	ponder
	015 □□□	magnify
04	016 □□□	take care of
	017 □□□	hasten
	018 □□□	monitor
	019 □□□	demonstrate
05	020 □□□	decay
	021 □□□	vanish
	022 □□□	subsist
	023 □□□	abound

06	024 □□□	internationally
	025 □□□	deaf
07	026 □□□	settle
	027 □□□	pandemic
08	028 □□□	edit
	029 □□□	trivial
	030 □□□	embarrass
09	031 □□□	arrangement
	032 □□□	symptom
10	033 □□□	assistance
	034 □□□	browse
11	035 □□□	off-limits
	036 □□□	pay off
	037 □□□	heads up
12	038 □□□	vice versa
	039 □□□	distress
13	040 □□□	adept at
	041 □□□	incorporate
14	042 □□□	transcend
	043 □□□	representation
	044 □□□	relevance
15	045 □□□	filthy
	046 □□□	sufficient

16	047 ☐☐☐	negotiation
	048 ☐☐☐	workable
	049 ☐☐☐	strategic
17	050 ☐☐☐	prompt
	051 ☐☐☐	compassion
18	052 ☐☐☐	varied
	053 ☐☐☐	define
	054 ☐☐☐	appropriately
19	055 ☐☐☐	intense
	056 ☐☐☐	feasible
	057 ☐☐☐	underpin
20	058 ☐☐☐	conceivable
	059 ☐☐☐	flexibly

ANSWER

01	001	단호한		037	주의, 미리 알려주는 정보
	002	계속되는	12	038	반대의 경우도 마찬가지
	003	의심되는		039	고통
	004	근본적인	13	040	~에 능숙한
	005	단호한		041	포함하다
02	006	명성	14	042	초월하다
	007	배타성		043	묘사, 표현
	008	계급제		044	관련성
	009	획일성	15	045	고약한
	010	명성		046	충분한
03	011	곰곰이 생각하다	16	047	협상
	012	매우 좋아하다		048	실행 가능한
	013	탐색하다, 더듬다		049	전략적인
	014	곰곰이 생각하다	17	050	유발하다
	015	과장하다		051	동정심
04	016	돌보다, 처리하다	18	052	다양한
	017	서두르다		053	정의하다
	018	감시하다		054	적절하게
	019	보여주다, 설명하다		055	심한, 격렬한
05	020	쇠퇴하다	19	056	실행할 수 있는
	021	사라지다		057	뒷받침하다
	022	생존하다	20	058	상상할 수 있는
	023	풍부하다		059	유연하게
06	024	국제적으로			
	025	청각 장애가 있는			
07	026	해결하다			
	027	전 세계적인 유행병, 대유행			
08	028	수정하다			
	029	사소한			
	030	당황하게 하다			
09	031	예정, 계획			
	032	증상			
10	033	도움			
	034	둘러보다			
11	035	출입 금지의			
	036	성과를 내다			

Word review 5

01	001 ☐☐☐	drastic
	002 ☐☐☐	decent
	003 ☐☐☐	radical
	004 ☐☐☐	internal
	005 ☐☐☐	temporary
02	006 ☐☐☐	prominent
	007 ☐☐☐	famous
	008 ☐☐☐	probable
	009 ☐☐☐	general
	010 ☐☐☐	convincing
03	011 ☐☐☐	on a par with
	012 ☐☐☐	far from
	013 ☐☐☐	familiar with
	014 ☐☐☐	inferior to
	015 ☐☐☐	equivalent to
04	016 ☐☐☐	go after
	017 ☐☐☐	put off
	018 ☐☐☐	run out of
	019 ☐☐☐	get down to
05	020 ☐☐☐	rewarding
	021 ☐☐☐	organize
06	022 ☐☐☐	workload
	023 ☐☐☐	fee
07	024 ☐☐☐	endurance
	025 ☐☐☐	exotic
08	026 ☐☐☐	slim
	027 ☐☐☐	risky
	028 ☐☐☐	call it a night
09	029 ☐☐☐	double-check
	030 ☐☐☐	interrupt
	031 ☐☐☐	application
10	032 ☐☐☐	appointment
11	033 ☐☐☐	tranquility
	034 ☐☐☐	regardless of
	035 ☐☐☐	suppress
12	036 ☐☐☐	frightening
	037 ☐☐☐	publicize
13	038 ☐☐☐	impose
	039 ☐☐☐	purely
	040 ☐☐☐	permissive
14	041 ☐☐☐	brief
	042 ☐☐☐	block
	043 ☐☐☐	imply
15	044 ☐☐☐	surge
	045 ☐☐☐	commerce
16	046 ☐☐☐	diagnose

047 ☐☐☐	pursuit
17 048 ☐☐☐	misconception
049 ☐☐☐	by no means
050 ☐☐☐	immerse oneself in
18 051 ☐☐☐	contribute to
052 ☐☐☐	engage in
053 ☐☐☐	indicator
19 054 ☐☐☐	reject
055 ☐☐☐	enforcement
056 ☐☐☐	variation
20 057 ☐☐☐	perception
058 ☐☐☐	be inclined to

ANSWER

01	001 과감한			037 알리다	
	002 괜찮은		**13**	038 강요하다	
	003 과격한			039 순전히, 전적으로	
	004 내부의			040 관대한	
	005 일시적인		**14**	041 짧은	
02	006 유명한			042 차단하다	
	007 유명한			043 암시하다	
	008 개연성 있는		**15**	044 밀려듦	
	009 일반적인			045 상업	
	010 설득력 있는		**16**	046 진단하다	
03	011 ~와 동등한			047 활동, 연구	
	012 ~와 거리가 먼		**17**	048 오해	
	013 ~에 정통한			049 결코 ~이 아닌	
	014 ~보다 못한			050 ~에 몰입하다	
	015 ~와 동등한		**18**	051 ~에 기여하다	
04	016 추구하다			052 ~에 참여하다	
	017 미루다			053 지표	
	018 다 써버리다		**19**	054 거부하다	
	019 착수하다			055 강요, 강제	
05	020 보람 있는			056 차이	
	021 정리하다		**20**	057 인식	
06	022 업무량			058 ~하는 경향이 있다	
	023 요금				
07	024 인내력, 지구력				
	025 이국적인				
08	026 희박한				
	027 위험한				
	028 (그날 밤의 일을) 끝내다				
09	029 재확인하다				
	030 방해하다				
	031 지원(서)				
10	032 약속				
11	033 평온				
	034 ~에 상관없이				
	035 억누르다				
12	036 무서운				

Word review 6

01	001 ☐☐☐	convert
	002 ☐☐☐	sort
	003 ☐☐☐	combine
	004 ☐☐☐	insert
	005 ☐☐☐	transform
02	006 ☐☐☐	migration
	007 ☐☐☐	mediation
	008 ☐☐☐	recognition
	009 ☐☐☐	obstruction
03	010 ☐☐☐	violate
	011 ☐☐☐	assess
	012 ☐☐☐	exercise
	013 ☐☐☐	discriminate
04	014 ☐☐☐	give up
	015 ☐☐☐	refer to
	016 ☐☐☐	go for
	017 ☐☐☐	come across
05	018 ☐☐☐	consent
	019 ☐☐☐	morality
	020 ☐☐☐	empathy
	021 ☐☐☐	approval
	022 ☐☐☐	guarantee
06	023 ☐☐☐	initial

	024 ☐☐☐	daily
07	025 ☐☐☐	accessible
	026 ☐☐☐	mislead
08	027 ☐☐☐	stuck
	028 ☐☐☐	schedule
	029 ☐☐☐	submit
	030 ☐☐☐	modify
09	031 ☐☐☐	timely
	032 ☐☐☐	accurate
	033 ☐☐☐	surveillance
10	034 ☐☐☐	infer
	035 ☐☐☐	causally
	036 ☐☐☐	interpret
11	037 ☐☐☐	stain
	038 ☐☐☐	spill
	039 ☐☐☐	recall
12	040 ☐☐☐	own up to
	041 ☐☐☐	routine
13	042 ☐☐☐	distinctive
	043 ☐☐☐	enlarged
14	044 ☐☐☐	critical
	045 ☐☐☐	participate
15	046 ☐☐☐	fabricator

	047 □□□	glittering
16	048 □□□	circulate
17	049 □□□	declaration
	050 □□□	faith
	051 □□□	thrive
18	052 □□□	assumption
	053 □□□	norm
	054 □□□	controversial
19	055 □□□	exaggerate
	056 □□□	inaccurate
	057 □□□	promote
20	058 □□□	take place
	059 □□□	particular
	060 □□□	dismantle

ANSWER

01	001 전환시키다	11	037 얼룩
	002 분류하다		038 흘리다
	003 결합시키다		039 기억하다
	004 끼워 넣다	12	040 ~을 인정하다
	005 변화시키다		041 (규칙적으로 하는) 일의 순서[방법]
02	006 이동		
	007 중재	13	042 독특한
	008 인정		043 비대한, 커진
	009 방해	14	044 매우 중요한
03	010 위반하다		045 참여하다
	011 평가하다	15	046 제작자, 날조자
	012 행사하다		047 화려한, 반짝이는
	013 차별하다	16	048 유통되다
04	014 포기하다	17	049 선언
	015 언급하다		050 믿음
	016 좋아하다, 노리다		051 성공[번창]하다
	017 우연히 발견하다	18	052 가장
05	018 동의, 승낙		053 규범
	019 도덕		054 논란의 여지가 있는
	020 공감	19	055 과장하다
	021 승낙, 동의		056 부정확한
	022 보장		057 홍보하다
06	023 처음의	20	058 발생하다
	024 매일		059 특정한
07	025 이용 가능한		060 해체[철거]하다
	026 오해하게 하다		
08	027 갇힌		
	028 일정을 잡다		
	029 제출하다		
	030 수정하다		
09	031 시의적절한		
	032 정확한		
	033 감시		
10	034 추론하다		
	035 인과적으로		
	036 이해[해석]하다		

Word review 7

01	001 ☐☐☐	pervasive		024 ☐☐☐	persuasive
	002 ☐☐☐	integral	06	025 ☐☐☐	practically
	003 ☐☐☐	powerful		026 ☐☐☐	flee
	004 ☐☐☐	universal	07	027 ☐☐☐	fascinate
	005 ☐☐☐	substantial		028 ☐☐☐	splendid
02	006 ☐☐☐	candid	08	029 ☐☐☐	affordable
	007 ☐☐☐	free		030 ☐☐☐	depression
	008 ☐☐☐	frank	09	031 ☐☐☐	on the house
	009 ☐☐☐	confident	10	032 ☐☐☐	address
	010 ☐☐☐	informative		033 ☐☐☐	handle
03	011 ☐☐☐	bring about	11	034 ☐☐☐	jot down
	012 ☐☐☐	cause		035 ☐☐☐	well off
	013 ☐☐☐	permit	12	036 ☐☐☐	entity
	014 ☐☐☐	release		037 ☐☐☐	disconnected
	015 ☐☐☐	cultivate		038 ☐☐☐	access
04	016 ☐☐☐	follow through with	13	039 ☐☐☐	reverse
	017 ☐☐☐	ensure		040 ☐☐☐	underline
	018 ☐☐☐	retain		041 ☐☐☐	impact
	019 ☐☐☐	bolster	14	042 ☐☐☐	breed
	020 ☐☐☐	accomplish		043 ☐☐☐	strict
05	021 ☐☐☐	passive		044 ☐☐☐	inevitable
	022 ☐☐☐	proficient	15	045 ☐☐☐	claim
	023 ☐☐☐	persistent		046 ☐☐☐	spark

16	047 ☐☐☐	average
	048 ☐☐☐	warn
	049 ☐☐☐	adapt
17	050 ☐☐☐	obviously
	051 ☐☐☐	available
	052 ☐☐☐	assume
18	053 ☐☐☐	come to mind
	054 ☐☐☐	testify
	055 ☐☐☐	invalid
19	056 ☐☐☐	awareness
	057 ☐☐☐	prolong
	058 ☐☐☐	remove
	059 ☐☐☐	compress
20	060 ☐☐☐	deal with
	061 ☐☐☐	embrace

ANSWER

01	001 널리 퍼진		037 단절된
	002 필수적인		038 접근
	003 강력한	13	039 반대(의 것)
	004 보편적인		040 강조하다
	005 상당한		041 영향
02	006 솔직한	14	042 조성하다
	007 자유로운		043 엄격한
	008 솔직한		044 불가피한
	009 자신감 있는	15	045 주장하다
	010 유익한		046 촉발하다
03	011 일으키다	16	047 평균
	012 일으키다		048 경고하다
	013 허용하다		049 적응하다
	014 발산하다	17	050 명확하게
	015 키우다		051 사용 가능한
04	016 완수하다		052 가정[생각]하다
	017 보장하다	18	053 생각이 떠오르다
	018 유지하다		054 증언하다
	019 강화하다		055 효력 없는
	020 완수하다	19	056 의식
05	021 수동적인		057 늘이다, 연장하다
	022 능숙한		058 제거하다
	023 끈질긴		059 압축하다
	024 설득력 있는	20	060 상대하다, 다루다
06	025 사실상		061 받아들이다
	026 도망치다		
07	027 매료시키다		
	028 화려한, 호화로운		
08	029 (값이) 알맞은, 저렴한		
	030 우울증		
09	031 무료[서비스]로 제공되는		
10	032 다루다		
	033 처리하다		
11	034 (급히) 적다		
	035 잘사는, 부유한		
12	036 독립체		

Word review 8

01	001 ☐☐☐	preoccupied
	002 ☐☐☐	obsessed
	003 ☐☐☐	frustrated
	004 ☐☐☐	associated
	005 ☐☐☐	overwhelmed
02	006 ☐☐☐	invaluable
	007 ☐☐☐	ruthless
	008 ☐☐☐	harmless
	009 ☐☐☐	priceless
	010 ☐☐☐	worthless
03	011 ☐☐☐	when it comes to
	012 ☐☐☐	with regard to
	013 ☐☐☐	with a view to
	014 ☐☐☐	in response to
	015 ☐☐☐	in proportion to
04	016 ☐☐☐	hold back
	017 ☐☐☐	blow away
	018 ☐☐☐	get back at
	019 ☐☐☐	give way to
05	020 ☐☐☐	morale
	021 ☐☐☐	a range of
06	022 ☐☐☐	renewable
	023 ☐☐☐	debater

07	024 ☐☐☐	brochure
08	025 ☐☐☐	show up
	026 ☐☐☐	appealing
09	027 ☐☐☐	inquiry
	028 ☐☐☐	push back
10	029 ☐☐☐	firm
	030 ☐☐☐	maintain
11	031 ☐☐☐	encode
	032 ☐☐☐	abstract
	033 ☐☐☐	concept
	034 ☐☐☐	moderator
12	035 ☐☐☐	be associated with
	036 ☐☐☐	remoteness
	037 ☐☐☐	arouse
	038 ☐☐☐	humid
13	039 ☐☐☐	neglect
	040 ☐☐☐	gradual
	041 ☐☐☐	overcome
14	042 ☐☐☐	withstand
	043 ☐☐☐	excess
	044 ☐☐☐	favorable
15	045 ☐☐☐	derive from
	046 ☐☐☐	breakthrough

	047 ▢▢▢	portability
16	048 ▢▢▢	substitute
	049 ▢▢▢	replace
	050 ▢▢▢	craving
17	051 ▢▢▢	estimate
	052 ▢▢▢	sustain
18	053 ▢▢▢	disparity
	054 ▢▢▢	tend to
19	055 ▢▢▢	artificial
	056 ▢▢▢	omit
	057 ▢▢▢	integrate
20	058 ▢▢▢	ideology
	059 ▢▢▢	secondary
	060 ▢▢▢	bond

ANSWER

01	001	사로잡힌		037	불러일으키다
	002	사로잡힌		038	습한
	003	좌절한	13	039	소홀히 하다
	004	연관된		040	점진적인
	005	압도된		041	극복하다
02	006	매우 귀중한	14	042	견디다
	007	무자비한		043	과도한, 과잉의
	008	무해한		044	유리한
	009	매우 귀중한	15	045	~에서 유래하다
	010	쓸모없는		046	획기적인 발전
03	011	~에 관해서는		047	휴대 가능성
	012	~에 관해서는	16	048	대체물
	013	~을 위해		049	대체하다
	014	~에 대응하여		050	갈망
	015	~에 비례하여	17	051	추정하다
04	016	저지하다		052	지속시키다
	017	날려버리다, 쉽게 이기다	18	053	차이
	018	복수하다		054	~하는 경향이 있다
	019	자리를 내주다, 항복하다	19	055	인위적인
05	020	사기		056	생략하다
	021	다양한		057	통합하다
06	022	재생 가능한	20	058	이념
	023	토론자		059	부차적인
07	024	책자		060	유대감을 형성하다
08	025	나타나다			
	026	매력적인			
09	027	문의			
	028	미루다			
10	029	확고한			
	030	유지하다			
11	031	코드화하다			
	032	추상적인			
	033	개념			
	034	조정자			
12	035	~와 관련되다			
	036	멀리 떨어져 있음			

01   That is not to say that the distance from failing to succeeding is always that short, but to say that your first step doesn't have to be perfect.   `1회 12번`

02   Had Seinfeld not returned the following night, he might have forever considered himself a failure, not knowing what he could have been.   `1회 12번`

03   Experts can provide policymakers with evidence-backed recommendations grounded in research and data, helping to ensure that policies are founded on sound principles and practices.   `1회 13번`

04   This means that to function, we must rely not only on knowledge stored within our own skulls but also on knowledge stored elsewhere, especially in other people.   `1회 14번`

05   This has led to tragic accidents, especially in health care, where mishandling of infusion pumps and X-ray machines allowed extreme overdoses of medication or radiation to be administered to patients.   `1회 16번`

06 By contrast, tourism in tropical rainforest environments has been much slower to develop because it is more difficult to see animals due to the presence of dense vegetation and the nocturnal habits of many species — although there are many unique species that tourists would find captivating. `2회 18번`

07 We often don't take time to stop and consider how what we're seeing or experiencing fits into the wider scheme of our life, because there's always something new to move on to. `2회 20번`

08 In contrast, computer-mediated communication comes with anonymity for its users, providing a "clean slate" upon which to craft any image of ourselves we desire. `3회 3번`

09 They are not guaranteed to end in a result, nor do they guarantee correct results, but we often use them to get a sense of direction in solving all sorts of problems. `3회 10번`

10 Yet, groups can operate as less than the sum of their parts when not all of those resources are utilized, not all information is expressed, and not all opinions are voiced. `3회 19번`

11 To prevent this issue, countries like Austria used much stricter counts, counting only those who had tested positive and where they could establish that the death was due to the virus. 5회 12번

12 For instance, if a child were told that eating sweets may cause tooth decay, and yet the child decided that their passion for sweets is so strong that it is worth taking the risk, a purely altruistic parent would support the child's choice. 5회 13번

13 As one expert put it, "Sometimes, cultural groups adopt very high levels of norm enforcement that breeds conformity at the expense of individual variations, innovations, and 'errors' that cultures require to advance." 5회 19번

14 Hopes that machine learning algorithms could overcome the limitations of humans by being more rational, neutral, and objective have been weakened by evidence that such systems can prolong human prejudices, increase bias, and make inaccurate predictions. 6회 19번

15 For example, consider the app which, when presented with exactly the same set of symptoms, was found to suggest a heart attack as a possible diagnosis if the user was a man, but merely a panic attack if the user was a woman. 6회 19번

16 This difference was explained by the "heart attack gender gap": the finding that the overrepresentation of men in the medical and research data means that women are up to 50 percent more at risk of receiving a misdiagnosis for a heart attack than men.

6회 19번

17 This is because for a supervisor to disclose personal information to a subordinate could make him appear weak, which would affect the status relationship.

7회 13번

18 However, the act of guessing about possible events causes people to provide misinformation, which, if left uncorrected, may later be remembered as "memories."

7회 18번

19 A boat trip can arouse a sense of adventure and this is particularly so if the island is uninhabited or if there is an element of danger, as with island volcanoes.

8회 12번

20 Those who enjoy or are addicted to programming, enter a trance-like state, repeating these motions, eagerly waiting for that moment when they solve a problem and their code performs as intended.

8회 13번

01

That is not to say that the distance (from failing to succeeding) is (always) (that) short, but to say that your
S V not SC1   S'1   V'1   SC'1   SC2   S'2

first step doesn't have to be perfect.
V'2   SC'2

구문 해설

'A가 아니라 B'라는 의미의 'not A but B' 상관접속사를 통해 to 부정사의 명사적 용법으로 쓰인 to say 2개가 연결되어 문장의 주격 보어 역할을 하고 있다. say는 명사절을 이끄는 접속사 that을 목적어로 취하고 있다. 'A에서 B까지'라는 의미의 'from A to B' 전치사구가 명사 distance를 수식하고 있다.

문장 해석

이는 실패에서 성공까지의 거리가 항상 그렇게 짧다는 말이 아니라, 당신의 첫걸음이 완벽할 필요는 없다는 말이다.

02

Had Seinfeld not returned (the following night), he might have (forever) considered himself a failure, not
V' S'   V'   S V   O   OC

knowing what he could have been.
분사구문

구문 해설

가정법 과거완료 구문에서 if가 생략되어 도치된 문장이다. 5형식 간주동사로 쓰인 have considered가 명사 a failure를 목적격 보어로 취하고 있다. not knowing 이하는 분사구문이다. what은 명사절을 이끄는 관계대명사로, knowing의 목적어 역할과 have been의 보어 역할을 동시에 하고 있다.

문장 해석

만약 Seinfeld가 다음 날 밤에 돌아오지 않았더라면, 그는 자신이 무엇이 될 수 있었는지 알지 못한 채 자신을 영원히 실패자로 생각했을지도 모른다.

03

Experts can provide policymakers with evidence-backed recommendations [grounded in research and
S   V   IO   DO
data], helping to ensure that policies are founded (on sound principles and practices).
      분사구문   S'   V'

구문 해설
'provide A with B'는 'A에게 B를 제공하다'라는 의미의 구문이다. grounded in research and data는 evidence-backed recommendations를 수식하는 과거분사구이다.
helping 이하는 분사구문이다. that은 명사절을 이끌어 ensure의 목적어 역할을 하고 있다.

문장 해석
전문가는 정책 입안자에게 연구와 데이터에 근거한 증거로 뒷받침되는 권고 사항을 제공하여, 정책이 건전한 원칙과 관행에 기반하는 것을 보장하도록 도울 수 있다.

04

1회 14번

This means that to function, we must rely not only on knowledge [stored (within our own skulls)] but also
S   V   O   S'   V'   O'1
on knowledge [stored (elsewhere), ((especially) in other people)].
   O'2

구문 해설
that은 명사절을 이끌어 means의 목적어 역할을 하고 있다. to function은 목적을 나타내는 to 부정사의 부사적 용법으로 쓰였다. 'A뿐만 아니라 B도'라는 의미의 상관접
속사 'not only A but also B'가 쓰여 2개의 전치사구가 병렬되어 있다. stored within our own skulls와 stored elsewhere, especially in other people은 각각의
knowledge를 수식하는 과거분사구이다.

문장 해석
이는 우리가 제대로 기능하기 위해서는 우리 자신의 두개골에 저장된 지식뿐만 아니라 다른 곳, 특히 다른 사람에게 저장된 지식에도 의존해야만 한다는 뜻이다.

STEP 2 SYNTAX REVIEW · **23**

05

This has led to tragic accidents, ((especially) in health care), [where mishandling (of infusion pumps and
S V   O   관·부   S'
X-ray machines) allowed extreme overdoses (of medication or radiation) to be administered (to patients)].
              V'   O'   OC'

구문 해설
where는 tragic accidents를 선행사로 받는 관계부사로, 뒤에 완전한 문장이 나오고 있다. 관계사절 내의 주어와 목적어는 of가 이끄는 전치사구가 명사를 수식하는 형태를 띠고 있다. 5형식 동사로 쓰인 allowed가 to 부정사 to be administered를 목적격 보어로 취하고 있다.

문장 해석
이는 특히 의료 분야에서 약물 주입 펌프 및 엑스레이 기계에 대한 취급 부주의가 환자에게 약물이나 방사선이 과다 투여되도록 한 비극적인 사고로 이어졌다.

06

By contrast, tourism (in tropical rainforest environments) has been (much) slower to develop because it
            S   V   SC   가S'1
is more difficult to see animals (due to the presence (of dense vegetation) and the nocturnal habits (of
V'1 SC'1   진S'1
many species)) — although there are many unique species [that tourists would find captivating].
                              V'2 S'2   O관·대 S''   V''   OC''

구문 해설
to develop은 형용사 slower를 수식하는 to 부정사의 부사적 용법으로 쓰였다. because가 이끄는 부사절에서 가주어(it)-진주어(to see) 구문이 쓰이고 있다. 전치사 due to 는 등위접속사 and로 병렬된 2개의 긴 명사구를 목적어로 취하고 있다. 대시(—) 이하의 절이 앞 문장을 부연하고 있으며, although는 양보를 나타내는 접속사로 쓰였다. that은 many unique species를 선행사로 받는 목적격 관계대명사이다. 5형식 동사로 쓰인 find가 분사형 형용사 captivating을 목적격 보어로 취하고 있다.

문장 해석
대조적으로, 관광객이 매료될 만한 독특한 종들이 많음에도 무성한 초목의 존재와 많은 종의 야행성 습성으로 인해 동물을 보기가 더 어렵기 때문에 열대 우림 환경의 관광은 훨씬 더디게 발전되어 왔다.

07

We (often) <u>don't take</u> <u>time</u> to stop and (to) consider <u>how</u> <u>what</u> <u>we're seeing or experiencing</u> <u>fits</u> (into the
S V O O'1 S'' V''

wider scheme of our life), because there's (always) <u>something</u> new to move on to.
V'2 S'2

구문 해설
to stop과 (to) consider가 등위접속사 and로 병렬되어 명사 time을 수식하는 to 부정사의 형용사적 용법으로 쓰였다. 의문부사 how가 명사절을 이끌어 consider의 목적어
역할을 하고 있으며, what은 명사절을 이끄는 관계대명사로 how절 내의 주어와 seeing or experiencing의 목적어 역할을 동시에 하고 있다. to move on to는 something
을 수식하는 to 부정사의 형용사적 용법으로 쓰였다.

문장 해석
넘어갈 새로운 것이 항상 있기 때문에 우리는 우리가 보거나 경험하고 있는 것이 우리 삶의 더 넓은 체계에 어떻게 들어맞는지 잠시 멈추고 생각할 시간을 갖지 않는 경우가 많다.

08

In contrast, <u>computer-mediated communication</u> <u>comes</u> (with anonymity (for its users)), providing a "clean
S V 분사구문

slate" upon which to craft any image of ourselves [[(that) <u>we</u> <u>desire</u>].
O관·대 S' V'

구문 해설
providing 이하는 분사구문이다. upon which to craft는 본래 a "clean slate" to craft any image ~ upon이라는 구에서 전치사 upon이 to 부정사 앞으로 이동하면서 관
계대명사를 동반하여 '전치사 + 관계대명사 + to 부정사'의 형태를 띠게 된 구이다. 이때 to craft는 a "clean slate"를 수식하는 to 부정사의 형용사적 용법으로 쓰였다. any
image of ourselves를 선행사로 받는 목적격 관계대명사 that[which]이 ourselves와 we 사이에 생략되어 있다.

문장 해석
반면, 컴퓨터를 매개로 한 소통은 사용자를 위한 익명성을 동반하여, 우리가 원하는 자신의 이미지를 만들 수 있는 '백지'를 제공한다.

09

They are not guaranteed to end in a result, nor do they guarantee correct results, but we (often) use them
<u>S'</u> <u>V'</u>   01   <u>V2</u> <u>S2</u> <u>V2</u>   02   <u>S3</u>   <u>V3</u> 03

to get a sense of direction (in solving all sorts of problems).

10

Yet, groups can operate (as less than the sum of their parts) when not all of those resources are utilized,
      <u>S</u>   <u>V</u>   <u>S'1</u>   <u>V'1</u>

not all information is expressed, and not all opinions are voiced.
<u>S'2</u>   <u>V'2</u>   <u>S'3</u>   <u>V'3</u>

11

To prevent **this issue**, <u>countries</u> (like Austria) <u>used</u> (much) <u>stricter counts</u>, counting (only) those [who <u>had tested</u>
        S   V   O   분사구문   S관·대 V'1

<u>positive</u>] and where <u>they</u> <u>could establish</u> that <u>the death</u> <u>was</u> (due to the virus).
SC'1   S'2   V'2   O'2   S''   V''

구문 해설

To prevent는 목적을 나타내는 to 부정사의 부사적 용법으로 쓰였다. counting 이하는 분사구문이다. 불특정 다수를 칭하는 대명사 those와 명사절을 이끄는 접속사 where가 등위접속사 and로 병렬되어 counting의 목적어 역할을 하고 있다. where는 보통 부사절을 이끌거나 간혹 명사절을 이끌어 '~하는 곳[경우]'이라는 의미로 쓰이기도 하는 것에 유의해야 한다. who는 those를 선행사로 받는 주격 관계대명사이다. that은 명사절을 이끌어 establish의 목적어 역할을 하고 있다.

문장 해석

이 문제를 방지하기 위해 오스트리아 같은 국가는 훨씬 더 엄격한 집계를 적용하여 양성 판정을 받았던 사람만을, 그리고 사망이 바이러스로 인한 것임을 규명할 수 있는 경우만을 집계했다.

12

For instance, if <u>a child</u> <u>were told</u> that <u>eating sweets</u> <u>may cause</u> <u>tooth decay</u>, and yet <u>the child</u> <u>decided</u> <u>that</u>
                S'1   V'1   O'1   S''1   V''1   O''1   S'2   V'2   O'2

<u>their passion</u> (for sweets) <u>is</u> so <u>strong</u> that <u>it</u> <u>is</u> <u>worth</u> taking the risk, <u>a purely altruistic parent</u> <u>would</u>
S''2   V''2   SC''2   S''' V''' SC'''   S   V

<u>support</u> <u>the child's choice</u>.
        O

구문 해설

접속사 if가 이끄는 부사절 내에서 2개의 절이 등위접속사 and yet으로 병렬된 구조이다. 첫 번째 that과 두 번째 that은 명사절을 이끌어 각각 동사 were told와 decided의 목적어 역할을 하고 있다. 두 번째 명사절 내에서 '너무 ~해서 ~하다'라는 의미의 'so ~ that' 구문이 사용되고 있다. 'be worth RVing'는 '~할 가치가 있다'라는 의미의 준동사 관용 표현이다.

문장 해석

예를 들어, 만약 자녀가 단것을 먹으면 충치가 생길 수도 있다는 말을 들었고, 그런데도 단것에 대한 열망이 너무 강해서 그 위험을 감수할 만하다고 결정했다면, 순전히 이타적인 부모는 자녀의 선택을 지지할 것이다.

13

As <u>one expert</u> <u>put</u> <u>it</u>, "(Sometimes), <u>cultural groups</u> <u>adopt</u> <u>very high levels of norm enforcement</u> [<u>that</u> <u>breeds</u>
　S'1　　　　V'1　O'1　　　　　　　S　　　　　　V　　O　　　　　　　　　　　　　　　　　　S관·대　V'2

<u>conformity</u>] [at the expense of individual variations, innovations, and 'errors' [<u>that</u> <u>cultures</u> <u>require</u> to
O'2　　　　　　　　　　　　　　　　　　A　　　　　　B　　　　　　　C　　　O관·대　S'3　　V'3

<u>advance</u>]]."

구문 해설

As는 양태를 나타내는 접속사로 쓰였다. 첫 번째 that은 norm enforcement를 선행사로 받는 주격 관계대명사이다. at the expense of는 '~을 희생하여'라는 의미의 표현이다. 명사 3개가 'A, B, and C'의 형태로 병렬되어 형용사 individual의 수식을 받고 있다. 두 번째 that은 individual variations, innovations, and 'errors'를 선행사로 받는 목적격 관계대명사이다. to advance는 목적을 나타내는 to 부정사의 부사적 용법으로 쓰였다.

문장 해석

한 전문가가 말했듯이, "때때로 문화 집단은 문화가 발전하는 데 필요한 개인의 차이, 혁신, '오류'를 희생하여, 순응을 낳는 매우 높은 수준의 규범 강요를 채택하기도 한다."

14

<u>Hopes</u> [<u>that</u> <u>machine learning algorithms</u> <u>could overcome</u> <u>the limitations of humans</u> (by being more rational,
S　　　　　　　S'1　　　　　　　　　　　V'1　　　　　　O'1　　　　　　　　　　　　　　　　　A

neutral, and objective]] <u>have been weakened</u> (by evidence [<u>that</u> <u>such systems</u> <u>can prolong human prejudices</u>,
　B　　　　　C　　　V　　　　　　　　　　　　　　　　　　S'2　　　　　　　A

<u>increase bias</u>, and <u>make inaccurate predictions</u>]).
　B　　　　　　　　　C

구문 해설

첫 번째 that은 Hopes와 동격을 이루는 접속사이다. 명사구 the limitations of humans를 수식하는 by가 이끄는 전치사구 내에서 비교급 형용사 3개가 'A, B, and C' 형태로 병렬되어 being의 보어 역할을 하고 있다. 두 번째 that은 evidence와 동격을 이루는 접속사이며, 그 that절 내에서 3개의 동사구가 'A, B, and C' 형태로 병렬되었다.

문장 해석

기계 학습 알고리즘이 더 합리적이고 중립적이며 객관적으로 됨으로써 인간의 한계를 극복할 수 있을 것이라는 희망은 그러한 시스템이 인간의 선입견을 지속시키고 편견을 키우며 부정확한 예측을 할 수 있다는 증거에 의해 약화되어 왔다.

15

For example, <u>consider</u> <u>the app</u> [which, when presented (with (exactly) the same set of symptoms), <u>was found</u>
    V   O   S관·대   분사구문   V'

to <u>suggest</u> <u>a heart attack</u> (as a possible diagnosis) if <u>the user</u> <u>was</u> <u>a man</u>, but (merely) <u>a panic attack</u> if <u>the</u>
SC'   O''1   S'''1   V'''1 SC'''1   O''2   S'''2

<u>user</u> <u>was</u> <u>a woman</u>].
V'''2 SC'''2

> ### 구문 해설
> 명령문으로 쓰인 주절 내에 긴 관계사절이 속한 구조이다. which는 the app를 선행사로 받는 주격 관계대명사이다. 관계사절 내에 주어가 주절의 주어와 같아서 생략되고 의미 강조를 위해 접속사가 남은 형태의 분사구문 when presented ~ symptoms가 콤마(,)로 삽입되었다. 5형식 동사 find의 수동태인 was found가 to 부정사 to suggest를 보어로 취하고 있다. suggest의 목적어로 두 명사구 a heart attack과 a panic attack이 등위접속사 but으로 병렬되어 있으며, 조건을 나타내는 접속사 if가 이끄는 절들이 각각의 명사구를 부연하고 있다.
>
> ### 문장 해석
> 예를 들어, 정확히 똑같은 증상이 제시되었을 때 사용자가 남성이면 가능한 진단으로 심장마비를 제안하지만, 사용자가 여성이면 단순히 공황 발작이라고 제안하는 것으로 밝혀진 앱을 생각해 보라.

16

<u>This difference</u> <u>was explained</u> (by the "heart attack gender gap"): the finding [that <u>the overrepresentation of</u>
S   V   동격   S'

<u>men</u> (in the medical and research data) <u>means</u> that <u>women</u> <u>are</u> (up to 50 percent more) (at risk of receiving
                                    V'   S''   V''

a misdiagnosis (for a heart attack)) than men.

> ### 구문 해설
> 콜론(:)을 통해 뒤의 구가 앞 문장의 내용을 부연하는 구조로, the finding은 the "heart attack gender gap"과 동격이다. 첫 번째 that은 the finding과 동격을 이루는 접속사이고, 두 번째 that은 명사절을 이끌어 means의 목적어 역할을 하고 있다. 두 번째 that절의 주어인 women이 men과 비교급 구문 'more ~ than'으로 비교되고 있다. 'at risk of RVing'는 '~할 위험에 처한'이라는 의미의 표현이다.
>
> ### 문장 해석
> 이러한 차이는 "심장마비 성별 격차"로 설명할 수 있는데, 그것은 의료 및 연구 데이터에서 남성이 과하게 기술되는 것은 여성이 남성보다 심장마비의 오진 위험이 최대 50% 더 높다는 것을 의미한다는 연구 결과이다.

17

This is because for a supervisor to disclose personal information (to a subordinate) could make him appear
_S _V _{의미상S'} _{S'} _{V'} _{O'} _{OC'}

weak, [which would affect the status relationship].
_{S관·대} _{V"} _{O"}

구문 해설

to disclose는 to 부정사의 명사적 용법으로 쓰여 because가 이끄는 부사절의 주어 역할을 하고 있으며, for a supervisor는 to disclose의 의미상 주어이다. 5형식 동사로 쓰인 make가 원형부정사 appear를 목적격 보어로 취하고 있으며, 2형식 동사로 쓰인 appear가 형용사 weak을 보어로 취하고 있다. 계속적 용법으로 쓰인 which는 앞의 절 전체를 선행사로 받는 주격 관계대명사이다.

문장 해석

그 이유는 상사가 부하 직원에게 자신의 개인 정보를 털어놓는 것은 그를 약해 보이게 할 수 있는데, 이는 지위 관계에 영향을 미칠 것이기 때문이다.

18

However, the act of guessing (about possible events) causes people to provide misinformation, [which, if left
_S _V _O _{OC} _{S관·대} _{분사구문}

uncorrected, may (later) be remembered (as "memories]]."
_{V'}

구문 해설

5형식 동사로 쓰인 causes가 to 부정사 to provide를 목적격 보어로 취하고 있다. which는 misinformation을 선행사로 받는 주격 관계대명사이다. 관계사절 내에 주어가 주절의 주어와 같아서 생략되고 의미 강조를 위해 접속사가 남은 형태의 분사구문 if left uncorrected가 콤마(,)로 삽입되었다.

문장 해석

그러나, 있음 직한 사건에 대해 추측하는 행위는 사람들이 잘못된 정보를 제공하게 만들고, 이것은 정정되지 않은 채로 두면 나중에 '기억'으로 회상될 수 있다.

19

A boat trip can arouse a sense of adventure and this is (particularly) so if the island is uninhabited or if there
S1   V1   O1   S2 V2   SC2   S'1   V'1

is an element of danger, as with island volcanoes.
V'2 S'2

구문 해설

2개의 문장이 등위접속사 and로 병렬되어 있고, 두 번째 문장 내에서 접속사 if가 이끄는 부사절 2개가 등위접속사 or로 병렬된 구조이다. so는 앞 절의 내용을 가리키는 대명사로 쓰였다. as with는 '~와 마찬가지로'라는 의미의 표현이다.

문장 해석

배를 타고 가는 여행은 모험심을 불러일으킬 수 있으며, 이것은 섬에 아무도 거주하지 않거나 섬 화산과 같이 위험 요소가 있는 경우에 특히 그렇다.

20

Those [who enjoy or are addicted to programming], enter a trance-like state, repeating these motions,
S   S관·대 V'1   V'2   O'2   V   O   분사구문

(eagerly) waiting for that moment [when they solve a problem and their code performs as intended].
분사구문   관·부   S''1 V''1   O''1   S''2   V''2   분사구문

구문 해설

who는 Those를 선행사로 받는 주격 관계대명사이며, Those는 불특정 다수를 칭하는 대명사이다. who절 내에서 동사 enjoy와 are addicted to가 등위접속사 or로 병렬되었다. repeating these motions와 eagerly waiting for 이하는 분사구문이다. when은 that moment를 선행사로 받는 관계부사로, 뒤에 완전한 문장이 나오고 있다. when절 내에서 2개의 절이 등위접속사 and로 병렬되었다. as intended는 주어가 주절의 주어 their code와 같아서 생략되고 의미 강조를 위해 접속사가 남은 형태의 분사구문이다.

문장 해석

프로그래밍을 즐기거나 그것에 중독된 사람들은 이 동작을 반복하며, 그들이 문제를 풀고 그들의 코드가 의도한 대로 수행되는 그 순간을 간절히 기다리면서 무아지경 같은 상태에 빠진다.

01   Tutankhamun, known for his intact tomb, <u>discovered</u> in the Valley of the Kings in 1922.   O / X

02   His parentage remains <u>uncertainly</u>.   O / X

03   Black fragments originating from the capital city of Akhenaten, who was the previous king,   O / X
<u>names</u> him as a king's son.

04   He <u>got the residents motivating</u> to support the local charity.   O / X

05   We have a meeting <u>every two week</u> to discuss our progress.   O / X

06   The event began, with <u>much interest focused</u> on the special guest.   O / X

07   The movie had <u>such big an impact</u> that it left the audience speechless.   O / X

08 그녀는 자신이 가진 것에 결코 만족하지 않는다.　　　　　　　　　　　○ / ✕

→ She is never satisfied with that she has.

09 나는 식사 준비는커녕 라면도 거의 조리하지 못한다.　　　　　　　　　○ / ✕

→ I can barely cook instant noodles, let alone prepare a meal.

10 내가 방문한 카페는 활기차고, 자유롭고, 친절한 분위기였다.　　　　　　○ / ✕

→ The cafe I visited had a lively, freely, and friendly atmosphere.

11 발표 이후에 질의응답 시간이 있었다.　　　　　　　　　　　　　　　○ / ✕

→ Followed the presentation, there was a question and answer session.

✓
ANSWER

01 X, discovered → was discovered

02 X, uncertainly → uncertain

03 X, names → name

04 X, motivating → motivated

05 X, two week
→ second week 또는 two weeks

06 O

07 X, such big an → such a big 또는 so big an

08 X, that → what

09 O

10 X, freely → free

11 X, Followed → Following

Grammar review 2

01   An animal previously thought to be extinct found alive.   O / X

02   The waiter said to the customers which he could take their order.   O / X

03   Walking home from school, Emily noticed flowers to bloom on the street.   O / X

04   Hardly I had arrived at the airport when I realized I had forgotten my passport.   O / X

05   She looks forward to meet her favorite idol.   O / X

06   He has been traveling around Europe for the past six months.   O / X

07   We chatted with each other while waiting the lecture to begin.   O / X

08   The house, that was built in the 18th century, has a lot of history.   O / X

09   뉴욕에서 볼 수 있는 문화적 풍요를 제공하는 도시는 거의 없다.   O / X
      → A few cities offer the cultural richness found in New York.

10   나는 줄거리보다는 등장인물 때문에 소설을 즐긴다.   O / X
      → I enjoy novels not so much for the characters as for the plots.

11 그가 그 조언을 들었다면 지금 실망하지 않았을 것이다.   O / X

→ If he had listened to the advice, he wouldn't have been disappointed now.

12 환자의 건강 상태에 따라 약의 용량을 조정해야 한다.   O / X

→ A dose of medicine has to be adjusted based on a patient's health status.

13 그 대회에서 우승한 학생은 장학금을 받았다.   O / X

→ The student whom won the contest was granted a scholarship.

14 그들은 그들이 머무는 동안은 소음 수준을 낮춰 달라고 요청했다.   O / X

→ They asked that the noise level is reduced during their stay.

15 그녀는 부지런히 공연을 준비했으나 결국엔 취소했다.   O / X

→ She diligently prepared for the show only to have it canceled.

16 그 우체부에게 잘못된 주소로 배달된 소포에 대한 책임이 있었다.   O / X

→ The postman was at fault for the package delivering to the wrong address.

✓
ANSWER

01 X, found → was found	**07** X, waiting → awaiting 또는 waiting for	**12** O
02 X, which → that	**08** X, that → which	**13** X, whom → who
03 X, to bloom → bloom 또는 blooming	**09** X, A few → Few	**14** X, is → be
04 X, Hardly I had → Hardly had I	**10** X, for the characters as for the plots → for the plots as for the characters	**15** O
05 X, meet → meeting		**16** X, delivering → delivered
06 O	**11** X, have been → be	

01 그들이 사과하기를 기대해도 소용없다. ○ / ✕

→ It is no use to expect them to apologize.

02 올해 시험은 작년보다 훨씬 더 어려웠다. ○ / ✕

→ This year's exam was much more difficult than last year's.

03 내가 매일 받는 이메일의 수가 압도적으로 많아졌다. ○ / ✕

→ The number of emails I receive daily has become overwhelmed.

04 폭풍이 지나간 후, 우리는 피해를 가늠하고자 밖으로 나갔다. ○ / ✕

→ The storm having passed, we went outside to assess the damage.

05 넘어져서 다친 등산객이 간호를 받았다. ○ / ✕

→ The hiker injuring in a fall was cared for.

06 그는 늦잠을 자지 않도록 항상 알람을 여러 개 맞춘다. ○ / ✕

→ He always sets multiple alarms lest he oversleeps.

07 나는 기차가 왜 예정보다 늦게 운행하는지 궁금했다. ○ / ✕

→ I wondered why the train was running behind schedule.

08 방문객들이 박물관 안에서 사진을 찍는 것은 금지되어 있다. ○ / ✕

→ Visitors are prohibited from take photographs inside the museum.

09 It is not John but Peter that is assigned the project.   ○ / ✕

10 Shakespeare is one of the truly influential writer of all time.   ○ / ✕

11 She is planning to be in Tokyo next summer, and I am either.   ○ / ✕

12 The battery would be last for about ten hours on a full charge.   ○ / ✕

13 Agricultural and handicraft economies shifted rapidly to industrial and machine-manufacturing-   ○ / ✕
    dominated <u>ones</u>.

14 This change in societal organization continues today, producing several effects that <u>has spread</u>   ○ / ✕
    throughout Earth's political, ecological, and cultural spheres.

✓
ANSWER

01 X, no use to expect → no use expecting 또는 of no use to expect	06 X, oversleeps → (should) oversleep	12 X, be last → last
02 O	07 O	13 O
03 X, overwhelmed → overwhelming	08 X, take → taking	14 X, has → have
04 O	09 O	
05 X, injuring → injured	10 X, writer → writers	
	11 X, either → too	

01   Helen Keller <u>had known</u> internationally by the time she was 24.   O / X

02   Some of the public still doubted <u>that</u> a blind and deaf person could successfully communicate   O / X
      with hearing people or graduate from college.

03   <u>A nursery nurse</u> as he is, he doesn't like kids very much.   O / X

04   A man with language barriers <u>has difficulty expressing</u> himself.   O / X

05   The government let the matter <u>settle</u> by the proper authorities.   O / X

06   The infected people <u>attended</u> a mass gathering triggered the pandemic.   O / X

07 고맙다는 말을 꼭 해라, 그렇지 않으면 무례해 보일 것이다. O / X

→ Be sure to say thank you, or you'll appear rude.

08 리더가 결정하는 것은 관련된 모든 사람에게 영향을 미칠 것이다. O / X

→ What a leader decides will affect everyone involves.

09 수정을 마치는 대로 문서를 보내드리겠습니다. O / X

→ I'll send you the document as soon as I finish to edit it.

10 그녀는 온라인에서 사소한 일로 공격을 받자 완전히 당황했다. O / X

→ Attacking online for something trivial, she was completely embarrassed.

✓
ANSWER

01 X, had known → had been known	**05** X, settle → be settled	**08** X, involves → involved
02 O	**06** X, attended → attending 또는 who attended	**09** X, to edit → editing
03 X, A nursery → Nursery		**10** X, Attacking → Attacked
04 O	**07** O	

01   My family found it rewarding to help others in need.   ○ / ✕

02   This book isn't as interested as the one I read last week.   ○ / ✕

03   The data was organized into graphs after obtaining in the lab.   ○ / ✕

04   I would rather to suffer from loneliness than be in a bad relationship.   ○ / ✕

05   Not once did they complain about the workload.   ○ / ✕

06   I can't but sing along whenever I hear that song.   ○ / ✕

07   The issue arose in charge the correct fees for the tickets.   ○ / ✕

08   The sky filled with stars twinkling in the darkness were so amazing.   ○ / ✕

09   넌 누가 그와 결혼할 것 같아?   ○ / ✕
　　　→ Do you think who is going to marry him?

10   진한 커피 한 잔이 내가 깨어 있도록 도와주었다.   ○ / ✕
　　　→ A strong cup of coffee helped me staying awake.

11 농구에서 성공하려면 큰 키와 지구력이 모두 필요하다. ○ / ✕

→ Basketball requires both height and endurance to succeed.

12 다양한 이국적인 동물들이 있던 동물원이 문을 닫았다. ○ / ✕

→ The zoo where had a variety of exotic animals was shut down.

13 그녀의 승소 가능성은 기껏해야 희박하다. ○ / ✕

→ Her chances of winning the case is slim at best.

14 예술 분야에서 직업을 택하는 것은 종종 위험한 것으로 여겨진다. ○ / ✕

→ Choosing a career in the arts are often seen as risky.

15 시간이 늦어서 우리는 일을 끝내고 집에 가기로 했다. ○ / ✕

→ It being late, we decided to call it a night and head home.

16 각자의 의견이 모두 달라서 합의점을 찾기가 어렵다. ○ / ✕

→ It's hard to find a consensus because all the different opinions each one holds.

ANSWER

01 O	**07** X, charge → charging	**13** X, is → are
02 X, interested → interesting	**08** X, were → was	**14** X, are → is
03 X, obtaining → being obtained	**09** X, Do you think who → Who do you think	**15** O
04 X, to suffer → suffer	**10** X, staying → (to) stay	**16** X, because → because of
05 O	**11** O	
06 O	**12** X, where → which 또는 that	

01　나는 그들이 무슨 뜻으로 그렇게 말하는 건지 모르겠다.　　　　　　　　○/✕

→ I don't understand what they mean by that.

02　그는 여가 대부분을 비디오 게임을 하는 데 보낸다.　　　　　　　　○/✕

→ He spends most of his free time playing video games.

03　Ann은 처음에는 의구심이 들었어도 자신의 대의에 확신을 가졌다.　　　　　　　　○/✕

→ Despite her initial doubts, Ann was convinced her cause.

04　그 빵집은 매일 제빵하여 제품을 신선하게 유지하려고 노력한다.　　　　　　　　○/✕

→ The bakery tries to keep its products fresh by baking it daily.

05　모든 사람이 의료 서비스를 이용할 수 있는 것이 중요하다.　　　　　　　　○/✕

→ It is important that healthcare be accessible to everyone.

06　연구 결과를 정확히 제시하지 않는 것은 오해의 소지가 크다.　　　　　　　　○/✕

→ Not presenting the findings accurate is highly misleading.

07　오래 공부할수록 시험 준비가 더 많이 될 것이다.　　　　　　　　○/✕

→ The longer you study, the more prepared you'll be for the exam.

08 해변에서 열린 그 결혼식에는 그곳에 있던 사람이면 누구든지 참석했다.　　　　　O / X
→ The wedding held at the beach attended by whoever was there.

09 Had I left earlier, I wouldn't be stuck in traffic last night.　　　　　O / X

10 You have a meeting scheduled for tomorrow, haven't you?　　　　　O / X

11 We should submit our proposal until noon, modifying the entire form.　　　　　O / X

12 A person's popularity is influenced by the amount of followers on SNS.　　　　　O / X

ANSWER

01 O	**05** O	**09** X, be → have been
02 O	**06** X, accurate → accurately	**10** X, haven't → don't
03 X, convinced → convinced of	**07** O	**11** X, until → by
04 X, it → them	**08** X, attended → was attended	**12** X, amount → number

01   Many animals are getting used <u>to be raised</u> by humans.   O / ✕

02   Some will be practically tame by the time they <u>will encounter</u> hunters.   O / ✕

03   The fact <u>that</u> those animals don't instinctively flee at the sight of approaching humans   O / ✕
      makes them easier to shoot than truly wild animals.

04   Can you tell me <u>how long will it be closed</u>?   O / ✕

05   The performance is <u>enough fascinating</u> to see again.   O / ✕

06   <u>On the hill stands</u> splendid mansions that the rich live in.   O / ✕

07   It offers better amenities than <u>all the other hotel</u> in the area.   O / ✕

08 급여가 더 높지 않으면 그 일을 맡지 않겠다.　　　　　　　　　　　　　　　　○ / ✕

→ I won't take the job unless the salary will be higher.

09 그는 지하철에서 에어팟을 도난당한 게 틀림없다.　　　　　　　　　　　　　　○ / ✕

→ He should have been robbed of his Airpods on the subway.

10 그 제품은 저렴할 뿐만 아니라 질도 좋다.　　　　　　　　　　　　　　　　　○ / ✕

→ The product is not only affordable but also of high quality.

11 우울증 진단이 나온 사람들에게 상담 서비스가 제공되었다.　　　　　　　　　○ / ✕

→ Counseling services were provided to those diagnosing with depression.

ANSWER

01 X, be → being

02 X, will encounter → encounter

03 O

04 X, will it → it will

05 X, enough fascinating → fascinating enough

06 X, stands → stand

07 X, all the other hotel → all the other hotels 또는 any other hotel

08 X, will be → is

09 X, should → must

10 O

11 X, diagnosing → diagnosed

Grammar review 8

01	Our team's morale is superior than that of other teams.	O / X
02	The software doesn't allow files to acquire from outside.	O / X
03	He regretted not saving more money when he was younger.	O / X
04	Published monthly, the magazine covers a wide range of topics.	O / X
05	She is a colleague whom I believe has responsibility.	O / X
06	It is wise of them to invest in renewable energy sources.	O / X
07	The debater strongly objects to smoking in public places.	O / X
08	The house belonged to the Smith family is located on Maple Street.	O / X

09 당신이 한 행동의 결과를 피할 수는 없다. O / X
→ There is no avoiding the results of your action.

10 나는 그 책자에서 설명하는 궁전에 가 본 적이 있다. O / X
→ I have gone to the palace described in the brochure.

11 그녀는 러시아어를 수년간 공부해서 잘한다.   O / X

→ She speaks Russian well, studied it for many years.

12 한밤중 창밖에서 나는 발소리가 이상하게 들렸다.   O / X

→ The footsteps outside my window at midnight sounded oddly.

13 그가 나타나지 않았다는 사실이 나를 걱정시켰다.   O / X

→ The fact that he didn't show up worried me.

14 그 기계들은 가끔 수리가 필요하다.   O / X

→ The machines need to be repaired once in a while.

15 그 안경에 대한 선택지들 중 어느 것도 내게 매력적이지 않아 보인다.   O / X

→ Neither of the options of glasses seem appealing to me.

16 많은 전문가가 Monet을 빛과 색의 대가로 여긴다.   O / X

→ Many experts consider Monet to be a master of light and color.

ANSWER

01 X, than → to	07 O	13 O
02 X, acquire → be acquired	08 X, belonged → belonging	14 O
03 O	09 O	15 X, seem → seems
04 O	10 X, gone → been	16 O
05 X, whom → who	11 X, studied → having studied	
06 O	12 X, oddly → odd	

Staff

Writer	심우철
Director	강다비다
Researcher	정규리 / 한선영 / 장은영
Design	강현구
Manufacture	김승훈
Marketing	윤대규 / 한은지 / 유경철

발행일 2024년 5월 24일

Copyright ⓒ 2024
by Shimson English Lab.

내용문의 http://cafe.naver.com/shimson2000